中国が世界を動かした「1968」

楊海英◉編
梅﨑 透　金野 純　西田 慎
馬場公彦　楊海英　劉燕子

藤原書店

中国が世界を動かした「１９６８」　目次

中国が世界を動かした「1968」

序章

我が宗主国・日本の「1968年」と世界

――植民地出身者の視点――

楊海英

「世界人民の反帝闘争を支援しよう」という中国のポスター。黒人と女性を強調している

Dear Ben：あなたはヨーロッパのニューレフトの世代の一人であろう。しかし、あなたの命の中のあの偉大な革命は「１９６８」ではなくて、一九四五年から一九四九年の間に発動されたスカルノの独立運動だったのであろう。

——呉叡人 “De courage, mon vieux, et encore de courage !”, 2016.

はじめに

二〇一八年は世界を揺るがした「１９６８」の五十周年にあたる、節目の年であった。元東京大学全共闘本郷学生隊長で、自然人類学者の島泰三は、二〇一八年四月二十一日付の『東京新聞』で次のように過去について語っている。

一九六八年はどんな年だったかというと、米国では四月にキング牧師、六月にはロバート・ケネディ上院議員が暗殺され、ベトナム戦争は泥沼化していました。大学闘争はそういう世界情勢、時代背景の中で起きた出来事です。

島はこのように、全共闘運動には世界史的背景があったとしたうえで、続いて日本における大学闘争のきっかけについて触れている。東京大学医学部生の不当な処分と日本大学の多額の使途不明金、そして授業料値上げなど、それぞれの大学の学生たちが、捉えやすい明白な不正に対して声を上げ、そこから大学闘争は始まった。学生たちは変わり行く世界のすべてに対して反対し、既存の体制に反発した。「本当は自分たちも住んでいる世界と社会の文化的基盤を深く理解したうえでの反抗でなければ根源的なものになりません。しかし、若者はそこまで考えていなかった」そうだ。全共闘世代の人たちが、今も大変な社会問題が起こっているのに学生たちは何も動かないと憤ることがあるが、それは「老人のたわ言」だ、と島泰三は締めくくっている（島　二〇一八）。

一方、同じ紙面に登場した映画評論家の四方田犬彦は、米国の動きに加えて西ドイツにおける大学生による大学占拠とフランスの五月革命、イタリアの大規模ストライキ、そしてパレスチナのアラファト議長がリードする対イスラエル抵抗運動などを当時の国際的な趨勢として列挙している。そして、文化の面での前衛的な実験も実は一種の抵抗であったと述べている。「日本では、みんなお金がなくて、ヘアヌードもだめな時代で、海外の情報もままならない中、何か新しいことをやろうとした。そして、英国で、フランスで、日本でそれぞれやっている実験が知らずに似ていたりしていた。それは、世界の文化が同時性の基に成立した歴史上初めての瞬間だった」、と四方田は認識している（四方田　二〇一八）。彼はその認識に基づいて評論集『1968』シリーズを筑摩書房から刊行している。(1)

「パリの五月革命」について、日本のメディアに頻繁に登場する歴史人口学者のエマニュエル・トッドは二〇一八年五月三十一日付の『読売新聞』で、「1968年、仏は壊れ始めた」とのタイトルで、次のように振り返った（トッド 二〇一八）。

私は十七歳、共産党系青年組織の一員で、パリ郊外の高校三年生。校内では権威的な校長を面罵してストを打ち、校外ではゼネストの労働者らと共にいた。……（中略）私は反抗する側だったが、政治うんぬんよりも、単に楽しかった。社会規範や上下関係がウソのように消え、皆したい放題。子の反抗を親は支持した。ゼネストは史上最大で八〇〇万人以上が参加。……

六〇年代後半の学生の反抗は、フランスを始め、日本、米国、西独など、第二次大戦の傷を抱えながら、戦後に経済成長を実現し、消費社会が出現した先進諸国で起きた。戦後生まれの学生らが、進行中の米国のベトナム戦争に反対しつつ、自国の社会変革の希望を胸に行動した。楽観的だった。

トッドはこのように回顧したうえで、「一九六八年五月から二つの変化を読み取った」、と話している。一つは、「共産主義の終わりの始まり」で、もう一つは「個人主義の勝利」だという。

以上、「１９６８」から五十周年を迎えての、日本での反響を二つ紹介した。島と四方田が指摘する西側諸国の若者たちによる異議申し立ての背景と、その時代に栄えた文化の同時性は、先進資本主義世界に限って言えば成立するだろう。しかし、東西二つの陣営が激しく対立し合っていた為、「鉄のカーテン」の東側、それも東欧の社会主義諸国では多少、資本主義の流行が浸透していたかもしれないが、西側との間に大きな差異も存在していた。福田宏によると、「チェコスロヴァキアの学生たちは多元的民主制そのものを要求していた」のに対し、「西ヨーロッパの若者たちは、多かれ少なかれ社会主義に惹かれており、〈鉄のカーテン〉の向こう側を一つのモデルと考えていた」（福田　二〇一五：二六三）。

写真１　内モンゴル自治区の紅衛兵。毛語録を手にした青年たちは中国全土にその名をとどろかせていた（筆者蔵）

アジア、それも中国では西側世界と共通する同時代の文化は皆無に近かった。「紅衛兵は、ビートルズを知らなかった」、という有名なセリフが象徴的に示すように、「資本主義文化は腐敗しきったアメリカ帝国主義とそのヨーロッパの追随者たちのもの」とされていたからだ。元紅衛兵の一人、現代中国国家主席の習近平も外国訪問時には事あるごとに自身の「外国文学」の読書リストを披露して「教養」を自慢するが、彼が読んだことになっている本もすべて造反した紅衛兵によって没収され、倉庫の中に眠っていたものである。そして、政治的なタブーを破って否定したものに接近し、没収品の「外国文学」を独占できた行為自体が、高級幹部の子弟としての特権の表れである。(2) 島の言葉を借りると、「既存の体制側の明白な不当」である。その紅衛兵たちは同時代の日本と欧米諸国に対し、完全に無知だった。

トッドが指摘する「一九六八年五月」からの「二つの変化」はその後、おおむね実現した。社会主義体制は完全に崩壊し、かろうじて残存している中国は以前よりも「中国的特色のある社会主義」を強調しているが、その「中国的特色」はマルクス・レーニン主義からの離反、裏切りを意味する以上の意義を持たない。では、資本主義は勝って、いわゆる「歴史の終わり」を迎えたかというと、トッドも悲観的である。「私たちは五〇年前、明るい未来を夢想した。だが、現在は暗く、明日は今日よりもさらに悪くなると人々は感じている。そして経済的不平等が横行している」、と予想する(トッド 二〇一八)。資本主義世界のみが「経済的不平等が横行している」だけでなく、万人の平等を謳歌していた旧社会主義諸国、それも一時は「世界革命の中心」を自任していた中華人民共和国ほど貧富の差が大きい国は他にないくらい、「1968年」から五十年の光陰が過ぎた現在の世界がここにある。

では、「１９６８年」とは何だったのか。「革命」であったのか。西側の資本主義諸国とアジアで何が、どういうふうに発生したのか。対立する東側の社会主義陣営、それもソ連に取って代わるほどの勢い、少なくともそのような野心を抱いていた中華人民共和国は、またどのような「１９６８年」史を創出していたのか。そして、「１９６８年以後」に世界はまたいかに変化し、どんな課題を抱えているのか。今一度、世界史の観点から、当時の個別のコンテンツを例示して、今日に至るまでのコンテクストを整理する必要があろう、と本書の著者たちは意識している。

一　植民地出身者が語る宗主国の思想史的断片

ここでまず「１９６８年の世界」を概説する必要はないだろうが、日本でこの象徴的な、分水嶺と位置付けられる現代史の一幕をどのように捉えてきたかについて、私なりにごく粗く整理しておきたい。「１９６８年」と「ポスト１９６８年」はそれ自体が一つの思想的な潮流を成しているが、私はあくまでも日本人以外の視点に立脚する。ただ、日本と完全に無関係ではない。私は日本の旧植民地、満蒙と称されていた「蒙古」出身のモンゴル人である。この「まえがき」も、そして本書に寄稿した拙稿も、植民地出身者として宗主国の人々に現地の声を届けようとする目的から書いたものであることをあらかじめ、断っておきたい。

写真2　内モンゴル自治区首府フフホト市に残っていた日本時代の駅舎。植民地時代の文化財であったが、いまや中国によって破壊された（筆者蔵）

「我が宗主国日本の場合」――と以下のように私が愛憎入り混じって語ることを、読者に許していただきたい。

「1968年革命」の炎が消えつつあった一年後、マルクス主義者の藤本進治は「日本の階級闘争の特殊な性格から、プロレタリアートの大衆的直接闘争が前面におしだされている」、と主張した。彼は街頭闘争に終始する方法について厳しく批判し、「直接的民主主義などというブルジョア的路線を謳歌する思潮」が発生している趨勢に強い危機感を抱く。そして、「今日、なによりも必要なことは、日本のプロレタリアートが外的な修正主義と闘争するだけでなく、自分の内的な修正主義と対決することである」、と提唱している（藤本　一九六九：四）。

私はこの藤本の著作を読んだ時に妙な懐かし

さを感じた。それは、彼のこうしたセンテンスはどれも私が内モンゴル自治区の中学生の頃からほぼ丸暗記していた『毛主席語録』内の「人民内部の矛盾を正しく処理する問題」の抜粋と完全に近似しているからだ。内モンゴル自治区は、日本の植民地だったが、日本人が列島に帰った後、私たちは完全に忘却された。忘却された私たちはかつて日本人が編んだ教科書を使っていたが、日本人が去って行った後は、中国共産党の作ったものを渡された。その教科書のなかで、毛は中国国内のプロレタリアートとブルジョアジーとの闘争について論じた時に、資本主義の「民主主義」に警戒するよう呼び掛けている（『毛主席語録』一九六六：二二―五二）。そして、後日、一九六〇年代からソ連とイデオロギーをめぐって対立するようになると、「内的な修正主義」を防ぐよう指示し、「身辺に眠るフルシチョフ」の摘発に力を入れるように変わったのは、周知の事実である。藤本はあまり触れていないが、彼の「革命的弁証法」内の大衆闘争の理論はレーニンやローザ・ルクセンブルクよりも毛沢東の言説に近い。いわば、毛沢東思想で以て一年前の闘争を回顧していたのではないか。毛にとっての「身辺に眠るフルシチョフ」はライバルの劉少奇だけでなく、内モンゴル自治区の指導者ウラーンフーも含まれていた。ウラーンフーは摘発され、彼の同胞モンゴル人たちは数十万人規模で逮捕され、数万人が殺害されたことを本書所収の私の論文は詳しく提示している。同時代の宗主国日本の藤本は旧植民地の臣民たちの運命を知るすべもなかったが、彼がモンゴル人を大量虐殺した張本人を称賛している行為と、旧植民地の人々の運命の差の大きさについて、日本人はどう考えるのだろうか。

藤本の関心は、一貫して「理論」と「実践」との間にあった、とその後、絓秀実は感じて、その理論と中国革命との関連性を皮肉っている（絓 二〇一八：三七五）。

プロレタリア革命の基盤たる近代的産業資本主義構造を欠いた後進国中国において、コミンテルン＝ソ連共産党が期待をかけていたのは、毛沢東の中国共産党ではなく、ブルジョワ政党と見なされていた蔣介石＝国民党の側であった。ブルジョワ革命なしに社会主義革命はありえないからであり、それこそが、正しい史的唯物論である。毛沢東は、かかる鉄の必然をなすはずの「内容」を、コミンテルンを裏切りながら、長征をはじめとするさまざまな「形式」＝戦略・戦術を駆使することで覆したフォルマリスト的主体にほかならず、それゆえ「偉大な」と形容されるべき存在なのである。

「藤本進治は日本の六八年革命が持ちえたほとんど唯一のノンセクトの理論である津村喬に受け継がれた」、と絓秀実はその後の議論を整理する。藤本は毛語録を「隠し玉」としてポケットに入れていた疑いがあるのに対し、一九七〇年の津村喬はむしろ全面的に中国文化大革命（以下、文革と略す）を礼賛し、隣国での政治運動の進展に照らし合わせて「学生戦線の破産」について描こうとしている。優しい津村は日本に暮らす華僑と在日朝鮮人、沖縄と被差別部落を「国際主義」的立場から取り上げ、日本人の「われらの内なる差別」に正面から取り組もうとしている。すでに「1968年革命」の烽火が撲滅された後、高度成長期に突進しつつあった日本プロレタリアートは再びアジア人民と出会うだろう、と津村は予想する（津村 一九七〇：三）。

日本ブルジョアジーが、すでに現下の経済的＝社会的危機を「経済的大東亜共栄圏」の形成によって乗り切ろうとする構想を明らかにしているにもかかわらず、古い大アジア主義と天皇制ファシズムによって国民を「統合」する物質的条件はすでにない。一方でベトナム革命、中国文化大革命に導かれる世界革命＝資本主義の没落の新段階への展開が、他方で都市化の著しい進展――発展なき成長のプログラムによってゆがめられてはいるが、――が、わがブルジョアジーに、新しい国家形成（統治）の方式を強いているのである。

津村は日本を「アジアに対する加害者」だと位置づけてから、「他民族を抑圧する民族は自由ではありえない」というマルクスの思想を発展させたレーニン主義の理論で以て、「我が宗主国」を批判する。帝国主義時代に民族問題は試金石になると認識したレーニンの思想に沿って、「我が宗主国日帝」の具体的な他者たる中国と朝鮮、ベトナムの他に沖縄を加えようと「内なる差別」

の是正について提案する（津村　一九七〇：三三）。

どうして「満蒙」を「内なる差別」の範疇に入れてくれなかったのか、という不満は私にはない。「1968年」から五十年経った現在、日本がどれほど「内なる差別」と対面してきたかは不明であるが、マルクスとレーニンが解決しようとした民族問題が、その継承者、実践者たちの打ち立てた国家、それも津村が賛美してやまない中国で深刻化しているのは、何よりの皮肉ではないか。「内なる差別」と戦う人は少なく、忘却が美徳となった。中国と並んで称賛されていたソ連も民族問題が一因となって崩壊したものの（エレーヌ・カレール＝ダンコース　一九九二）、中央アジア諸民族は連邦を構成する自治共和国から独立国に無血革命で移行できたので、結果として民族自決は実現した。対照的なのは中国で、一九五〇年代にチベットに侵攻した際と文革中の内モンゴル自治区で、そして現在では新疆ウイグル自治区で大規模なエスニック・クレンジングを継続してきた事実が、「他民族を抑圧する民族は自由ではありえない」現実を具現している。津村に戻していえば、「我が宗主国」日本は常に中国に人格者たる治世を求めて自身のモデルとしたかったのだろうが、その中国にずっと裏切られてきた事実については、真摯に反省しようとしていないのではないか。このままでは、「1968年革命」が可哀そうでならない、と旧植民地出身者として、私は宗主国の将来を心配している。

「本来同じ民族である沖縄を侵略し」、日清・日露から日中戦争、アジア侵略から敗戦するや一転して「歴史を忘却」し、アジア諸国と沖縄、そして部落に対する無関心に陥った日本の、上から与えられた民主主義は「血の歴史をおし隠してきた」、と津村は自省する（津村 一九七〇：四五）。では、「現状、そして革命の主題」は何かというと、「中国の文化大革命の戦略目標」である、と津村は希望を北京から発見しようとする。彼は以下のように論じる（津村 一九七〇：一八四―一八五）。

「五月革命」や日本の全共闘運動の闘いの高調に励まされつつ、六八年夏、中国プロレタリアートは上部構造への全面的進駐を開始した。都市的な普遍性の、政治、経済、教育、文化への、また農村への意識的波及であり、プロレタリアート（いかなる「代行」もない）の支配階級としての組織化の決定的段階たる、この「プロレタリアートの上部構造への進駐」は、文化大革命の、否、全中国革命の結語であり、「世界革命の新段階」への偉大な宣言である。

彼が声高に期待する「世界革命の新段階」も、毛語録からの孫引きである。津村は、「五月革命」も全共闘運動も造反によって、ブルジョアジーの抑圧機構である大学の解体を目指した「文化革命」だったと認識し、今後も毛沢東が一九六六年七月から主張する「闘争・批判・改革」の段階に入るべきだ、と主張している（津村 一九七〇：一九二―一九三）。毛の「闘争・批判・改革」論によって、中国では翌六七年から暴力が一層激しさを増していくことになるとは、「我が宗主国」に暮らす一九七〇年の津村には知る由もなかっただろう。津村は、レーニンの「半国家」説からヒントを受けて『毛主席語録』を「半理論」だと高く評価し、全世界における文革の波及を期待し、『毛主席語録』の普及に期待を寄せる。文革が世界規模で上部構造へ進駐してはじめて、国家独占資本主義が解体するだろう、と本気で夢想していた（津村 一九七〇：二二六―二二〇）。

以上のように、藤本進治と津村喬を再読してみたが、旧植民地出身の私には、一九七〇年代から二十一世紀に入るまで、「我が宗主国」のマルキストたちに曖昧な空白期間があるように見えて仕方ない。それは、今や死語と化した「エコノミック・アニマル」に日本国民が変身して名実ともに高度成長期を創出し、世界第二位の経済大国の地位を構築したから、「歴史の忘却」が実現されたのだろう。しかし、バブルは崩壊し、かつての文化大革命の震源地で、「世界革命の中心」だった中国が日本の経済的地位に取って代わった時期から、「一九六〇年代」もまた蘇ったのではなかろうか。

二　優雅なセンチメンタル

「そのころの私には、一九三〇年代、トロツキーの息子の死体がセーヌ川に浮かんだのと同じようにして、自分の死体もいずれ隅田川に浮かぶというイメージがとりついていた」。
この有名な一句は、二〇一八年一月二十一日に入水自殺した評論家の西部邁が一九八六年に書き残したもので、彼は過去の六〇年安保闘争時の自らと他の同志たちの政治的、「革命的」な経験を「センチメンタル・ジャーニー」と呼んで回想した。「駒場、それは、月並な表現だが、私にとって青春の墓場である」、と西部は語る。多くの同志たちの激しい安保反対闘争の政治的精神史を評価しながらも、過激派への嫌悪感を隠そうとしなかった（西部 二〇一八：二〇三、二〇八）。

私は過激派政治に特有の死の臭いを嫌ったのだと思う。いや、死というよりも殺戮というべきであろう。……（中略）もちろん、ブントは政治的殺戮というものを経験していない。ただし、少なくとも私にかんするかぎり、共産党との争闘を通じて、六〇年の春には、このままいけば自分は彼らを殺すか彼らに殺されるかするであろうという濃厚な予感をもつ段階に達していた。私が左翼であることをやめた理由はいくつもあるが、そのうち重要なものに、マルクス主義に対する失望とならんで、この予感を振払ってしまおうという決断もあったのである。

「ブントというのは、〝同盟〟ということを意味する独逸語で、共産主義同盟の略称である」。

ブントは過激派青年たちを率いて警官隊との衝突を繰り返し、その歴史的存在感は、新左翼の誕生だった、と西部は指摘する。だが、時間が経つにつれ、「左翼であること自体が、右翼であるのと同じように、すでに平衡を失した状態だ」、と西部は闘争が過ぎた後に批判する（西部 二〇一八：七―八、二七）。今日、「我が宗主国」日本だけでなく、世界的に思想界と一般の人々が左右両翼に分断されつつある状況は、かつての東西両陣営の対立を彷彿とさせる。「過激派政治に特有の死の臭い」を欲している、「平衡を失した」知識人と政治家、あるいは国家が跋扈を続けているのを西部は看過できなかったのかもしれない。私がここでいう過激な国家は、ほかでもない過去に文革を発動した国を指している。その国、中国はモンゴル人のもう一つの宗主国になる。というのは、不幸にもモンゴル人は二十世紀以降に二つの宗主国からの植民地支配を受けてきた。一九四五年夏以後、「我が宗主国」日本は「東洋」に帰ったが、もう一つの宗主国は残り、抑圧と大量虐殺を続けてきた（楊 二〇一三）。

「我が宗主国」の個々の「一九六〇年代の英雄」や思索家たちの青春を否定するつもりは毛頭ないが、日本に「過激派」がいたとしても、もう一つの宗主国、文革の本家中国から見ると、まごとのように可愛いものだ。それを自覚しているかのように、小熊英二は「あの時代」すなわち「1968年の叛乱」を、「一過性の風俗現象」とは見なしていないものの、「世界革命」とも認めていない。現在の若者たちの問題とされる不登校や自傷行為、それに摂食障害のように、高度成長期を経て先進国化しつつあった日本への反応に過ぎなかった。ただ、そのような「疎外」を語る時にマルクス主義用語に依存し、「生硬な新左翼用語」を量産していただけである（小熊 二〇〇九：一四―一七）。同時代に大量虐殺されている満蒙出身者からすれば、私も「我が宗主国」に生まれていたら良かったと思う。

反戦平和の理念を初等教育で叩き込まれた若者たちに、ベトナム戦争は強い反戦感情をもたらした。このベトナム戦争からの刺激が、彼らの受験競争体験と連動し、中国で同時期に勃発した文革への共鳴とも結びつく。そして、全共闘運動期には東大の赤門に毛沢東の巨大な写真と「造反有理」が掲げられた。それでも、若者たちは文化の消費者であっても、創り手ではなかった。そして、現在に至るまで語られてきた、「1968年」が「文化革命」だったというのも、神話にすぎない、と小熊は分析している（小熊 二〇〇九：六三、七三―七四、八四、九八）。あれから五十年経った二〇一八年に小熊は岩波書店『思想』（No. 1129、二〇一八年五月）が組んだ特集「1968」で、「後年の表象で潤色されているほどには、日本の学生運動が、アメリカやフランスの〈1968〉と同じ雰囲気であったわけではない」、と改めて指摘する（小熊 二〇一八：七）。

旧植民地出身の私は小熊のこの論点に賛成である。文革期の「毛主席語録」を暗記して育ち、高校から体系的なマルクス・レーニン主義、それに「マルクス主義の頂上に達した毛沢東思想」を熟読させられた経験からすると、さきほど例示した藤本進治や津村喬の資本主義論や中国への過度の称賛には、実に現実離れした素朴さを覚える。それは、「１９６８年」とその前後が「費用のかからない絶好の娯楽だったから」（小熊　二〇〇九：三九）である。そして、フランスの場合でも、トッドが楽しそうに自慢しているように、「政治うんぬんよりも、単に楽しかった」だけである。これは要するに、「我が宗主国」日本やフランスなどは文革の本家、中国と根本的に異なっているからだ。最も典型的な事例は第二次世界大戦を迎えた時に現れていた。満蒙の一人、清朝の王女で、日本語の名前も持つ川島芳子の言うように、「日本は負けた。然し負けた日本の方が中国より幸福だ。平和だ」（上坂　一九八八：一八八）。平和だからこそ、過激派が武闘し、新左翼が生硬なマルクス用語で知的な娯楽活動を繰り広げても、幸福だったのである。これに対し、もう一つの宗主国、文革の本家中国における「１９６８」年の惨状をここで詳細に述べなくても、知的な読者たちの脳内のＡＩ（人工知能）は、これらの実像を既に形成しているはずである。

三　語られてきた「１９６８年」

今、この原稿を書いている時より十年前の二〇〇九年に、藤原書店は『１９６８年の世界史』を世に送り出している。執筆陣にはイマニュエル・ウォーラーステインを始め、文革経験者の金観濤・劉青峰夫妻など錚々たるメンバーが名を連ね、アメリカとフランス、メキシコとソ連・東欧圏、そして中東とアフリカまでカバーした野心的で、記念碑的な著作である。この著作は、現在の私たちにも多くの示唆に富んだ議論を提供している。

金観濤と劉青峰は次のように、「中国の六八年」について論じている。

「紅衛兵運動は、たとえ全国の党と政府機関を麻痺させることはできたとしても、新たな社会秩序を創ることはできなかった」。毛沢東は若者の力と情熱を利用して「資本主義の実権派」を歩む政敵を打倒してから、大学生たちを学校に呼び戻して粛清しようとした。そして、一千万人以上もの中高生を農山村へと追放し、秩序が再び崩壊するのを避けた（金観濤・劉青峰 二〇〇九：一四九―一五二）。

紅衛兵の造反はフランスの学生運動など世界情勢に影響を与えた、と金観濤らは見ている[3]。しかし、世界、それも欧米と中国の紅衛兵運動との間には大きな差異が存在していた。紅衛兵は禁欲的であったのに対し、欧米の学生たちは「大麻を吸いながら中国の紅衛兵を模倣し、〈革命を思いつくとセックスしたくなる〉」と説いていた。そして、毛が紅衛兵を鎮圧する手段として農山村に追放したことまで、西側の反体制派知識人は賛美した。1968年を境にして資本主義社会はさらに消費型社会に突進していくのに対し、中国は飢えていた。「欧米にしろ、日本にしろ、キャンパスの内外を問わず、最も活躍し、威張っていたのはみな毛沢東派であった。そのためでもあるが、一九六八年の世界規模の反体制と造反運動の思想的根源を見つけようとすれば、その発祥の地――中国――に注目しなければならない」（金観濤・劉青峰　二〇〇九：一五四―一五六）。
日本を含めた西側の知識人たちは空想に基づいて中国の文革を賛美していたが、文革の経験者は運動の過程で「毛沢東思想も、中国の伝統的政治文化、つまり儒教道徳理想主義の現代的変種に過ぎなかった」と覚醒し、「身の回りに起こっていることと、封建王朝とこれほど相似することに驚きを禁じえなかった」。中国の紅衛兵の中にもパリ・コミューンに憧れる人物は現れたものの、共産党の一党独裁に脅威を与えるものとして、たちまち「反革命」とされた。それでも、中国の伝統文化に起源を持つユートピア思想とパリ・コミューンとの精神的な繋がりを中国の知識人は認めている（金観濤・劉青峰　二〇〇九：一五六―一六二）。
ある意味での「震源地」でもあった中国から視点を転じてみると、ウォーラーステインは次のように「アメリカの１９６８年」を振り返る（ウォーラーステイン　二〇〇九：七七）。

学生運動家たちが、毛沢東やホー・チ・ミンやチェ・ゲバラをロマン主義化しており、彼らの活動が、そういった外国の英雄に真摯に従おうという感覚よりも、むしろ「中産階級的ショック」の雰囲気の濃いものであったことは私も承知している。

ウォーラーステインはこのように指摘してから、アメリカの左翼運動を批判する。「左翼は、既存の世界の社会システムが依然として活力を保っていることを説明し、その既存のシステムの（「社会主義的な」システムへの）変容の様態を明確に示すうえで十分に明晰な社会理論を展開するには、まったくいたっていない」、と（ウォーラーステイン 二〇〇九：八三―八四）。ウォーラーステインが残したこの課題に、その後の「左翼」陣営はどのような答えを用意してきたのだろうか。

「六八年五月」のパリの学生たちの反抗と労働者の大ストライキなどは、アナキズム的自由奔放主義的な政治形態を探究する運動だったが、「左翼は本当の対立を中和してしまった」、とアラン・バディウは分析している（アラン・バディウ 二〇〇九：四九、五二）。アラン・バディウの言説はある意味、ウォーラーステインへの返答として見なすこともできるのではなかろうか。「社会主義（現実の社会主義！）の失敗の一つは、秩序に対して別の秩序を対立させなくてはならないと思い込んだ点にあった」し、「失敗したのは革命ではない。それは社会主義国家」である（アラン・バディウ 二〇〇九：二三、二八）。このように思考するならば、毛沢東の「思い込み」とソ連をはじめとする社会主義諸国の制度的失敗に対する結論も見えてくるのではないか。

社会主義の場合、ソ連と東欧圏は先駆的な実践を試みていた。伊東孝之は次のように「六八年」を境に「改革共産主義の興隆と終焉」に達したソ連と東欧圏を概観している（伊東 二〇〇九：一三七―一三八）。

共産主義はユートピアを実現しようという運動である。同じようにユートピアを求める運動としては宗教があるが、宗教はあの世にユートピアを求めるのに対して、共産主義はこの世に求める。……（中略）しかし、共産主義はしばしば「権力の座にあるユートピア」と称される。権力を正当化するものとしてユートピアが機能しはじめると、地獄、すなわち逆ユートピアが出現する。

このように主張する伊東は、「プラハの春」は共産主義の死を宣言する運動だったと結論している。厳しい見方を示す伊東と、共産主義に恋々とするウォーラーステインらの議論からしばらく経ち、文革五〇周年を迎えた二〇一六年になると、毛沢東の標榜する社会主義はユートピアでも何でもなく、中国伝統社会の調和まで徹底的に破壊しつくしたディストピア（dystopia）である、と断定する知識人が中国から現れた（康正果　二〇一六：三六二―三九一）。ここに、日本や欧米の知識人と中国の知識人との大きな溝が横たわっている。「失敗したのは革命ではない。それは社会主義国家」である、と欧米の知識人は未だにそう理解しているからである。両者の間に横たわるこの認識の差こそが、「1968年革命」の震源地での真相究明が進んでいない原因となっている。本書は、このような差を埋めようとする狙いを持っている。

「私は改めて、あれは〈革命〉であったと言いたい。〈革命ごっこ〉と言った方が正確かもしれない」、と実際にフランスに滞在して、五月革命を経験した西川長夫は回顧する。一九三四年に植民地朝鮮に生まれた西川は、「私の少年時代の〈戦争ごっこ〉がすでに戦争であったように、五月の若者たちの〈革命ごっこ〉もすでに革命であった」、と自身の経験、あるいは近代日本の経験と結びつけて結論している（西川　二〇〇九：五七）。

西川はその後『パリ五月革命私論』の中で、「我が宗主国」日本の進歩的知識人に対する違和感が、自らのフランスの五月革命を経験させる原動力になったと書いている（西川　二〇一一：二六）。

戦後日本の左翼は一般に、戦中の日本軍やナチズムの蛮行を暴くのに熱心であり、ヴェトナム戦争における米軍の非人道的行為にも敏感であったが、社会主義諸国における抑圧には無関心を装い、また自由と革命とレジスタンスの国フランス共和国の植民地主義や軍国主義を正視しようとしなかったと思う。

西川の指摘は正鵠を射ている。ただ、あれから五〇年の歳月が経った今日においても、「進歩的知識人」たちがほとんど進歩していないのは、彼らの偽善性が変化していない事実を表している。いわゆる慰安婦問題や戦前の侵略については批判するが、社会主義中国が「我が宗主国」の植民地だった内モンゴル、それにチベットとウイグル、ひいては中国人すなわち漢民族に対して

写真 3　新疆ウイグル自治区西部カシュガル市に立つ毛沢東像。中国による植民地支配のシンボルである（2013 年 3 月撮影）

犯してきた数々の非人道的な犯罪については、知らんふりをする。自らの植民地の臣民たちの運命に冷淡で、別の宗主国中国の犯罪を称賛する「我が宗主国」の進歩的知識人の偽善に満ちた振る舞いを見ていると、実際の彼らは戦時中の日本の犯罪行為についても本当のところは反省なんかしておらず、ただ単に「正義派」を装っているに過ぎない（楊　二〇一六：二九五―二九九）。

閑話休題。

西川は五月革命と文革との関連性について、次のように解釈している（西川　二〇一一：三八）。

六八年のフランスにおいて、「紅衛兵」のイメージは、アメリカ帝国主義と妥協してヴェトナム戦争を黙認し、修正主義の道を歩むソ連共産党（フルシチョフ、コスイギン）と、そのソ連共産党に妥協して修正主義の道を歩むフランス共産党の双方に対する反撃であり、資本主義的・帝国主義的な規制をもつあらゆる体制に対する反撃であり、もうひとつの社会主義を求める反乱であった、と一応は言ってよいだろう。

西川は「六八年革命」の「反システム」と「反近代」、そして「反文明」的性質を強調する。何故、「反文明」かというと、「文明化の使命」という表現は、十九世紀の帝国主義時代に植民地支配を推し進めようとした西欧列強の自己弁明の言葉として使われていたからである。「六八年革命」も科学技術という文明がヴェトナム戦争で殺人に使用されている事実に対して異議申し立てをしていた。しかし、その批判も祝祭的な批判だった為に、今日においても、東日本大震災時の原発問題のように、未解決のまま残されている（西川 二〇一一：四三八―四四二）。旧植民地出身の私はここでも、西川の指摘に沿って「我が宗主国」日本の進歩的知識人の偽善性に結び付けたい。中国は現在でも華夷秩序に従って、諸民族に対する文化的ジェノサイドを「文明化」だと強弁しているのに、進歩的知識人がそれを批判したという事実は確認されていない。

「1968年」を世界史の転換点だと見なし、「今われわれを取り巻く価値観の多くが、六八年前後に作られたのも事実である」として、西田慎と梅﨑透は『グローバル・ヒストリーとしての「1968年」』（二〇一五）を編み、ベトナム反戦運動とフランスの五月革命、プラハの春、日本の学園紛争などに関する緻密な分析を通して、二十一世紀の現代にいたるまでのグローバルな歴史的流れが形成された意義について論じている。「1968年」はモノや資本のみならず、文化や情報を含めた、国境を越えたグローバリゼーションの起点であった、と両氏は指摘する。そして、文革との関連で見てみると、中国が各国に与えた影響を少なくとも二つの側面からアプローチする必要があると提唱している。一つは中国が隣国のソ連やインドと対立し、武力衝突に至る中で、国防が優先され、国際的な発言権が強化され、国内における思想の引き締めに到達した点である。そしてもう一つは西側諸国の知識人たちへの影響である。マオイストを自認する人々は毛沢東の肖像画を掲げて体制を批判し、管理社会への反逆を試みた点である（西田・梅崎　二〇一五：九―一二）。中国は反帝国主義・植民地解放の希望と見なされたものの、実際は国内で新植民地的体制を敷いて、諸民族を虐殺していたという事実を西側は知らなかった。知らなかった、あるいは知っていても、「我が宗主国」の進歩的知識人のように黙認ないしは諦めていたから、今日における国際社会と中国との分断がもたらされたのではないか。

四　本書の狙いと意義

以上で紹介してきたように、従来の諸研究はどれも文化大革命を取り上げ、そしてそれと

「1968年」との関連性について言及しながらも、中国と世界との関係については、まだ解明されていない課題をわれわれに残した。もし、文化大革命を一つの革命の震源地と見なすならば、世界各国へどのように「揺れ」ていったのか。各国もまた「世界革命のセンター」を自任する中国とどのように共鳴したのか。あるいは呼応せずに、単に架空の連携を想像していたのか。これらの問題について議論し、解明する必要があろう（岩波書店『思想』「特集：過ぎ去らぬ文化大革命——五〇年後の省察」、No. 1101、二〇一六年一月）。

中国は社会主義を建設し、資本主義の道を歩む者を否定し、打倒の対象とした。そして、「より良い世界を創出」しようとして、人民戦争論を武器に、第三世界に革命を輸出し、暴力を革命として肯定した。世界への中国の干渉は一九五五年四月のバンドン会議を起点とし、東南アジア諸国は積極的に呼応した（Alexander 2010: 288-304）。馬場公彦は、毛沢東を指導者とする中国指導部は自国の世界戦略を実現させようとして、文革を発動し、実際に革命輸出を行っていた事実に立ち返ろうとしている。また文革が発動される背景として、国際環境・対外関係において、中国が世界革命を進めた必然性を再確認している。中国主導の世界革命が頓挫したこともあり、毛は国内で文革を発動した、という馬場の説は斬新である。馬場は毛沢東思想の内在的論理を辿って文革の世界性を概観し、中国外の東方世界としてインドネシアに、西方世界として日本に着目し、中国を含む三点定点観測を通して、世界革命としての動機と展開を描写している(4)。

文革はその名の通り、「革命」と表象されていたものの、実態は暴力であった、と金野純は立証している。文革の終焉から四〇年以上が過ぎても、歴史の中にこの運動を如何に位置付けるのか、その歴史的評価はいまだ定まってはいない。「社会主義革命の新段階」（中国共産党中央委員会「プロレタリア文化大革命に関する決定」）と位置付けられた文革は、多くの学生や労働者らをさまざまな理念的活動へと駆り立てた。その一方、階級的偏見や民族差別などを背景に、残虐な暴力行為が横行した時代でもあった。こうした文革の両義性をどのように捉えれば良いのか。金野は、紅衛兵組織が徐々に解体され、多くの都市の学生たちが農村へ移送された１９６８年以降の「上山下郷」運動を事例として、文革の両義性について考察している。(5)

「中国の文革」と「世界の１９６８」に大きな相違があり、前者は毛沢東が発動し、独裁体制の強化をもたらしたが、後者は反体制運動であった、と劉燕子は唱えている。強化された独裁体制の中でも、ずっと強い生命力で活動してきた反体制派の中国人知識人はいた、と劉燕子は実証している。中国的特色のある社会主義に対し異議申し立てをしてきた中国人思想家たち、具体的には一九五〇年代の林昭から二〇一七年に獄死したノーベル平和賞受賞者の劉暁波に至るまでに対して、西側それも特に「我が宗主国」の読書人たちは冷淡だった。「我が宗主国」の知識人たちは独裁政権の中国を熱愛しているがゆえに、ノーベル平和賞を劉暁波に与えた行為を中国共産党と同じように内政干渉だと理解している。中国共産党には反体制派知識人を逮捕して監禁し、諸民族を大量虐殺する生来の権利があり、西側にはそれに干渉する権利がない、といわんとしている。「我が宗主国」の左翼と進歩的知識人は劉暁波の著作を翻訳しては貶し、中共と称賛し合うことで、反人類の協奏曲を奏でている。劉暁波に代表される中国の受難する知識人に対する冷淡さは今に始まったことではないので、劉燕子の論文を読めば、「我が宗主国」の左翼と進歩的知識人の偽善性が改めて浮き彫りになってくる。

「我が宗主国」の左翼と進歩的知識人が「楽しい1968年」を過ごし、センチメンタル・ジャーニーを続けていた頃、旧植民地に住む私たちモンゴル人は大量虐殺されていた。殺戮された原因の一つに、宗主国日本との関係があった。「日本の侵略者と結託し、偉大な祖国から分離独立運動をした歴史」をモンゴル人は創成したからである。モンゴル人たちはどのように「1968年」を経験したのか。そして、文革後に中国はどのように「善後」政策を実施したのかについて、私、楊海英は実例で以て報告している。文革の発動は世界革命と連動したし、その善後措置もまた世界史の変動と無関係ではない。

文革と同時代のアメリカとフランス、そして日本など西側社会では反戦運動・公民権獲得運動・反人種差別などの異議申し立てが起こり、そしてチェコスロヴァキアや東ドイツとの対話も模索されたものの、両者の間に横たわる溝を埋めることはできなかった、と前にも述べた。これは、中国の紅衛兵たちが国内の「走資派」を打倒しながら、同時に世界革命を夢想する中で、資本主義諸国の青年たちとのコミュニケーションがすれ違っていた現象と同質であろう。そして、「1968年」の終焉に伴い、当事者たちは社会主義の勝利を確信していたとしても、一九七二年に実現された米中握手は実際、その後の資本主義の勝ちの前兆であった、との解釈も成り立つ。西側諸国における大学の大衆化とソ連の崩壊、中国の「改革開放」と一九八九年の「天安門事件」に代表される反動もまた「1968年」から生まれた現代史の流れである。

西田慎は、ポスト「1968年」の西ドイツにおける毛沢東主義新左翼の一グループを例に、西側世界の実態を描いている。「1968年」の諸運動が衰退した七〇年代に、西ドイツでもその流れを受けて、毛沢東主義の新左翼グループ（ドイツではKグループと言われる）が多く誕生するが、文革を賞賛していた彼らが毛沢東の死去、そして中国が改革・開放路線に転じた衝撃をどう受け止め、どのように対処したか。一部は反原発運動や緑の党へ合流していくが、それがどのような結果をもたらしたか、功罪含めて検証している。

梅﨑透は、「1968年」アメリカに見え隠れする毛沢東の姿を一つ一つ拾っていくことで、社会運動だけでなく、それと連動した文化の領域でのマオイズムを検討している。まず、一九六〇年代アメリカにおける対抗運動の「分裂」を象徴的に表す、ニューレフトの全国的組織、民主社会を求める学生（SDS）の一九六九年全国大会を取り上げ、そこから見えてくる人種と階級、ジェンダーをめぐる運動の主体間の複雑な関係と、マオや文革、および第三世界への視線があったことを明らかにしている。その上で、それぞれの運動がどのように発展し、「68年」を形成したかを振り返る。ニューレフトの主流と、毛沢東主義《マオイズム》を掲げた新左翼組織の関係からは、白人を中心としたアメリカの左翼運動において、階級と人種という伝統的なジレンマが存在したことを究明している。黒人解放運動においては、黒人のあらたなアイデンティティが「ブラック・ナショナリズム／インターナショナリズム」という言葉で表現され、同時にその革命言説の暴力性やマスキュリニティの排他性についても分析している。東西の両陣営に加えて第三世界が存在した「三つの世界」の時代に、文革からの「東風」は、アメリカの人種・ジェンダー・階級の裂け目をどのように吹き抜けたのか。政治文化史的視点から考察し、アメリカの運動の独自性を際立たせている。

このように、本書に収録された論文から分かるように、私たちは中国の文革を一つの震源地として意識しながらも、常に世界から中国への思想的波及効果にも配慮して、世界史の中の「1968年」、「1968年」を通して見た世界史を再構成しようとしているのである。

五　幽霊から亡霊へ、そしてマルクスの呪縛

イタリア生まれの歴史学者、社会思想研究家のエンツォ・トラヴェルソは現在に至るまでの左

翼運動の敗北について述べた時に、以下のように指摘する（トラヴェルソ 二〇一八：一八―二一）。

一九六〇年代と一九七〇年代の間の急進左翼にとって、世界革命は、異なっているが弁証法的に相関する三つの地域圏に広がるプロセスだった。西欧諸国では反資本主義的、「現実社会主義」諸国では反官僚的、第三世界では反帝国主義的であった。キューバ革命（一九五九）とヴェトナム戦争終結（一九七五）の一五年以上の間、この見方は抽象的あるいは教義的な図式ではなく、まさに現実の客観的な記述として現われた。……フランスでは、六八年五月革命が段々と「文化的変貌」の角度から解釈され、まるで革命劇を演じながら、若者がド・ゴール主義の社会をリベラリズムの方に揺さぶろうとするカーニヴァルのようだった。

エンツォ・トラヴェルソによると、一八四七年にマルクスとエンゲルスに希望をもたらした共産主義の幽霊も実際は亡霊の再出現で、「今日ヨーロッパにとり憑いている亡霊は未来の革命ではなく、過去の敗北した革命である」、と解釈している。何故、敗北なのか。マルクスは「東洋」の停滞性を表すアジア的生産様式の特徴を分析し、革命の基礎はない、と西洋による支配を擁護する姿勢を見せていたからである（トラヴェルソ 二〇一八：二三、一六七―一六九）。したがって、アジア的生産様式の社会からエリート層が誕生して革命を発動しても、早晩、東洋的専制主義に回帰していくしかなかったのである。日本は文明論的にアジア的生産様式とどれほど近似しているか議論が分かれるところだが、少なくとも中国はいくら革命をしても、マルクスの「アジア的生産様式」の呪縛から飛躍できないだろう。

マルクスはエドワード・サイードが批判する典型的なオリエンタリズムの持主だった。そのマルクスの仮面を見破った日本の絓秀実は「六八年学生反乱」と、毛沢東の第三世界論をかじった知識人たちの論調を次のように断じている（絓　二〇一八：一一〇―一一一）。

中国文化大革命の崩壊や中越戦争といった七〇年代の出来事は、「先進」資本主義国における「左翼」の第三世界論なるものが、エドワード・サイードのいう「オリエンタリズム」の一変種にほかならない側面を暴露してしまった。第三世界は「故郷」でもなければ、先進国が自らの願望を投影したファンタジーに過ぎないことが明らかになってしまったのである。

このように述べる絓は作家の大江健三郎の小説における「保守的革命主義の帰趨」を実例として挙げているが、「大江的その無責任こそが真に六八年的な革命性にほかならない」と風刺する（絓　二〇一八：一一七）。私からすると、オリエンタリズム云々は高く評価しすぎで、「先進資本主義国における左翼」たちのほとんどは単なる偽善の塊にすぎなかった。私の出身地満蒙と同じく日本の植民地だった台湾の知識人呉叡人にいわせると、大江は『沖縄ノート』を書いて、日本帝国内のマイノリティの存在を通して自分の反省的心情を織りなそうとしたことは評価できるものの、沖縄からさらに南へと、台湾に注目することはついになかった（呉 二〇一六：一五九―一九六）。彼呉叡人は大江に植民地だった台湾に来てほしかったようだが、それはついに実現しなかった。彼は超高級の北京飯店（植民地時代の六国飯店！）に宿泊しながら文革を称賛し、そこから雑踏に出て中国人民と親しく交わろうともしなかったし、チベットやモンゴル、そしてウイグルのような抑圧される諸民族についても発言していない。他者を抑圧する民族は自身も自由になれない、と大江は分かっていたから、中国人すなわち漢民族と自分自身に真の自由を与えようとしなかったのだろう。

結局、「我が宗主国」日本の左翼や進歩的知識人の反省とは、旧植民地の被害者に寄り添って、被害者を癒そうとしたのではなく、自己解放、自己解脱を実現させようとしていたにすぎない。私たち旧植民地出身の被害者や抑圧される民族が彼ら宗主国のエリートたちに自己解脱の為に利用されている点からすれば、それは形を変えた抑圧、加害行為でしかない。だから、少なくとも中共の暴虐を声高に非難する右翼のほうがまだ魅力的である、と呉叡人が台湾独立派の思想的心情について分析した際に、このように述べている。日本帝国主義と国民党政権（そしてその背後の中華人民共和国政権）の双方に抑圧されてきた台湾人は内心で右翼の目的について十分に把握しながらも、右翼と組むしかなかった。右翼との政治的距離を縮ませたのは、ほかでもない偽善的な左翼だからである（呉　二〇一六：一〇五―一一四）。

世界に深刻な影響を与えてきた「中国文革はなぜ、過ぎ去らないのか」との課題に挑戦した石井知章は「日本の〈進歩的〉中国研究者の〈結果責任〉を問う」姿勢を鮮明にした。石井は、毛沢東思想が新左翼の一部で広く流布し、特に「あさま山荘事件」を起こした連合赤軍は、毛思想を実践しようとしたが、それでも両者の親和性に関する研究は十分になされていないと見ている（石井　二〇一八：二九、三〇）。

これまで中国研究の分野では、あたかも「価値中立性」や学術的な「客観性」なるものを装うケースが大半であり、この問題性そのものが政治学の分析・研究対象にすらならなかった。

一部ではあるが、文革当時の日本でも、毛沢東思想の論調には近代的なものを維持しようとする様相が顕著である、と指摘する人もいた現象に石井は注目する。ヨーロッパの資本主義が侵略の形式でアジアに入り込んでくると、毛らの中国にとって、それは自然に「反動的なもの」に映った。毛の支持者たる農民もまた資本主義を経験していなかったので、前近代に回帰するしかなかった。その前近代性を克服しない限り、文革はいつでも亡霊として復帰可能である（石井　二〇一八：四二―四三）。毛沢東にリードされてきた中国革命が中華人民共和国の建国以前から大虐殺を各地で働いてきた事実についても、石井は日本の中国研究者の姿勢と結びつけて論じている（石井　二〇一八：四六）。

……大虐殺は、加害者集団の高度の組織化に基づき、しかもその殺戮の手法は、ナチスドイツによるホロコーストやスターリンによる大粛清にも見られない「前近代的」性格のものであり、かつそれは土地改革で地主を殺す際のプロセスのコピーですらあった。……（中略）にもかかわらず、日本における一部の中国研究者は、自らのイデオロギーにとって都合の悪い「前近代的」なものを、自己の客観的認識そのものから「価値的」に排除してしまい、いまだに事実として認められないでいるのである。

このように分析したうえで、「文革がいまだに過ぎ去らない理由の一つは、明らかにこうした日本における〈進歩的〉中国研究者らの知的怠慢と不誠実さにあるというべきである」、と結論づけている（石井　二〇一八：四七）。文革に至る社会主義中国の毛沢東主義の実態の陰惨さは現在なお暴露されつつあるのを不問にするわけにはいかない（絓　二〇一八：三八〇）。

六　永遠のマイノリティにとってのポスト「1968年革命」

本書の編者である私は、日本の旧植民地満蒙出身者であり、大国のはざまに置かれてきた永遠のマイノリティでもある。私が属するモンゴルという民族は過去に世界帝国を建設したが、近代には弱小勢力に転落した。二十世紀に入って、古い帝国の中国から独立しようと民族自決運動を展開したものの、成功したのは一部の集団で、結果としてモンゴル人民共和国こと今日のモンゴル国が誕生した。しかし、およそ三分の二のモンゴル人は未だに中国の植民地支配下に置かれ（楊　二〇一三）、大量虐殺の対象とされてきた事実については、本書所収の拙論でも述べている。このように、モンゴル人は「中国人を不自由にさせる存在」となっている。というのも、マルクス主義者たちは、「他民族を抑圧する民族は自由ではありえない」という信条を奉ってきたはずで、中国人すなわち漢民族は社会主義を建国してからも、ずっとモンゴル人とチベット人、それにウイグル人を抑圧してきたからである。

抑圧されている私たちと、抑圧する中国人との対話は一向に進んでいないし、その責任を中国人に帰すつもりもない。問題は日本にもある。日本の近代におけるアジア進出、満蒙占拠の結果、私たちが中国の植民地支配から離脱できないでいるという事実をどれほどの日本人、それも左翼

写真４　内モンゴル自治区フルンボイルに残る日本軍の要塞。「侵華日軍」の証拠とされるが、モンゴルがいつのまにか「中華」のものにされている。典型的な二重の植民地のシンボルである（1999 年撮影）

と進歩的知識人が理解しているのだろうか。私が言いたいのは、「我が宗主国」日本の戦後の左翼と進歩的知識人は繰り返し北京政府に対して中国侵略について謝罪してきたが、独立と民族自決の機会を奪われたモンゴル人に対しては、終始、沈黙を通してきたのではないか。

台湾の場合も同様である。「日本の政界における左翼勢力はずっと親中的で、台湾を無視してきたので、しかたなく台湾政府は日本の右翼勢力内の反中派と交際した」、と知識人の呉叡人は論じている。日本が台湾を切り捨てて中共を選んで以降、「台湾独立派と日本右翼」、「台湾独立反対派と日本左翼」というそれぞれの連携関係が形成された。本来ならば、左翼的思想を内包する台湾独立派が日本の左翼と接近できたはずなのに、弱い台湾はずっと日本の左翼と進歩的知識人に裏切られてきた（呉 二〇一八：一〇二―一〇三）。弱い立場に立たされてきた台湾知識人の呉叡人が嘆く思想的状況はほぼそのままモンゴルにも適用できる。弱者に寄り添う姿勢など、所詮は虚言であって、強い中国に追随し、強者にだけ「反省」と恭順の態度を示そうとする本音を隠そうとしない左翼と進歩的知識人の偽善性はここにある。かつて、「津村（喬）の毛沢東主義は決して台湾人を排除することはなかった」が、今日では小林よしのりの『台湾論』を独立派の金美齢がプロデュースし、左派は見切りをつけられている（絓 二〇一八：三九〇）ので、偽善性は解消されていない。

日本の左翼と日本政治の主流派、それに日本の主要なメディアは戦後の長い時間の中でずっと台湾独立運動を抑圧してきたのは、争いようのない事実である。日本に滞在する台湾独立運動家たちは、日本の左翼の媚中軽台の偽善性に対し、骨の髄に至るほどの恨みを抱いている。（呉 二〇一六：一〇九）

戦前においては植民地統治、戦後においては他者に台湾を売り渡す。そして真の自決を求める運動家たちを捕縛してその敵に渡す。いったい、日本の左翼と進歩的知識人に人権の観念などあるのか、と呉叡人は台湾から問うている。当然、「台湾は中国の古くからの固有の領土」だとの北京政府の公式見解を鸚鵡返しする「我が宗主国」の左翼と進歩的知識人はその偽善性から飛躍できないでいる。というのも、偽善性は彼らの生き方であるからだ。

台湾の先住民が中華世界と無縁であったという事実は論じるまでもなく、近代台湾も帝国主義時代の地政学の産物として結晶した存在で、誰かの「古くからの固有の領土」ではない、と呉叡人たちは国際社会に向けて発信している。「満蒙」も部分的には近代地政学の影響を受けているが、それ以上に「古くからの中国の一部」ではないのは、自明のことである。台湾は亡命してきた国民政府からの暴力を受けてきたし、モンゴル人は「1968年革命」に代表されるジェノサイドを経験させられた。世界は「美しい1968年革命」だの、「楽しかった1968年」だのを思い描くが、私たちマイノリティにとっては、その現実は美しくなかったし、楽しくもなかった。むしろ、一層の同化と抑圧が強化された結末を迎えた、野蛮な時代だったのである。

世の中は不平等である。

どうして不平等性があるかというと、決して「我が宗主国」の左翼や進歩的知識人が強者に媚を売って弱者を抑圧したり、裏切ったりしたからではない。「1968年革命」のような出来事に対し、「楽しかった」と表現できる人々と、いまだに被害状況を語り続けている人々との政治的格差こそが、最大の不平等であろう。自らの不幸を語り続けている以上、まだ当事者たちは他力本願の精神から離脱できていない境地に置かれているからであろう。これからは、特定のイデオロギー的集団に頼るのではなく、歴史の真実を描き続けるしか道はないはずである。

「1968年革命」により、世界は「共産主義の終わりの始まり」と「個人主義の勝利」を迎えた、とエマニュエル・トッドは話す。その通りであるが、課題は「民族自決が未だ実現していないこと」である。本書のなかで、私が例示した内モンゴルの現代史が提示しているのは、「ヤルタ協定」に代表される第二次世界大戦後の国際秩序の問題と限界である。冷戦終結で「歴史は終わった」のではない、新しい形での創成がスタートしたと宣言すべきであろう。

注

（1）四方田犬彦編『1968［1］文化』と『1968［2］文学』、そして『1968［3］漫画』、いずれも筑摩書房。

（2）紅衛兵は、結成された時期によって二種に分けることができる。前期の高級幹部の子弟からなる老紅衛兵と、後期の一般人民の子弟からなる造反派紅衛兵の二つである。暴力を思う存分に振るったのは前者であるが、文化大革命終息後にあらゆる罪を着せられたのは後者の方である。

（3）毛の思想が第三世界と西側に与えた影響について、Alexander C. Cook（2010, pp. 288-312）とCharles W. Hayford（2010, pp. 313-331）による新しい概説がある。

（4）馬場公彦のこうした観点はその近著『世界史のなかの文化大革命』（二〇一八）にさらに詳細に展開されている。

（5）「上山下郷」運動については、金野の論考と合わせて、拙著『「知識青年」の1968――中国の辺境と文化大革命』（岩波書店、二〇一八）も参照されたい。

参考文献

石井知章「なぜ文化大革命は過ぎ去らないのか――日本の〈進歩的〉中国研究者の〈結果責任〉を問う」『中国21』Vol. 48、二〇一八年、二七―五〇頁。

イマニュエル・ウォーラーステイン「アメリカの六八年――リベラルな社会におけるラディカルな知識人」『1968年の世界史』藤原書店、二〇〇九年、七五―八七頁。

伊東孝之「ソ連・東欧圏の六八年」『1968年の世界史』藤原書店、二〇〇九年、一三五―一四六頁。

アラン・バディウ「六八年とフランス現代思想」『1968年の世界史』藤原書店、二〇〇九年、一三一―五六頁。

梅﨑透「〈1968年〉のアメリカ例外主義――大西洋をまたいだベトナム反戦運動」『思想』No. 1129、二〇一八年五月、八五―一〇四頁。

エマニュエル・トッド「1968年、仏は壊れ始めた」『読売新聞』（朝刊）二〇一八年五月三十一日。

エレーヌ・カレール＝ダンコース『民族の栄光――ソビエト帝国の終焉』上・下、藤原書店、一九九一年。

エンツォ・トラヴェルソ『左翼のメランコリー』法政大学出版局、二〇一八年。

小熊英二『1968　若者たちの叛乱とその背景』新曜社、二〇〇九年。

――「提起　〈1968〉とは何だったのか、何であるのか」『思想』No. 1129、二〇一八年五月、六―一九頁。

上坂冬子『男装の麗人　川島芳子伝』文春文庫、一九八八年。

金観濤　劉青峰「中国の六八年――世界における造反運動の退潮」『1968年の世界史』藤原書店、二〇〇九年、一四七―一六五。

呉叡人『受困的思想』衛城、二〇一六年。

康正果「毛沢東與歹托幫亂與暴的嗌」宋永毅編『文革五十年』香港明鏡出版社、二〇一六年、三六二―三九一頁。

島泰三「「1968年」――あれから半世紀」『東京新聞』（朝刊）二〇一八年四月二十一日。

絓秀実『増補　革命的な、あまりに革命的な――「1968年の革命」史論』ちくま学芸文庫、二〇一八年。

西川長夫「パリの六八年」『1968年の世界史』藤原書店、二〇〇九年、五三―五七頁。

――『パリ五月革命私論――転換点としての68年』平凡社、二〇一一年。

西田慎・梅﨑透編『グローバル・ヒストリーとしての「1968年」――世界が揺れた転換点』ミネルヴァ書房、二〇一五年。

西部邁『六〇年安保――センチメンタル・ジャーニー』文春学芸ライブラリー、二〇一八年。

『毛主席語録』中国人民解放軍総政治部、一九六六年。

馬場公彦『世界史のなかの文化大革命』平凡社新書、二〇一八年。

福田宏「チェコスロヴァキア――プラハの春」西田慎・梅﨑透編『グローバル・ヒストリーとしての「1968年」――世界が揺れた転換点』ミネルヴァ書房、二〇一五年、二五五―二七八頁。

四方田犬彦「前衛の泡粒　今もある」『東京新聞』（朝刊）二〇一八年四月二十一日。

四方田犬彦編『1968［1］文化』筑摩書房、二〇一八年。

――編『1968［2］文学』筑摩書房、二〇一八年。

――編『1968［3］漫画』筑摩書房、二〇一八年。

楊海英『植民地としてのモンゴル』勉誠出版、二〇一三年。

――「中国と中国文化大革命は日本批判の素材に非ず」楊海英編『フロンティアと国際社会の中国文化大革命』集広舎、二〇一六年、二九五―二九九頁。

――『「知識青年」の1968年――中国の辺境と文化大革命』岩波書店、二〇一八年。

Alexander C. Cook, "Third World Maoism", Timothy Cheek (ed), *A Critical Introduction to Mao*, Cambridge, 2010, pp. 288-312.

Charles W. Hayford, "Mao's Journeys to the West: Meanings Made of Mao" Timothy Cheek (ed), *A Critical Introduction to Mao*, Cambridge, 2010, pp. 313-331.

第I部　中国の文化大革命

第1章　マオの世界革命——夢と現実

馬場公彦

「インターナショナルは必ず実現する」
ウジェーヌ・ポティエを描いた中国のポスター

はじめに──世界革命としての文化大革命

一九六六年、世界に文革の嵐が吹き荒れた。はたして東風は西風を圧倒したのか。この問いに立ち向かうために、本章は、文革を発動した側の中国に軸足を置き、「東風」の風上に立つ。「東風」はいかにして起こったのか、「西側」世界にいかなる意味をもたらしたのか、「東風」は「西風」とどう違い、どれほどの影響力を持ちえたのか。風上からの検証を試みることとしたい(1)。

「東風」「西風」については、一九五七年に毛沢東がソ連を訪問したさい、十一月十八日にモスクワ共産党と工人党代表会議で行った講話が典拠となっている。そこで毛沢東は、「目下の形勢は東風が西風を圧倒、すなわち社会主義パワーが帝国主義パワーに対して圧倒的優勢を占めている」、これは「全世界のプロレタリア階級と人民の盛り上がる活気が反映したもの(2)」とした。「東風」は東方世界に位置する社会主義勢力のパワーであり、「西風」は西方世界に位置する帝国主義勢力のパワーであった。

これまでの文革研究は、対外的な影響力、あるいは革命の越境性といった観点は希薄であった。というのは、文革は中国共産党指導層の権力闘争と政策路線闘争が内因となって起こったものとされ、中国一国史の枠内で語られてきたからである。発動後の展開についても、紅衛兵の誕生、造反運動による社会暴力、下放運動、革命委員会設立後の派閥抗争という一連の流れを、国内の混乱として受けとめられてきた。文革を語るのは、その大半が中国の体験者であり、調査研究するのは現代中国の研究者であることに限定されてきたことも、文革が一国史の語りに閉じ込められる要因となった。

海外における文革の影響については、左翼運動や社会思想に与えた影響というところまでその顕著な軌跡を実証するような掘り下げた研究は乏しい。せいぜいのところ、「造反有理」という標語の流行、『毛主席語録』の普及、毛沢東のカリスマ化などといった、表層的な影響を指摘するのにとどまっている。おそらく、本国の文革が林彪事件や四人組裁判のように、発動者の誤りが露呈して終息したこと、文革の進行に伴って陰惨な集団暴力の実態が露わになってきたこと、文革の影響を受けた西側の左翼運動が、過激な武装闘争やテロに走ったりしたことなどによって、文革が敗者の言説としてのネガティブなイメージに覆われていったことが、文革の肯定的な評価を抑制しているのであろう。

本章では、発動者の世界戦略上の意図として、文革を世界革命として位置づけ、じっさいに革命輸出を行っていた事実に立ち返りたい。また文革が発動される背景として、国際環境・対外関係において、中国が文革という行動をとる必然性があったことを再確認しておきたい。

この文革の世界性と必然性については、発生地点から遠く離れ、社会制度や経済状況などの初期条件が大きく異なる「西風」地帯を観察するだけでは、その実態と本質は摑めない。「西風」地帯には西方世界なりの風が吹いていて、どのように「東風」が吹き、どこまで「東風」の影響が伝わったのかは判然としないからである。むしろより重要なことは、風上に近い「東風」地帯において、中国以外の場所で、文革の嵐はどのように吹いていたかの視点である。すなわち、西方の帝国主義勢力に蹂躙され抑圧され差別されてきた、東方の諸国や人民にとっての文革体験の意味である。

じつは毛沢東の言う「東風」「西風」の対照には、いろんな調停しがたい矛盾が対立している。西洋と東洋、帝国主義国と植民地、資本主義と社会主義など。文革とは発動した毛沢東にとって、これら対立する二つの位相の間の闘争哲学を実践する実験の舞台であった。この革命のドラマを実況見分すべく、本章では毛沢東の「虫の眼」で内在論理を追っていく。そして文革の世界性を摑むにあたり、中国外の東方世界としてインドネシアに、西方世界として日本に着目し、中国を含む三点定点観測を通して世界革命としての動機と展開をたどる。

一　中国の革命伝統と世界認識

1　アジアの革命伝統

なぜ文革は本国を越境して各国各地域の人民にとっての変革への共鳴板となりえたのか。文革を発動した側と受容した側の共通基盤を考えるにあたって、三つの位相を設定したい。第一に時間軸を遡って、アジアにとっての革命伝統の継承性という歴史的位相。第二に空間軸を広げて、世界革命の連鎖性という空間的位相。第三に文革を発案し発動した毛沢東にとっての革命構想という戦略的位相である。

まず歴史的位相から。

非ヨーロッパ世界にとって、近代は西洋列強による帝国主義的支配や植民地化の屈辱経験があり、帝国主義・植民地主義への抵抗が、革命というかたちをとった。中国革命の淵源はアヘン戦争にあり、明治維新の淵源はペリー来航にあり、トルコ革命の淵源は諸列強によるオスマン帝国の領土分割にあった。ロシア革命もまた、ヨーロッパ世界の屈辱からの解放でもあった。

東アジア世界に限ってみると、儒教的政治文化の伝統があった。一君万民と民本主義を標榜し、平等主義と平均主義により大同世界を実現するという、とりわけ朱子学に顕著な思想である。(3) 日中の場合、双方に共通することとして、維新・革命の進展とともに、民本主義の勢いがそがれていった。中国は袁世凱の政官軍派にせよ、孫文の革命派にせよ、蔣介石の国民党軍にせよ、独裁化の傾向が強くなった。日本は軍部により天皇の統帥権が独走し帝国主義的植民地支配や武力侵略をともなう天皇制ファシズムが顕著になっていった。いわばそれは民本主義のもとでの一君万民体制という、儒教的で家父長制的なアジア革命の伝統の道でもあった。

アジアにとっての近代化の達成は、国民が立ち上がった結果として獲得した建国の正統性論理となり、建国のリーダーへのカリスマ化をともなって、牢固とした革命伝統となった。西洋列強に対する抵抗の結果として獲得した自主独立と統一国家という成果は、いかなる外圧に対しても妥協せず守り抜くという姿勢である。

2 中間地帯論による世界認識

第二に空間的位相。

一九二一年に結党された中国共産党は、ロシア革命を背景として一九一九年にモスクワで結成されたコミンテルン（共産主義インターナショナル）の指導下に置かれた。当然のことながらソ連の強い影響を受け、国際共産主義統一戦線の枠組みに組み込まれた。国共内戦を勝ち抜き、一九四九年十月に中華人民共和国を建国したさいは対ソ一辺倒を掲げ、翌年二月に中ソ友好同盟相互援助条約を締結した。外交関係にあたっては、国民党政府時代とは心機一転して「別に一家を構える」政策をとり、共産主義統一戦線の枠組みで主に社会主義諸国との国交を先行し、次にインド、インドネシアを始め中立勢力との国交につなげた。外交は主に一九五一年に設立された中国共産党中央対外聯絡部（中聯部）が所掌する各国の共産党との間の党際外交を展開し、党員同士の人民外交を展開した。

第二次大戦後、東西対立が鮮明になり、ヨーロッパに鉄のカーテンが引かれた。アジアでは一九五〇年に朝鮮戦争が勃発し、翌年にサンフランシスコ講和条約が結ばれ、世界各国はくっきりと東西両陣営に分かれた。中国にとっては「一つの中国」のもとで、台湾との正統政府の認定をめぐって、各国からの承認を獲得する国際的角逐に入った。そこでも東西対立の構図が中国と台湾を分断した。

一九五三年に朝鮮戦争が停戦し、翌年インドシナ戦争が終結すると、米ソ間で平和共存を模索する動きが現れた。アジアでは新興独立諸国の間に、帝国主義と植民地主義に反対し、民族解放と自主独立と平和を希求する動きが凝集してきた。その動きを牽引したのが中国とインドであり、五四年に中印会議によって平和五原則が提唱され、翌年にはインドネシア・バンドンでのアジア・アフリカ会議で平和十原則が提唱された。このときの対外関係の枠組みは共産主義統一戦線ではなく、非武装非同盟中立による第三勢力の結集であった。その原動力になったのが、先述したような、帝国主義と植民地主義を打破する、新興独立国家のナショナリズムであった。

日本に対してはそれまでの日本共産党との人民外交のほかに、一九五二年から廖承志を中心として「日本組」が結成され、一向に党勢が拡大しない日共以外に親中派勢力を巻き込んでいく民間外交を展開していった。(4) 政府与党との正式な関係樹立にむけて、与党の少数派、あるいは野党との友好交流を進め、民間貿易を積み上げていく、「民を以て官を促す」外交政策がとられた。

一九五三年三月のスターリン批判から三年後の五六年二月、ソ連共産党第二〇回大会の秘密報告におけるフルシチョフ書記長のスターリン批判のあと、六月のポーランド、十月のハンガリーでのデモや抗議行動にソ連が軍事介入した。中国共産党にソ連への不信と不和が生じ、中ソ対立が顕在化していき、それまでのソ連一辺倒に陰りが見えた。翌年、毛沢東は最高国務会議を招集し、「人民内部の矛盾を正しく処理する問題について」の内部講演を行った。社会主義国家となって資産階級が消滅し、敵と人民との間の矛盾が解消しても、人民内部の矛盾は存在するため、相互批判を通して団結を強めなければいけないというもので、「百花斉放・百家争鳴」から「反右派闘争」へと、全党的な整風運動が展開される契機となった。

五〇年代終わりころから、中国は中間地帯論による世界認識論を鮮明に打ち出すようになった。アメリカ帝国主義と社会主義陣営との中間には、第一にアジア、アフリカ、ラテンアメリカ、第二に西ヨーロッパ、カナダ、オセアニアの諸国があり、アメリカはこれらの国々を侵略し世界制覇をもくろんでいる。そこで中間地帯の諸国・人民の抵抗に遭っている。社会主義諸国はこの中間地帯の民族独立・解放闘争を支援しなければならない、というものである。[5] 米ソ対立よりも主要な矛盾は、アメリカ帝国主義と中間地帯勢力との間の矛盾であって、アメリカこそが主要な敵だという発想である。そして中ソ対立のさなかでソ連の対米平和共存政策に対する批判を強め、対外強硬政策へと舵を切っていった。

中ソ対立のさなか、中国は社会主義路線の旗幟を鮮明にしていくいっぽうで、アジア・アフリカを中心とする非同盟主義の第三勢力との関係を緊密にしていった。そのさいの糾合の論理として、ソ連の議会主義路線による平和共存とは違う方針を打ち出した。具体的にはアメリカが発動する第三次世界大戦は不可避という前提のもとでの、中間地帯勢力の人民が結集した、資本主義勢力との階級闘争であり武力闘争方式であった。とりわけ第三勢力のなかでも二億人の人口を抱える中間地帯最大の国家規模があり、反帝国主義・反植民地主義・反資本主義を掲げ、共産主義との親和性も高いインドネシアとの共闘関係を重視した。

3　毛沢東の闘争哲学

第三に戦略的位相。

文革を発動したのが毛沢東であることは疑う余地がない。毛沢東思想の真髄は、その闘争哲学にある。多くの左翼運動や左翼党はテーゼや党是に「マルクス・レーニン主義」を標榜する。これにさらに「毛沢東思想」が付加されると、議会主義や平和的手段ではなく、武力闘争・暴力革命による勝利の獲得という実践至上主義の独特のニュアンスが加味される。

湖南省に生まれた毛沢東は、郷土の儒者で戊戌政変や湖南革命運動に関わった楊昌済の薫陶を受け、自我の自立と主観的能動性を重んじる人格主義的傾向が強かった。共産党の指導者となり、国民党が主導する国民革命、抗日戦争、国共内戦と、戦略家として戦ってきた。その戦果として、共産党は劣弱の地位にありながら、起死回生の逆転勝利を挙げてきた。

幾多の戦争と革命経験のなかで、一九三七年に抗日戦争が勃発したとき、延安にいた毛沢東は、認識哲学としての「矛盾論」を講演した。万物は流転し、生成変化する。その絶えざる変化の中で二つの対立する矛盾が露呈する。常に強いものの優勢なものが勝つとは限らない。正しい認識に基づく強固な意志によって、両者の関係は転化しうる。

この劣弱な側を優勢な側へと転化させるのは、人民勢力による革命であり、ここに毛沢東が「矛盾論」と同時期に延安にて講演した、闘争哲学としての「実践論」がある。即ち、実践によって認識を感性的なものから理性的なものへと高め、能動的な革命的実践を指導し、反対する勢力を強制させてでも、主観的世界と客観的世界を改造させ、世界的な共産主義の時代を迎えるというのである。

この闘争哲学を実際の戦術として活用させたのが、抗日戦争勃発後一年弱の一九三八年五月に、やはり延安で講演した、「持久戦論」である。即ち、対日速戦論に反対し、半植民地半封建主義弱国の中国が、抗日民族統一戦線を拡大させ、主に遊撃戦によって持久戦に持ちこむことで、やがて反転攻勢に出て勝利するというものである。

二　起死回生の革命方式

1　インドネシア革命の失敗——中間地帯勢力の離脱

文革はなぜあのようなかたちをとって勃発したのか。その背景を当時の国際情勢、文革を企画し発動した毛沢東の動機、文革を対外的にアピールした革命輸出の意図、などの観点から考えていきたい。

文革前夜は、一九六二年十月のキューバ危機、六五年二月の米軍によるベトナム北爆により、中ソ対立はいっそう激化し、米中軍事対決が現実味を帯びていた。

中間地帯勢力のなかでも最大の友好国であったインドネシアのスカルノ大統領は、中ソ対立がエスカレートしていく六〇年代以降、中国傾斜の姿勢を見せていた。三五〇万人の党員を抱えるインドネシア共産党は、六三年以降、それまでのソ連共産党寄りから、中国共産党の武力闘争路線への転換を打ちだした。六五年にはインドネシアが国連を脱退し、第二国連を創設するとの呼びかけを中国は熱烈に支持し、インドネシアの隣国マレーシアへの粉砕政策と、労農軍の導入のために、物心両面での支援を表明した。

中国はスカルノに第一回ＡＡ会議（バンドン会議）から一〇年後の六五年六月、第二回ＡＡ会議の開催を持ちかけた。両国にエジプト・パキスタンが加わる四国が中核となって、ソ連とインドを排除しアジア・アフリカ諸国が結集するよう呼びかけた。ところが開催直前で主催国のアルジェリアでクーデターが発生し、会議は流会し第二国連構想は水泡と帰した。

さらに同年十月一日、ジャカルタで親共派陸軍将校が起こした陸軍内クーデターが、スハルト陸軍戦略予備軍司令官率いる師団によって一日で鎮圧されて失敗し（9・30事件）、以後、スカルノは求心力を失い、スハルトの進める反共政策により共産党員は粛清され、共産主義勢力は一掃されていった。革命工作の失敗により、インドネシアは中国との国交が凍結され、中国は頼みのインドネシア・カードを失い、第三勢力との国際的共闘の足掛かりを失い、国際的に孤立していった。第三勢力は、アメリカに糾合され、あるいはソ連やインドによって楔が打ちこまれ、中国との紐帯は瓦解した。

毛沢東は上海で、外国の賓客たちを前に世界形勢の変化についてこう語っている。

「私の見るところ、最近、世界形勢に変化がある。この変化の始まりは今年二月のアメリカの北ベトナムの空爆と、今年九月三十日から十月一日にかけてのインドネシア事変だ。最近幾つかの新たな事件が起こった。一つはアメリカの学生デモ。もう一つはインドネシア右派の発動した反革命クーデター。物事というものは、ある時はとても素晴らしく見えながら、すべて真っ暗闇になってしまうように見えることがあるものだ。われわれの政策が正しく、路線が正しくありさえすれば人民はだんだん目覚めて、われわれと一緒に立ち上がるものだ。フルシチョフが何人いようが、インドネシア右派がどれほど猖獗を極めようが、人民革命の局面を変えることはできない。人民の勝利まではかなりの時間がかかるというだけのことなのだ。[6]」

毛沢東からすればインドネシア革命が失敗したのは、共産党が軍内部の党の浸透力を過信し、クーデターという方式から発展せず、武装革命につながらない、不徹底な革命だからであった。[7]

2 日本共産党との決裂——国際共産主義統一戦線の破綻

一九六六年三月、日本共産党代表団が北京を訪問、中国共産党中央委員会との間で共同コミュニケを協議し、ソ連の評価をめぐって紛糾したものの、日共側の修正案をのむ形でまとまった。

ところがそのとき北京を離れて上海にいた毛沢東と会見すると、毛沢東は憤然として北京での同意案を拒否、宮本顕治議長らにソ連を名指し批判する文言に書き換えよと強硬に要求し、結局両者の折り合いがつかず、コミュニケは破棄された。以後、日本共産党は帰国直後から親中派の党員をことごとく除名し、中国共産党は「四つの敵」として、それまでのアメリカ帝国主義、ソ連修正主義、日本反動派に、日共修正主義を加えるようになった。

両党の決裂は、共産党の国際連帯による統一戦線路線の実効力を減殺していくこととなった。ベトナム戦争が本格化するなかで、中国にはアメリカ帝国主義とソ連修正主義が二つの正面の敵として立ちはだかった。さらに9・30事件の失敗による非同盟第三勢力の離反と、日本共産党との決裂による国際共産主義運動の分断により、国際的孤立は決定的となった。そこで毛沢東は、それまでの国家単位で友と敵を分けていた中間地帯論を、人民の階級区分によって友と敵に分ける、人民単位の中間地帯論へと重点を換えていった。かつて日本の訪中団との談話での、「われわれは団結の範囲を拡大し、アジア・アフリカ・ラテンアメリカ・全世界の帝国主義と各国反動派を除く九〇パーセント以上の人民と共に団結しなければならない」(8)(一九六一年十月)との発言に明らかなように、たとえ他国の支持がなくとも、そこに住む資本主義勢力と反動勢力を除く広範な人民はわれわれの同志だという発想である。毛沢東は国内向けには「人民内部の矛盾」を強調し、全国に整風運動を展開していた。海外向けには階級闘争をかなめとするプロレタリア人民の国際連帯を声高に唱えるようになった。

3　地方から中央を攻める奪権闘争――毛沢東のクーデター

孤立していたのは文革前夜の中国だけではない。建国の父で人民の領袖・毛沢東もまた、中国の権力政治の中枢から外れて、孤立状態にあった。一九五八年からの大躍進政策や人民公社の惨憺たる失策により、国家主席の地位を劉少奇に譲り、一九六五年十一月十二日から地方を流離し、八カ月ものあいだ、一歩も首都北京に足を踏み入れることはなかった。北京を離れる二日前、後に四人組の一人となる姚文元の「新編歴史劇『海瑞罷官』を評す」論文が上海の『文滙報』に掲載された。文芸批評の形式で、政権の要職にある人物を批判し、政治闘争へ拡大させることを狙ったものだった。

ところが北京の劉少奇・彭真ら中枢部はこの論文を地方にとどめ、『人民日報』に転載しなかった。上海に拠点を構えた毛沢東は、北京に残る陳伯達・康生を権力内部の反対派として留め、上海の江青ら四人組を実行部隊として動かして、地方から反逆をしかけることをもくろんだ。毛沢東自らが立ち上がって反逆の狼煙に点火したのは、日共とのコミュニケを破棄した一九六六年三月二十九日その日のことだった。毛沢東は攻撃の照準を北京に向けた。そして康生・張春橋・江青らとの談話で憤懣をぶちまけた。

「閻王殿は鬼を中に入れない。閻王を打倒して鬼たちを解放せよ。十中全会は全国で階級闘争をせよと決議したではないか。なぜ学術界・歴史界・文藝界は階級闘争をしなくて済むのか。孫悟空は天宮を騒がすのだ。君は孫悟空の側に立つのか、天兵天将・玉皇大帝の側に立つのか。中央はとっくに階級闘争をせよ、反修正主義の文章を書け、秀才を養成せよと決議した。国際修正主義に反対するだけで国内修正主義には反対しないだと。私は中央が間違っているときは地方が中央を攻めるのだと主張し続けてきた。去年九月の工作会議で専らこの問題を話した。もし中央が修正主義をやるなら地方が造反する。学閥とは何だ。学閥とは反共知識人を庇う人たちのことだ。将兵を支持し、孫悟空を守れ。もう支持しないというなら、五人小組（中央文化革命五人小組のこと）も中宣部も北京市委員会、省・市の委員会であろうが解散だ。……文化革命は長期にわたる巨大な任務だ。私が一生かけて完成できずとも、必ずやり遂げなければならない(9)」

毛沢東は文芸批評にとどまらず、文化思想戦線の階級闘争・政治闘争をよびかけた。走資派や修正主義者との間には妥協はありえない、「生きるか死ぬかの闘争」であり「破壊なくして道理は立たない」とした。

「これは魂に触れる闘争だ、イデオロギーに触れ、触れる範囲はとても広いのだ。……往くものは諫めず、来るものは放すな。今こそ摑め、破壊なくして存立はない、徹底して破壊せよ、破壊のなかに存立はある。破壊してこそ道理があり、道理があれば存立する。マルクスはヘーゲルを破壊してこそ存立したし、空想的社会主義を破壊してこそ科学的社会主義が存立した(10)」

「実践論」「矛盾論」で培った毛沢東の闘争哲学は、敵と味方の矛盾を平和的かつ民主的な手段によって調停することを断固として拒否し、たとえ劣弱な情勢にあっても、有効な戦略と団結によって実力闘争をしかけて劣勢を挽回し、敵を徹底的に打倒することにあった。文化大革命という新たなステージにおいて、毛沢東は地方にあって劣勢な権力者が、中央にあって優勢な権力者にむけて蜂起をするという、権力内部のクーデターを発動した。

4　人民からの支援——党内造反派と党外紅衛兵

文革を企画し発動したのは毛沢東であり、作戦を組み立てたのは北京の政軍の中枢にいた林彪・陳伯達・康生ら毛沢東派であり、作戦を実行したのは上海の四人組であった。そこに二種の援軍が革命を外部から支援した。

第一の援軍は、北京大学の党内造反派エリートである。一九六六年五月二十五日、北京大学講師の聶元梓ら七名が学内の陸平学長ら党幹部を批判し文革を支持する壁新聞を貼りだした。行動を使嗾していたのが康生であり、陳伯達は六月一日の『人民日報』に「思想文化陣地に巣くう大量の牛鬼蛇神を一掃せよ」「四つの旧を破壊し、四つの新を打ち立てよ（四つとは思想・文化・風俗・習慣を指す）」という社説を起草した。毛沢東は二日の『北京日報』に「司令部を砲撃せよ――私の一枚の壁新聞」という北京大学の壁新聞を賛美する記事を書いた。

「同志たちよ、再度この壁新聞と評論文を読むように。しかし、五〇数日の間に、中央から地方のある指導者同志たちは、逆行する道を歩き、反動的なブルジョアの立場に立ち、ブルジョア独裁を実行し、プロレタリアの苛烈な文化大革命運動を攻撃し、是非を顚倒させ、黒白を曖昧にし、革命派を囲い込んで殲滅し、異論を抑圧し、白色テロを行い、みずからいい気になって、ブルジョアの威風をほしいままにし、プロレタリアの志気をくじく。その害毒の何たることか。一九六二年の右傾と一九六四年の「左」に見せかけながら、実は右の誤った傾向を想起させる。覚醒を促すことではないか。[11]」

司令部、即ち北京で実権を振るう劉少奇ら指導部への砲撃を宣言したのである。第二の援軍は、未成年による党外勢力の親衛隊ともいうべき、紅衛兵である。一九六六年五月二十九日、清華大学付属中学校に、高校生の革命組織が成立し、創立した張承志は紅衛兵と命名した。八月一日、毛沢東はこの紅衛兵組織に手紙を書いた。

「君たちの六月二十四日と七月四日の二枚の壁新聞では、すべての労働者・農民・革命的知識人・革命党派を搾取し抑圧する地主階級・ブルジョア・帝国主義・修正主義・彼らの走狗への怒りと糾弾を表明し、反動派に対する謀反には道理があることを表明した。私は君たちを熱烈に支持する。(12)」

一九六五年十一月の姚文元論文から半年、革命の舞台は文藝・学術界から教育界・政界へと移った。勢いに乗る毛沢東は、文化革命を文化大革命へと拡大させ、大衆運動を扇動した。

「文化大革命は思い切ってやれ、乱を恐れるな、存分に大衆を決起させよ、大いにやれ、そうしてすべて牛鬼蛇神を引きずり出すのだ。工作組を仕立てなくても、右派は攪乱してくるかもしれないが、恐れることはない。北大の一枚の壁新聞が文化革命の火をつけた。この革命の嵐は誰も抑えられない。この運動の特徴は狂猛なばかりの激しさだ、左派が特に元気が良い、右派もまた頑強に抵抗し破壊するが、優位に立つことはない。攻撃の範囲は広がるが恐れるな、（敵を）分けながら排除していくのだ。運動のなかで左派が指導の核心に立ち、主導権を握っていけ。[13]」

七月十六日、武漢にいた毛沢東は長江を一時間余り遊泳するパフォーマンスをし、十八日、八カ月ぶりに北京入りした。八月十八日、軍服を着た毛沢東は天安門楼上に登り、全国各地から参集した百万の革命大衆を前にした。紅衛兵から紅衛兵の腕章を腕に通された毛沢東は、「私は断固として君たちを支持する」と呼びかけ、大衆の渦の中に分け入っていった。全国から紅衛兵たちが北京に参集する「大経験交流」が行われ、全国の街頭には紅衛兵たちが「四旧打破」を叫んで、古い文物の打ちこわしや、「走資派」と名指しされた人物を誰彼構わずつるし上げていった。毛沢東は北京の司令部を地方から弓を射て攻撃し、党内の非主流派エリートと、無垢で血気盛んな若い党外勢力を蹶起させた。毛沢東が点火した革命の狼煙は、燎原の炎のように、瞬時にして全土に燃え広がった。その独特な革命方式とは、世界から孤立し、国外からは孤絶した文化的空白に置かれた閉塞空間において、鬱屈した若者たちを革命の主人公に仕立て、憤懣により内圧が高まったガスに、建国の領袖が自ら点火することで、瞬発力と拡散力を最大化させるというものだった。建国前から幾度となく繰り返されてきた整風運動は、ここに初めて、党外勢力をもまきこんだ、下からの大衆運動として展開されることになったのである。

文革の初発の動機はインドネシアの9・30事件と同様の宮廷クーデターによる奪権闘争であった。だが毛沢東は9・30事件の失敗から、共産党の指導力不足と人民不在による不徹底な革命だという「血の教訓」を得ていた。そこで文革を人民の力を最大限に活用した大衆動員型の革命として発動させた。そこでは「一窮二白」という貧困と文化的空白という劣弱かつ不利な逆境に置かれた大衆を、革命精神の注入により立ち上がらせて現状打破のエネルギーを結集し、団結によって逆転勝利を摑むという毛沢東の闘争哲学が「活学活用」されたのである。

5　人民戦争の革命輸出――林彪の世界革命演出

文革において実際の作戦を指揮した参謀として党副主席・国防部長の林彪の存在と役割を忘れてはならない。文革において毛沢東は、幕後で舞台を仕切る演出家としてではなく、自ら主役として表舞台に立った。その背中を押した脇役が林彪だった。さらに林彪は文革を海外に拡散させる対外宣伝に大いに力を奮った。

一九六六年十月、中共中央は各国の在外中国大使館は毛沢東思想と文革を鼓吹することが主な任務だとする決定を行い、各国の中国大使館が革命外交の拠点となった。[14] 中国以外の世界各地で、中国共産党の指令に呼応するかのように、毛沢東思想の普及、毛沢東の神格化、武装蜂起型世界革命など、文革の影響が濃厚な学生運動や反体制運動や新左翼運動が、同時多発的に展開した。鎖国状態にあった中国は、文革の海外輸出によって海外に団結する同志を増やしていったのである。

革命輸出のさいに林彪が案出した二つの重要なコンテンツがあった。

第一は林彪が毛沢東の著作から抜粋して編集した『毛沢東語録』。一九六四年に解放軍内で発行し、文革開始後に大々的に出版され、海外各地の各言語に翻訳出版され、政治闘争の道具として使われ、毛沢東への個人崇拝と神格化はいっそう進んだ。

第二は林彪が抗日戦争勝利二〇周年を記念して一九六五年に発表した「人民戦争論」。人民戦争は毛沢東が抗日戦争で制定し勝利をおさめた戦略戦術で、具体的には、労農同盟を基礎とした民族統一戦線路線、農民に依拠した農村根拠地の樹立、人民軍の建設、人民戦争の戦略戦術の実施、自力更生の方針の堅持、対アメリカ帝国主義勝利、フルシチョフ修正主義批判、などから構成されている。人民戦争論はとりわけ植民地・半植民地状態に置かれたアジア・アフリカ・ラテンアメリカの遊撃隊や人民軍や左翼セクトなどの革命勢力にとって、帝国主義者である西側の都市を包囲する、民族解放運動の革命モデルとされた。

林彪は一九六八年十月の十二中全会で講演した。

「いま高い志を持ち、世界革命を進め、促し、助け、影響を与える最大最深の国家は中国だ。世界の命運に影響を与え、世界歴史の歩みを促しているのは中国だ。スペイン・イギリス・アメリカを超えて中国は最も強大で最も革命的な国家だ。われわれは毛沢東の路線を堅持し、高く毛沢東思想の偉大な赤旗を掲げ、毛主席の思想を堅持してすべてを指導し、革命精神を堅持しなければならない」

毛沢東にとって文革は「世界革命の一部」でもあった。文革を発動したさなか、毛沢東は妻の江青に宛てた手紙の中で、自らの行動と役割をこう自己評価した。

「天下大いに乱れて天下は大いに治まる。七、八年が過ぎて（大乱が）また来た。牛鬼蛇神がみずから飛び出してくる。彼らの階級的本性によって、飛び出してくるものだ。私の友人の講話（一九六六年五月十八日の中共中央政治局拡大会議で毛沢東を大いに讃えた林彪の講話）は、中央が私を促し発言に同意したもので、彼は専ら政変のことを語った。この問題について、彼のような話はこれまでなかった。彼の提起は私を不安にさせた。そもそも私は得心がいかない。

私のあのような小さな本（毛主席語録を指す）にあんな大きな神通力があるとは。彼が持ち上げたら、全党全国が持ち上げ始めたのは、自作自演、自画自賛だ。私は彼らに迫られて梁山に上ったので、彼らに同意しないわけにいかなかった。重大な問題について心ならずも他人に同意したのは私の一生でもこれが初めてのことだ(15)」

毛沢東は革命の祭壇に、林彪に背中を押されるようにして上がっていった。だが弓を放ち、火を着けたアクターは間違いなく毛沢東であった。林彪はあくまでプロモーターであったが、文革を国内にとどまらず海外に拡散させるうえで、極めて重要な役割を演じたのである。

三　世界革命の諸相——東風としての１９６８革命

1　日本の場合——アジア革命

中国国内で瞬時に拡散した文革は海外に輸出され、革命の連鎖現象が見られた。文革はどのように伝播したのか。

文革には輸出の意図があったことは確かだが、その内実は『毛主席語録』を始めブックレットや雑誌といったプリントメディアを使った真正面からのプロパガンダ活動が主体であった。海外に党員を送り込んでの革命指導や諜報活動を通しての破壊工作や攪乱工作をしかけた目立った形跡は確認されていない。また、中国での革命方式をそのまま他国に押しつけることにも自己抑制的であった。

むしろ重要なことは、文革を輸出した側のプッシュ要因よりは、受容した側のプル要因であり、文革を受容した後の拡散をもたらした現地の特異な環境的要因である。この受容した側の地理的・歴史的条件の違いから三つの類型例に分けて論じたい。

第一の類型例として日本は、社会主義圏になく、西側に属する中間地帯である。中華人民共和国の成立以降、国交はなかったが、中国あるいは中国革命に対する根強い共感があった。ただし、中国のような農村が都市を包囲するような革命の条件はなく、根拠地型の人民武装闘争の伝統は乏しかった。

日本共産党は中国共産党と統一戦線上の友党であったが、前述したように六六年三月に決裂した。すると瞬く間にそれまでの親中派左翼組織に相次いで亀裂が生じ、学生運動においては日共系旧左翼と新左翼セクトの分水嶺となった。

学生運動そのものは六八年後半以降、東京大学の安田講堂「落城」を境に下火になっていったが、新左翼各派による安保改定阻止の反米実力闘争が激しくなっていった。そして争点はアジアの民族解放のための実力闘争へと移っていった。その契機となったのが、文革の影響を受けた華僑二世の青年たちと、民族意識に目覚めた在日朝鮮・韓国人たちによる、反民族差別闘争であった。

彼らの日本社会・日本政府に対する告発に触発されて、日本の新左翼は過去の日本の戦争責任、七〇年代当時の日本のアジアへの経済的侵略に気づかされ、民族解放を求めるアジア人民との連帯をアピールするようになった。文革は民族解放闘争としてのアジア革命として受容されたのである。[16]

毛沢東は日本人民の革命闘争を、アメリカ帝国主義に反対し、宮本修正主義に反対する、プロレタリア階級による日本革命だとして支援し、目的を指示した。

「日本プロレタリア階級革命派は、みずからに課せられた光栄で厳粛な任務は、いっそう真剣に本当のマルクス・レーニン主義を日本人民革命闘争の実践に具体的に運用して、日本の具体的な状況を踏まえて、日本革命の一連の戦略・策略問題を解決して、日本革命を絶えず前進させていくことにあることを認識した。日本革命が勝利を勝ち取る過程は、必ずマルクス・レーニン主義と日本革命の具体的実践をいっそう緊密に結びつける過程である。

われわれはマルクス・レーニン主義で武装した日本の本当の革命党が、必ずや革命闘争の烈火のなかに誕生することを確信する。それは日本のプロレタリア階級と広大な人民を導き、長期にわたる曲折の闘争を経て、すべての艱難辛苦に打ち勝ち、革命の最後の勝利を獲得することだろ

う」(17)

2　フランスとアメリカの場合――第三世界との連帯

第二の類型例としてアメリカとフランスは西側諸国に属し、アメリカは拡大する資本主義の覇権の中核にある。当時のアメリカでは、大学のキャンパスや街頭で、怒れる若者たちがベトナム反戦と黒人解放を叫びデモや授業ボイコットをくりひろげた。

一九六八年四月のキング牧師暗殺を受けて、毛沢東は黒人の抵抗運動を支持する声明を発表した。

「アメリカの人種差別は植民地主義であり、帝国主義制度の産物である。アメリカの広大な黒人とアメリカの支配集団との間の矛盾は、階級矛盾である。アメリカ独占資本階級の反動支配を覆し、植民地主義と帝国主義制度を打ちこわしてこそ、アメリカの黒人は徹底的な解放を勝ちとることができる。アメリカの広大な黒人とアメリカの白人のなかの広大な労働者は、共通の利益と共通の闘争目標がある。だから、アメリカの黒人の闘争はますます多くのアメリカの白人種のなかの労働者と進歩的人士の共感と支持を得ているのだ。……目下、世界革命は偉大な新時代に入った。アメリカの黒人の解放闘争は、全世界人民のアメリカ帝国主義に反対するすべての闘争の一部であり、現在の世界革命の一部である[18]」

毛沢東は人民を主体とする新版の中間地帯論に基づいて、アメリカの抑圧された労働者との連帯を呼びかけ、それは世界革命の一部なのだとした。

アメリカの白人の運動家にとっては、アメリカの資本主義勢力との闘争と、第三世界に住む抑圧された人民への支援や、アメリカ国内の公民権を求める黒人との共闘とがつながっていた。一九六八年から七三年にかけて、アフリカ系アメリカ人のブラックパンサー党やアジア系アメリカ人が武装前衛集団を結成し、マオイズムに急接近し、国際主義・反帝国主義・反レイシズムを掲げて、労働者や被抑圧者を動員した[19]。また、公民権運動はウーマンリブやレズビアン・ゲイの解放運動といった、アメリカ内部のマイノリティ集団に対する差別や偏見を告発する運動へと発展した。さらに文化的には、ヒッピー、フリーセックス、ドラッグ、ウッドストックなどの奇抜でアナーキックな文化が流行した。

フランスの場合は一九六八年五月革命がおこり、学生のみならず労働者や知識人など社会の広範な人びとを巻き込んでの変革闘争が盛り上がった。規制権力に反抗する若者たちは、アメリカのベトナム反戦運動と連帯していた。フランスはかつて第一次インドシナ戦争を仕掛け、ベトナムで侵略者として戦った。また、アルジェリアを植民地として抱えていた。フランス国内には多くのベトナムとアルジェリアからの移民をかかえていた。
フランスでは五月革命を契機としてマオイズムが流行し、新左翼活動家にとって毛沢東の中国は、ホー・チ・ミンのベトナムやカストロのキューバとともに、西欧近代に替わる第三世界の希望の星であった。毛沢東も一九六七年一月、上海市の実権を握った「上海コミューン」をフランス革命のパリ・コミューンの中国版だとして称賛した。

「ヨーロッパの労働者階級には革命伝統がある。世界革命はフランスに戻らなければいけない。フランスの一八カ所の大学のうち、大学生は一六カ所を占拠している。彼らはわれわれは無政府主義だという。いま彼らがやっていることはとても良い。鎮圧してはいけない。事態は時がたてば変わるものだ。パリ・コミューンに最初はマルクスも参加しなかった。無政府主義だからね。政府はあとからできたのだろう[20]」

五月革命以後、フランスの左翼運動はそれまでの共産党が主導する権威主義的な議会主義から、小党派急進左翼によるフェミニズム・同性愛・民族差別など、マイノリティの人権擁護のための社会運動へとシフトした。その運動には、紅衛兵たちの「造反有理」という革命的情熱への共感があった。フランス内部における少数者・被抑圧者という人民内部の第三世界的状況は、毛沢東

が展開した人民主体の新版中間地帯論と共鳴していたのである。(21)

毛沢東の発動した文革は、資本主義勢力の枢軸としてのアメリカと、修正主義勢力の枢軸としてのソ連の両雄を正面の敵に据えて、国際的孤立に置かれた劣弱な中国が勇猛果敢に蟷螂の斧を振るう企てだった。この不利な闘争にとって何よりの後ろ盾は、虐げられてきたアジア・アフリカ第三世界の人民が、強勢に驕る帝国主義勢力を覆そうとする、世界大の階級闘争にあった。この意味で、「1968運動」として西側諸国に伝播した文革は、「東西」冷戦に彩られた「戦後」と、資本主義の帝国的拡張に彩られた「近代」によって構築された既存体制への、「異議申し立て」であった。

3　インドネシアの場合——遠距離革命

第三の類型例としてインドネシアは第三世界そのものに属する。9・30運動の失敗により、インドネシア全土で共産主義者が粛清・殺害され、華僑・華人は迫害され離散した。本国で解体されたインドネシア共産党は、一九六六年八月、中国にいたインドネシア共産党員を組織化して北京で再建された。

インドネシアでは事件後、しばらく各地で残党勢力の活動が見られたが、軍による鎮圧、警察による検挙・投獄、地元民を動員しての「赤狩り」によって、時間を追うごとに共産党員の活動領域は狭められ、逃げ場を失っていった。ところが事件から二年後、共産主義者による武装蜂起がなされた。それはボルネオ島の西カリマンタンで起こった。

西カリマンタンは歴史的に華僑・華人の住民比率が高く、中華系の伝統文化を残し、中国からの影響を強く受けていた。また、マレー共産党系のゲリラ活動が盛んであったマレーシア領の北サラワクと国境を接していたため、スカルノ時代から、対マレーシア粉砕のための北サラワク共産党とインドネシア共産党の共闘関係があった。9・30事件直前の一九六五年十月には北カリマンタン共産党が結成された。

一九六七年四月に、北カリマンタン共産党遊撃隊内部に、インドネシア共産党残余部隊を組みこんだ西カリマンタン・サラワク連合部隊、別名火焔山部隊が結成された。火焔山部隊は毛沢東思想と林彪の人民戦争論の影響を強く受け、山を根拠地とし、地元農民の支援を受けながら、軍を組織してゲリラ活動を展開した。七月にはサラワクとの国境近くのインドネシア空軍基地を急襲し、インドネシア・マレーシア連合軍による共産党掃討作戦に対して遊撃戦を展開した。中国メディアは遊撃戦の戦果を大々的に報道し宣伝した。

「目下、インドネシア共産党は都市から農村に入りはじめ、平和闘争から武装闘争への展開のさなかにあって、革命的武装闘争は始まったばかりだ。党と人民は新たな闘いのなかで、厳しい困難に直面している。しかし、われわれの偉大な領袖毛主席が言うように、『革命闘争のさなかのいつか、困難な条件が有利な条件を上回るのは、困難が矛盾の主要面であり、有利が従属面だからだ。しかし革命党員の努力により、次第に困難を克服し、有利な局面を切り開き、有利な局面が困難な局面を上回る』。インドネシア共産党員と革命人民は恐れを知らない英勇戦士で、彼らは厳しい白色テロを撃破し、勇敢に戦う(22)」

中国からすれば西カリマンタンの遊撃戦は、農村を根拠地とする革命的武装闘争であり、9・30事件失敗の教訓を踏まえた人民戦争論の模範であった。当時の北京にはインドネシア共産党の他に北カリマンタン共産党の支部もあり、また中国に残留・帰順・亡命したインドネシア共産党幹部は南京の軍事学院に送り込まれて、毛沢東思想の学習会や遊撃戦の訓練が施された。ただ中国のインドネシア共産党員がインドネシアに送り込まれたり、作戦の指示をしていたりといった事実は確認されていない。

文革では大衆を動員した革命運動が展開されていたのに対して、西カリマンタンではインドネシア政府軍と戦う武装蜂起がなされた。中国も西カリマンタンも第三世界に所属し、共に資本主義勢力や帝国主義勢力と闘って民族解放を目指す同志的結合関係にあった。本国を遠く隔てて、本国以上に激烈な革命がなされたという意味で、ベネディクト・アンダーソンの「遠距離ナショナリズム」[23]ならぬ「遠距離革命」が展開されたのである。

四　自壊した世界革命——西からの逆風

1　インドネシアの体制転換と「東京クラブ」

一九六五年の9・30クーデターは失敗し、二年後の西カリマンタンでの武装蜂起は、当初の奇襲作戦には成功したものの、送り込まれた国軍精鋭部隊の掃討作戦により壊滅した。共産主義勢力はインドネシアから一掃され、華僑・華人は中華風の伝統風俗の存続が許されなくなり、現地社会への同化を強いられた。

政治権力は「革命（レボルシ）」を掲げ反帝国主義と国有化政策を進めたスカルノから、「建設（プンバングナン）」を掲げ反共主義と開発独裁政策を進めるスハルトへと移行した。親社会主義路線は資本主義路線へと転じ、スカルノは一九七〇年六月の死去まで、幽囚生活を余儀なくされた。

事件後、スハルトのインドネシアに対して機敏な外交攻勢をかけてきたのが台湾であった。関係が悪化したインドネシアと中国を離間させ、台湾との国交樹立を画策しようとし、対インドネシア宣伝工作を強化し、現地の華僑社団や学校の組織活動を回復しようと、一九六六年初から、バンコクと東京を拠点に、スハルト政権に積極的に関与工作を展開した。

この工作にスハルト政権も呼応し、アダム・マリク外相を中心に西側諸国への接近を図った。最終的なねらいはアメリカからの経済援助であった。だが、アメリカはインドネシア政界の汚職体質や不安定な政治動向への不信があったため、反共の台湾との接近を足掛かりにして、スカルノ時代から賠償外交を通じて関係が深くアメリカと同盟関係にある日本の支援に期待した。佐藤栄作首相は、欧米各国と分担してインドネシアを援助する国際的協力体制の結成を呼びかけた。[24]ここに、一九六七年六月から、日本はじめ欧米諸国とＩＭＦなどの国際機関から構成されたインドネシア債権国会議（ＩＧＧＩ）、通称「東京クラブ」が始動し、ＩＧＧＩから供与された借款は六九年には五億ドルに上った。

「東京クラブ」始動と同時期に、台湾に国民党中央・外交部・国家安全局から構成される「インドネシア工作指導小組」が発足し、交易活動を中心に関係は緊密化していった。同年八月にはインドネシアほか東南アジア五カ国がＡＳＥＡＮを結成、ほぼ同時に、インドネシアはマレーシア対決政策を転換し、同国との正式な外交関係を修復させた。スハルト政権での経済政策を計画し推進したのが、カリフォルニア大学バークレー校で教育を受けたインドネシア人経済学者で、彼らは「バークレー・マフィア」と呼ばれた。「バークレー・マフィア」はスカルノ時代に国有化されたエネルギー企業に外国資本の参入を可能にする法制を施行させ、アメリカへのインドネシアの天然資源の輸出が再開された。[25]

いっぽう中国は、インドネシア華僑難民を受け入れ、国内メディアでスハルト政権をファシスト軍事政権と非難し、台湾を拠点に日本やアメリカが加わってのインドネシアへの経済支援の動きを、アメリカ帝国主義・台湾の反動勢力批判の陰謀だと批判することしかできなかった。

2　中ソ紛争と米中接近による世界認識の変容

文革の本国中国では紅衛兵運動が全国にひろがり、各地で混乱と暴力がエスカレートし、各地各組織での派閥抗争は歯止めがなくなり内戦状態にまでいたった。事態を鎮静化すべく、紅衛兵組織は制圧され、青年たちは一九六八年ころから僻地の農村に下放された。紅衛兵組織に代わって文革の奪権闘争を推し進めたのは、既存の共産党組織を壊して六七年初頭から上海を皮切りに全国各省・各都市に続々と組織されていった革命委員会であり、人民解放軍が統制の前面に立った。

一九六八年八月チェコスロバキアで民主化運動がおこり、ソ連軍が鎮圧のために侵攻したことを契機として、中国はソ連を「社会帝国主義」と名指しするようになった。翌年三月、中ソ国境で両軍が武力衝突し、中国側に多大な損害が出て、ソ連の核攻撃を含む軍事的脅威に直面した。四月の第九回党大会で中国共産党は林彪を毛沢東の後継者として指名し、世界戦争の臨戦態勢に入った。

いっぽう泥沼化したベトナムでは六八年一月末に北ベトナム軍がテト攻勢をし、米軍は三月末から北爆を停止した。アメリカは北ベトナムとの和平交渉を模索し、中国との接触を図り始めた。毛沢東はアメリカの変化を感じ取り、ソ連帝国主義批判を強調しつつ、アメリカ帝国主義批判と世界革命論のボルテージを弱めるようになった。

一九七一年三月の名古屋での世界卓球選手権に中国は選手団を送り、そこでアメリカ選手団からの中国訪問の希望を受け入れた。さらに七月、アメリカ大統領補佐官のキッシンジャー博士が秘密訪中したのを受けて、十一月、ニクソン大統領が訪中し、上海でコミュニケが発表された。米中和解に引き続いて、翌年九月、田中角栄首相が訪中、日中共同声明が交わされ、国交正常化がなされた。ベトナム戦争は七三年一月のパリ和平協定によって停戦となり、三月、米軍はベトナムから撤退した。

一九七四年二月、毛沢東は「第三世界論」を打ちだした。即ち、米ソは第一世界で覇権主義をとり、日本・ヨーロッパ・オーストラリア・カナダは中間の第二世界で、日本を除くアジア・アフリカ・ラテンアメリカの発展途上国は第三世界という発想だった。ソ連社会帝国主義の出現によって、その軍事力と経済力による社会主義圏への浸透力に中国はたちうちできず、社会主義圏の連帯の有効性が消失し、米中接近によって対ソ対決が全面に迫ってきた。かつての東西対立に基づく中間地帯論は、南北対立に基づく第三世界論へと転換した。中間地帯論からさらに変質したその世界認識は、かなり実利主義的な色合いの濃いものではあった。しかしながら、反帝国主義・民族解放闘争という原理自体は揺らぐことはなく、反ソ連社会帝国主義・反覇権主義を訴え、その矛先はもっぱらソ連に集中した。

鄧小平は中国政府を代表して国連資源特別総会で毛沢東の検閲を仰いだ「三つの世界論」演説をした。中国は第三世界に属し、不平等な国際経済関係のなかで、抑圧された人民と民族の正義のために戦うという国際主義の路線である。

3　林彪のクーデター

毛沢東の後継者として認許された林彪は、毛沢東の神格化をもくろんで、一九七〇年八月の第八期二中全会で陳伯達とともに「毛主席は天才だ」と持ち上げた。そこに林彪一派の簒権の底意を見てとった毛沢東の不興を買った。毛沢東は康生・江青ら四人組一派を使嗾して、林彪・陳伯達打倒のための整風運動を全党全軍で展開した。

これに対して林彪一派は、息子の林立果が毛沢東暗殺計画を企て、七一年九月に実行が図られたが、事前に情報が洩れ、林彪ら家族は国外脱出を図ったものの、搭乗した軍機が墜落し全員が死亡した。

中国共産党は林彪批判キャンペーンを展開したが、クーデターの陰謀が暴露されると、下放されていた知識青年の間に、それまでの毛沢東思想に対する牢固とした信念が揺らいだ。そして、暗殺計画で指摘されている通り、毛沢東そのものが民衆に背き人民を欺くファシストだったのではないかという疑念が高まっていった。林彪事件は中国の知識青年を毛沢東への無条件の忠誠という呪縛から解放し、集団的造反の狂熱から個人の静かな理性的思考へと転換させるきっかけとなったのである。(26)

一九七六年一月、人民から敬愛された周恩来総理が死去した。周恩来を偲ぶ民衆たちは、四月五日の清明節を前に天安門広場に集まり、四人組反対を叫んで花輪や詩を捧げた。花輪や標語を撤去する民兵・警察・軍隊が民衆と衝突し、流血騒ぎとなった。

九月九日、毛沢東が死去、十月七日、華国鋒が主席となった。九日、四人組が逮捕された。華国鋒の権力基盤は脆く、翌七七年四月、鄧小平が復活、翌七八年十一月には華国鋒が自己批判をし、実権は改革開放の旗手である鄧小平に移っていった。

二面の主要敵だったソ連の軍事的脅威とアメリカへの接近、文革を推進した林彪の叛逆、発動した毛沢東の死去、扇動した四人組の逮捕によって、燎原の炎は消えた。長かった文革は、自壊するように終息していった。

4 資本主義のレジリエンス

文革の衝撃に連鎖反応して反体制運動が盛り上がった西側諸国は、どうなったのか。日本では学園紛争が荒れ狂ったあと、七〇年代に入ると、あたかも学生運動などなかったかのように、一気に沈滞していき、大学は紛争の場からレジャーランドへと化し、社会全体が大衆消費社会モードに移っていった。七〇年三月には大阪で日本万博が開かれた。七二年のあさま山荘事件の戦慄によって、文革の陶酔感はさめ、日本の新左翼運動は急速に沈静化していった。フランスではマオイストがフランスのアラブ移民コミュニティにパレスチナ解放運動の連帯を呼びかけたが、一九七二年のミュンヘンオリンピックにおいてイスラエル選手を人質にとって殺害するというパレスチナ支援者たちのテロ事件によって、この英雄的な都市ゲリラ像が地に落ちた[27]。アメリカでは米中和解や改革開放の中国の西側接近という路線転換によって、文革中国との連続性は断ち切られ、マオイズムの影響を受けた武装闘争は沈滞していった[28]。

インドネシアの体制転換、西側諸国の革命幻想からの覚醒、そして中国における文革の終わりと改革開放政策への移行。革命の狂騒が過ぎ去ったあとの巨大な空白に、幻滅感をともなってひたひたと押し寄せてきたのが資本主義の自己増殖とも言うべきとめどない潮流であった。それは、革命を推進する側からみれば、革命勢力が抵抗し対抗してきた、まさに反革命そのものであった。資本主義という巨大勢力に挑んだ反資本主義という壮大なる実験は、惨憺たる失敗に終わった。

この革命運動に対するレジリエンスとも言うべき復元力こそが、資本主義に内在するグローバルな浸透力なのである。

おわりに――再び「東風が西風を圧倒する」

文革という革命の「東風」は周辺のアジアだけでなく、世界を席捲し、多くの人びとを革命の狂熱とそのバックラッシュのスパイラルに巻きこんだ。世界革命の試みは、革命を輸出された側には社会秩序の動揺、伝統的価値観や道徳観念の否定、暴力是認の気風を醸成し、破壊と混乱をもたらした。

改革開放政策への移行から一〇年が経過した一九八八年、中国で大学生を中心に民主化運動が起こった。外来の世界に対して頑なに門戸を閉ざしつづける中国共産党の一党独裁システムに対する不満が背景にあった。西側の民主・自由・人権が保障された社会を希求する青年たちには強い「西風」の後押しがあった。

ところが八九年六月四日に、かれらの運動は鎮圧され、希望は蹂躙された。鎮圧した側の中国の権力者たちの世界認識では、当時のソ連のゴルバチョフ改革と東欧の社会主義体制からの転換(「蘇東波＝ソ連・東欧からの風波」)は、アメリカを基軸とする資本主義勢力による平和的な体制転換

（「和平演変」）の陰謀によるものとされた。若者たちが憧れた西側の文化の影響を受けることは、「精神汚染」とされて忌避された。中国共産党の革命伝統は、資本主義世界からの「西風」を拒絶した。当時のアジアは圧倒的に貧しかったが、「西風」は「東風」を圧倒できなかったのである。

冒頭に述べた「東風」と「西風」の矛盾の本質は、社会主義か資本主義かの対立にあるのではない。バンドン会議以降、対立の主旋律は、「東西」よりは「南北」へと傾斜した。「南」に盤踞する発展途上地帯としてのアジア・アフリカの中心に定位する中国が、文革の疾風を吹かせた。中国は国際的孤立を恐れたりひるんだりすることなく、勇猛果敢に米ソ超大国に反旗を翻し、抑圧された世界のプロレタリア人民に団結と連帯を呼びかけた。毛沢東は林彪のサポートを受けて、虐げられてきたアジア・アフリカ第三世界の人民が、強勢に驕る帝国主義勢力を覆そうとする、世界大の階級闘争を演出した。

世界革命の理念としての文革は、既存体制を転覆する「反近代」によって社会システムの下層へと抑えつけられ、世界の周縁へと排斥されてきた民族や人民を解放する企てだった。そこには燦然と輝くカリスマの下に万民が結集し、西洋列強に抵抗し、抑圧された民族を解放し、自主独立を獲得するという、アジアの革命伝統が息づいている。革命を通して獲得した建国の正統性神話には、国家の領袖に対する絶対的服従と指導者層の独裁化という、一君万民の伝統的慣性の呪縛がまとわりついている。

今後の人口動態の趨勢では、西側先進諸国での人口減少はますます進み、少子化によって高齢化が進行する縮小社会となることは避けられない。いっぽう、世界人口は増え続け、二〇五〇年には一〇〇億人に迫るという。とりわけアジアとアフリカ諸国では人口が増加し、しかも若年労働者層を厚く抱え、高い経済成長が見込まれている。これまで第三世界とされてきた地域が、今後、生産と消費における世界の中心へとシフトしていくのである。

アジアやアフリカの発展途上国では、発展する中国経済の影響力がますます大きくなっている。中国の「一帯一路」政策により、中国からの経済的支援の恩恵に大きく依存するようになりつつある。中国は欧米と違い、支援対象国に対して資本主義の恩恵は最大化することを目指すものの、現体制の変更や民主化を強要せず、西洋的な民主・人権といった価値観を押し付けることはない。中国の支援を受けいれる側は、チャイナ・スタンダードを歓迎し、発展戦略として取りこもうとする動きがある。

「東風」はふたたび「西風」を圧倒しつつある。そのとき文化大革命や六四事件の記憶はどのように呼び覚まされるのであろうか。

注

（1）本章の執筆とほぼ同時期に拙著『世界史のなかの文化大革命』（平凡社新書、二〇一八年）が刊行された。同じテーマを扱っているが、新書が時系列的に事実経過をたどる歴史叙述になっているのに対し、本章は史実の整理よりは史実を踏まえて論を立てることを主眼としている。構成を大きく変え、事実経過の叙述を絞り込んだものの、引用句など記述内容に重複がある。

（2）中共中央文献研究室編『毛沢東文集』人民出版社、第七巻、一九九九年、三二一・三二九頁。

（3）趙景達編『儒教的政治思想・文化と東アジアの近代』有志舎、二〇一八年、二二一頁。

（4）王雪萍編著『戦後日中関係と廖承志——中国の知日派と対日政策』慶應義塾大学出版会、二〇一三年。

（5）太田勝洪「アジア近隣諸国との関係」『岩波講座　現代中国　第六巻』岩波書店、一九九〇年、二〇七頁。

（6）中共中央文献研究室編『毛沢東年譜（一九四九—一九七六）』中央文献出版社、二〇一三年、第五巻、五四三頁（一九六五年十一月二十四日の項）。

（7）ユン・チアン、ジョン・ハリディ『マオ——誰も知らなかった毛沢東』土屋京子訳、講談社、二〇〇五年、下巻、二九二—三頁。

（8）中華人民共和国外交部・中共中央文献研究室編『毛沢東外交文選』中央文献出版社・世界知識出版社、一九九四年、四八二頁。

（9）前掲『年譜』第五巻、五七一—三頁（一九六六年三月三十日の項）。

（10）前掲『年譜』第五巻、五八〇頁（一九六六年四月二十二日の項）。

（11）中共中央文献研究室編『建国以来毛沢東文稿』中央文献出版社、一九八七—九八年、一二巻、九〇頁。

（12）前掲『文稿』第一二巻、八六頁。

（13）前掲『年譜』第五巻、五九三頁（一九六六年六月十日の項）。

（14）沈志華『最後の「天朝」——毛沢東・金日成時代の中国と北朝鮮』朱建栄訳、岩波書店、二〇一六年、下巻、一七六頁。

（15）前掲『年譜』第五巻、五九七頁（一九六六年七月八日の項）。

（16）日本における文革の影響については、馬場公彦『戦後日本人の中国像——日本敗戦から文化大革命・

日中復交まで』新曜社、二〇一〇年、第四・五章を踏まえた。
(17)『人民日報』一九六八年九月十八日。
(18)『人民日報』一九六八年四月十七日。
(19) 福岡愛子「六〇年代西側諸国にとっての文化大革命——日・仏・米それぞれの意味づけ」『思想』二〇一六年一月号、六四—七頁。
(20) 前掲『年譜』第六巻、一六六頁(一九六八年五月二十日の項)。
(21) リチャード・ウォーリン『1968パリに吹いた「東風」——フランス知識人と文化大革命』福岡愛子訳、岩波書店、二〇一四年。
(22)『人民日報』一九六七年十二月二十九日。
(23) ベネディクト・アンダーソン『比較の亡霊——ナショナリズム・東南アジア・世界』糟谷啓介・高地薫他訳、作品社、二〇〇五年、一二六—七頁。
(24) 鄒梓模「スカルノ大統領時代の終わりに」増田与訳『社会科学討究』一一七号、一九九四年、四—一五頁。
(25) ナオミ・クライン『ショック・ドクトリン——惨事便乗型資本主義の正体を暴く』幾島幸子・村上由見子訳、岩波書店、二〇一一年、上巻、九四—六頁。
(26) 徐友漁『形形色色的造反——紅衛兵精神素質的形成及演変』香港中文大学出版社、一九九九年、印紅標『失蹤者的足跡——文化大革命期間的青年思潮』香港中文大学出版社、二〇〇九年。
(27) ウォーリン前掲書三五六頁。
(28) 福岡愛子前掲論文。

第2章

表象としての革命、実態としての暴力
――文化大革命の両義性をめぐって――

金野 純

「全世界のプロレタリアートよ、連携せよ」
とよびかける中国のポスター

はじめに

正直言って僕はね、当時の紅衛兵の九〇パーセント以上はほんとうに革命だと信じてやっていたと考えている。師範大の死んだ女子学生が、僕にこう言ったことがある――

「わたしはパリコンミューンを守っている戦士のような気がするわ」

双方がピストルを取り出して撃ちあった武闘で、みんなが後にさがった時、この娘だけ前へ出て行ったんだ。そして流れ弾に頭をやられた。彼女に私利私欲があったら、あんなことしたと思いますか?

〝文革〟のことは、正直言って僕は後悔していない。ざんげをするのはかまわない。でも後悔はない。なぜならわれわれは当時、いやしい目的で参加したわけではないから。まじめに革命として受けとめたんだ。だからこんなひどい目にあったんだ。（S市某師範大学学生）

一一七の家庭が殺し尽くされ、死亡者は四五一九人で当時の（道県）全県の総戸数の一・一七パーセントを占める。そのなかで殺されたものは四一九三人、自殺を強要されたものは三二六人である。殺された人々の当時の階級成分は、四類分子(1)が一八三〇人、殺された人々のなかの四一・四パーセントを占めている。

（譚合成『血的神話』）

殺害方法は、叩き殺す、溺死、銃殺、刺し殺す、切り殺す、引きずり殺す、生きたまま肉を切り取る、打ち殺す、首吊りの強要、追い囲んで殺害、腹を切り裂いて肝臓を切り取るなど、数十種類にも及ぶ。（中略）一九六八年三月、龍氏の母親が自分の息子が経験した様々な非人道的な拷問を目の当たりにした後、なんと食事を届ける際に毒薬を息子に渡し、「涙を流しながら、息子に毒薬を飲んで自殺し、これ以上の苦しみから逃れるように勧めた」。

（宋永毅「広西文革における大虐殺と性暴力」）

文革の終焉から四〇年以上が過ぎた。しかし文革をどのように歴史のなかに位置付けるのか、その歴史的評価はいまだ定まってはいない。「社会主義革命の新段階」（中国共産党中央委員会「プロレタリア文化大革命に関する決定」[2]）と位置付けられた文革は、多くの学生や労働者らをさまざまな理念的活動へと駆り立てた。その一方、階級的偏見や民族差別などを背景に、残虐な暴力行為が横行した時代でもあった。冒頭に挙げた引用文は、その文革の両義性を示す一例である。このような文革をどのように捉えれば良いのか。本稿は、一九六七年以降、紅衛兵組織が徐々に解体されて多くの都市の学生たちが農村へ移送された一九六八年以降の上山下郷運動までのプロセスを事例として、文革の両義性について考察してみたい[3]。

近年、この運動についてはM. Bonninや劉小萌らの研究[4]が発表され、その全体像が明らかになってきた。また筆者もかつて上海を事例として上山下郷運動にいたる政治過程を分析した。こうした研究の蓄積によって、文革期の上山下郷運動の実態はかなりの程度明らかになってきたように思われる。「知識青年」を農村へ移住させるような運動は、実際にはすでに文革以前の一九五〇年代からおこなわれており、劉小萌の『中国知青史』は文革期の運動を長期の歴史的流れのなかに位置付けて叙述した労作である。一方、こうした運動に参加した――もしくは否応無く巻き込まれてしまった――若者たちが自らの経験をどのように捉えているのか、これは巨視的にみた「実態」とは異なる位相で捉える必要がある。そのためには馮驥才や董国強によるオーラル・ヒストリー[5]も重要であり、またさまざまな回想も文革がもつ両義性を考えるうえで無視できない資料となるだろう。

文革の政治過程についてはすでに世界中でさまざまな研究がおこなわれており、筆者もこれまで多くの論考を発表してきた。そのため、実際のところ、総体としての文革過程に全く新しい知見を与えることは、研究上、極めて難しい作業となってきている。しかし、文革を「現象」だけではない「記憶」のレベルも含めた多面体として捉えると、われわれ研究者に残されている課題は少なくない。そのひとつが、いまもさまざまなかたちで噴きだし続けている体験者の声を、いわゆる「客観的」文革像のなかにどのようにして位置付ければ良いのかという問題である。

本稿では、これまでの先行研究に基づきながら、上山下郷運動の展開をその前後の文革全体の政治過程のなかに位置付けて整理し、そのプロセスを公式・非公式の資料によって実証的に明らかにする。それと同時に、文革の各時期において実際に参加した人々の声を拾い上げることによって、一次資料から浮かび上がる鳥瞰的文革像とは別に、参加した人々の眼差しをとおして浮かび上がる虫瞰的文革像をみることによって文革の両義性についても検証してみたい。

以下、まず運動の背景となった文革全体の政治過程を（1）拡大する被害と（2）コミューン構想の挫折という両面から分析し、つぎに（3）秩序回復の動きに伴い展開した上山下郷運動を巨視的に検証したうえで、（4）種々の回想から浮かび上がる参加者の語りを取り上げながら、文革の持つ両義性を捉えつつ当該時期の文革について考察してみたい。

一　文革の展開と拡大する被害

ここでは、まず大規模な上山下郷運動が展開される背景となった状況について概況をまとめておきたい。

よく知られているように、文革は中国社会に深刻な影響をもたらした。六六年八月から数カ月の間、学生は無賃乗車で全国をまわり、一部の労働者は職場を放棄して政治運動をおこなうなどした結果、中国に経済的停滞を招いた。当時の状況を南京大学学生だった経氏はつぎのように回想している。

私は六六年八月に保守派組織を離脱してから、数カ月を逍遥して過ごしました。とにかく、はっきりしないことが多く、誰も私たちには構いませんでした。ちょうど毛主席の「経験大交流」の呼びかけがあったので、私たちはこの機会に乗じて遊びに行きました。昔の言葉で「読万巻書、行万里路（万巻の書を読み、多くの地域を歩いて観察する）」とはよく言ったものです。勉強する人はみな、遊びに出かけて行き、見識を広げたいと思いました。しかし、貧しい家庭の子供である私たちに、遊びに行くお金などありませんでした。これを機会に各地の風景を観光して回ったのは言うまでもありません(6)。

文革の混乱のなか、六六〜六八年にかけて中国の工農業総生産額は二五三四億元から二一一三億元に減少した。全国的には農業よりも工業の被害が大きく、そのなかで軽工業より重工業が後退した。国民の所得指数をみると、六七年で前年度比九二・八パーセント、六八年でさらに前年度比九三・五パーセントと二年連続で減少した。大躍進時期ほどではないが、国民所得は減少していた。中央が事態を収拾しはじめた六九年以降になってそれらの数値は上昇に転じたが、文革がもたらした社会混乱は、調整政策で軌道に乗りはじめていた経済の足を引っ張った[7]。

こうした状況の具体例として、以下、筆者がこれまで研究してきた上海を事例としてみてみたい。

工業分野において六七―七六年の年平均の投資は、五三―六六年に比べて八八・五パーセントも増加していた。しかし上海において、年平均の生産総額増加率は一二パーセントから七・三パーセントに減少した。文革の波を受けた上海では、生産効率が低下してしまったことにより、六七―六八年の経済的停滞を生み出した[8]。これはまさに「『文革』、この十年は、まさに世界の科学技術がめざましく発展し、経済が速く発展した一〇年であったが、上海は貴重な発展機会を逃してしまった」（中共上海市委党史研究室[9]）結果であった。

上海では上海工人革命造反総司令部（工総司）のような労働者組織が結成され、労働者が急進的な政治活動に参加してしまったため、職場の多くが機能しなくなってしまった。上海市内で発生した問題を挙げれば、以下の通りである。六七年一月の時点で鉄道部門では滬寧、滬杭鉄道が中断してしまっていた。工総司が誕生した国棉第一七工場では、六六年十二月二十九日から六七年一月九日の一〇日間に一五六万元の損失を被った。上海機械工場は完全に停止してしまい、上海市海洋漁業公司は従来の機能を失い、市場に提供される水産品は平常時の一〇パーセントに届かない状況だった。[10]

さらにパートタイム労働者のような都市底辺層による待遇改善要求が起きるのも当然の流れだった。労働者が主役であるはずの社会主義の看板の裏で、臨時工・契約工のようなパートタイム労働者は正規雇用の労働者と違い、終身職業保証、退職金、医療手当、家庭医療保険などの生活保障が与えられなかった。そのため、彼らは「臨時工・契約工」制度を「一定の雇用を節約して、賃金の支払いを削減している」と批判した。その大きな責任は、経済立て直しのため、その制度を拡大した劉少奇などの「実権派」にあるとされた。[11]

パートタイム労働者に限らず、当時は混乱に乗じて多様な大衆組織が乱立した。それが都市に混乱を生み出す原因となった。たとえば六〇―六二年の経済危機の際に農村に移送された青年たちが上海へ戻ることを望み、組織を立ち上げて都市戸籍を要求した運動が確認できる。A・チャンらの研究によると「下放青年グループ」が文革期に都市部に流入した背景には、農村の劣悪な生活環境があった。[12] 彼らは粗末な住居しか与えられず、生活に適応するための援助もなかった。下放される若者の多くは階級的出自が悪く、地元農民から軽んじられる傾向にあった。この情況下、青年たちは都市に基盤をおいた組織をつくるため、下放先の村を離れて都市に戻っていた。[13] 下放青年のほかにも、居住環境に不満を持つ人びとが「住居困難革命造反司令部」という組織を立ち上げたり、職場の人事異動で別居状態になった労働者が「革命単身職工造反司令部」という組織をつくったりしていた[14]。これまでの社会矛盾が噴出し、行政が追いつかない状況に陥った。経済の停滞と同時に人的被害も甚大で、全国で多くの幹部、知識人が「革命的」民衆につるし上げられた。階級に問題のある黒五類をはじめ、裏切り者、スパイ、走資派、臭老九[15]のレッテルを貼られた人びとも迫害され、ひどいケースだと無残に虐殺された。陶東風はこうした暴力には多くの類似点があり、それらを偶発的事件としてはとらえられないということを指摘している。虐殺の背景となった当時の政治社会的環境として、陶は第一に黒五類（地主・富農・反革命分子・悪質分子・右派分子）のような「敵」の非人格化、第二に規律なき組織化、第三に法の機能不全、第四に暴力を正当化する思想という四点を指摘している。当時、ブルジョア階級として批判された蕭氏は、批判大会の様子についてつぎのように語っている。

名前が呼ばれると、引っ張りあげられるのです。私と謝氏は当然最初に台にあげられました。続いて、私たちの学科の一級教授一人・二級教授一人・副教授・総支部委員・学生指導員の合計十人前後が台にあげられました。その場に行けば、誰かが叫び、そして台にあげられるのです。そして私や謝氏など数人に高帽子が被せられ、さらに墨汁がかけられ、顔も真っ黒にされました。その日、私は白のシャツ、黄色の短パンを着ていましたが、全身墨汁をかけられ、非常に狼狽してしまい、顔が上げられない気持ちでした。

高帽子が被せられるだけでは終わりませんでした。腰を曲げて、頭を下げるように言われたのです。当時私はまだ若かったからよかったものの、私と一緒に批判された二人の一級教授はどちらも七十歳前後でした。あそこで一、二時間腰を曲げていなければならなかったのは、相当にきつかったと思います[16]。

「回想」として語ることができるような暴力は被害者が生存していることを意味しているが、そもそも一家が皆殺しにされるような暴力も少なくなかった[17]。北京大興県での虐殺を調査した遇羅文は村民へのインタビュー調査をもとに当時の虐殺事件を以下のように描写している。

虐殺行為は念入りに計画されたものであり、どこでもそのやり方は似通っていた。殺すと決めた者たちをまず一カ所に監禁し、それから一人ずつ呼び出しては殺していった。監禁された者たちは、最後の一人に至るまで、外で何が起きているのか分からなかった。きわめて隠密裏にことを運んだ生産隊もあったが、それは手を下したのがみな積極分子だったところであり、翌日の朝働きに出た公社員の多くが、人が急に減ったことに気づき、それで初めて一夜のうちに大勢の人が殺されたことを知ったという。

中心生産大隊貧農・下層中農協会の主席は、自分一人で十六人の人を押し切りで切って殺し、自らも緊張のあまり倒れた。そして殺した人を次々と深い井戸に投げ込み、その井戸が屍体でいっぱいになるほどだった。（中略）
このように、大辛荘人民公社にほど近い生産大隊では多くのところで「黒五類」が皆殺しにされた。[18]

これまで文革期の暴力に関連して、日本で発表された研究においては、たとえば天児慧『中華人民共和国史』（岩波新書、一九九九年）では「正確にはわからないが死者一〇〇〇万人、被害者一億人、経済的損失は約五〇〇〇億元とも言われるほどであった」とあるように、具体的な数はわからないもののおよそ一〇〇〇万人の犠牲者がでたという文脈で語られるか[19]、もしくは、より実証的な立場から具体的な数値に関する議論を避ける傾向にあった。安藤正士・太田勝洪・辻康吾『文化大革命と現代中国』（岩波新書、一九九五年）では、「林彪・四人組裁判」に触れながら、「起訴状によると被告らの犯罪の直接の犠牲者は中傷・迫害されたもの七二万九五一一人、殺害されたもの三万四八〇〇人となっているが、文革の犠牲者がこれだけではなかったことは言うまでもない」としている。[20]
楊継縄の研究（二〇一六年）によると、葉剣英は一二期一中全会後の中央政治局拡大会議において文革で迫害を受けたり死に至ったりした者の数について述べており、葉の報告によると、武闘事件による死亡者は一二万三七〇〇人、批判闘争による幹部の死亡者は一一万五五〇〇人、都市の各界の名士で反革命などのレッテルを貼られて死亡したものは六八万三〇〇〇人、農村の地主・富農やその家族で死亡した者は一二〇万人、さまざまな迫害のなかで失踪した者は五五万七〇〇〇人であった。(21)

また犠牲者数に関する具体的記述として、陳東林・苗棣・李丹慧主編『中国文化大革命事典』(中国書店、一九九七年)には以下のような説明がある。

たとえば文革による犠牲者が現実にはいったいどのくらいの数に達するものかについてさえ、今日なお正確なことはわかっていません。中国共産党第一一期中央委員会第三回全体会議(三中全会、一九七八年十二月開催)に提出されたといわれる文革の実態に関する報告書が伝えたところでは、一九六六年から六九年まで四年間に殺害された犠牲者は四〇万人以上、直接・間接の迫害をこうむった者約一億人としています。この数字はその後、過小評価とみなされ、同じく八一年六月の第六回全体会議(六中全会)に提出されたとされる報告書では、六六年から七六年の一〇年間で犠牲者約一〇〇〇万人に修正されました。後者の数字は国共内戦による犠牲者数にほぼ匹敵しますが、この数字には逆に若干の過大評価が含まれると見てよいでしょう。私たちの推計では、文革の犠牲者は恐らく数百万人の桁で、五〇〇万人前

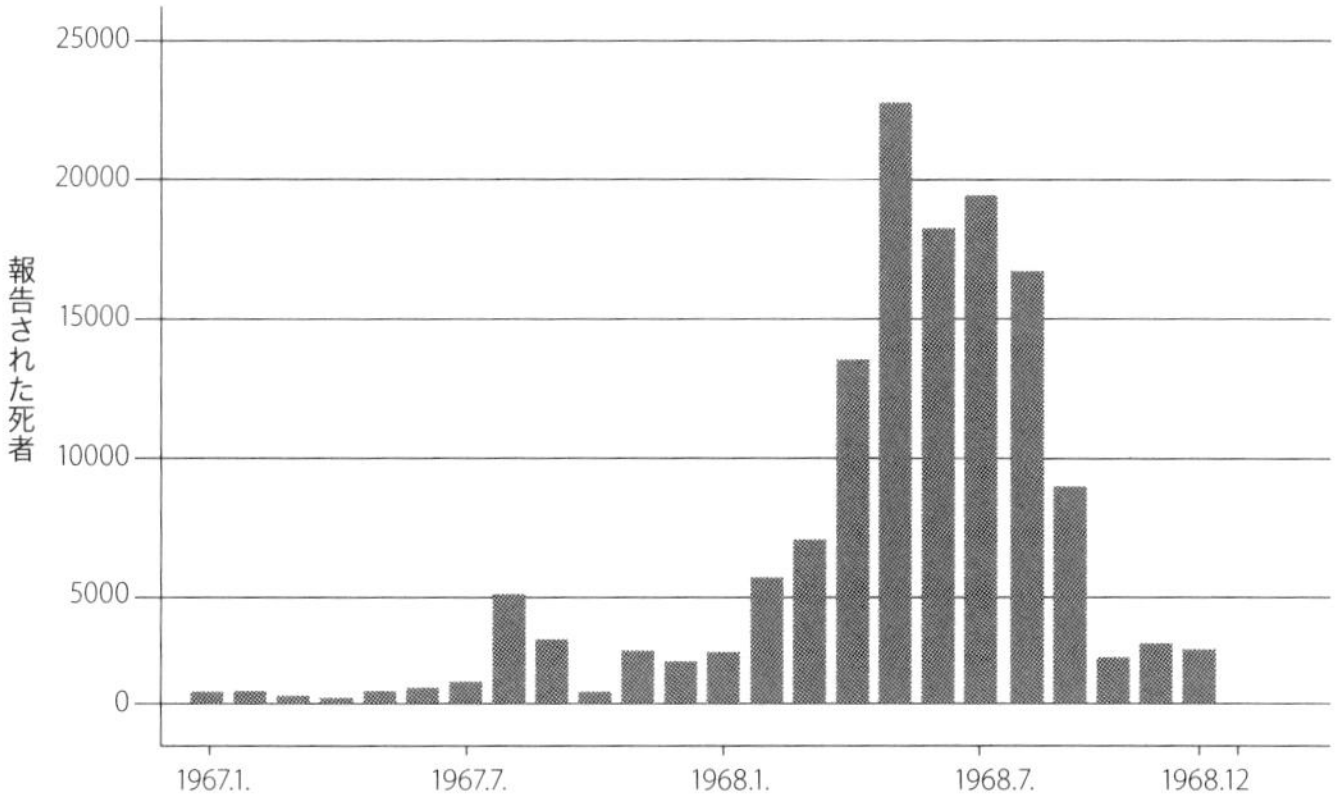

Andrew G. Walder, *China under Mao: A Revolution Derailed*, Cambridge, Massachusetts: Harvard University Press, 2015, p. 276.

図1　死者の報告数

後とみるのが妥当だと考えています。[22]

このように犠牲者数の大幅な変動は、中国政府の公式発表がいかに信頼できないかを示している。そのため文革期の犠牲者数を正確に把握するのは非常に困難を伴う課題である。その課題に挑んだのがウォルダーらによる研究である。ウォルダーらの研究チームは入手できるすべての県志から犠牲者のデータを収集して誤差も考慮した統計的処理をおこなうことで、文革における人的被害の全貌に迫っている。その研究によると、文革による死者数は一一〇万人から一六〇万人であり、迫害されたのは二二〇〇万人から三〇〇〇万人とされている。

興味深い点としては、**図1**に示すように死者数の大半（約七四パーセント）は権力機構側――地方政府、軍隊もしくは治安維持組織――による行為の犠牲者であったことが指摘されている。特に文革初期に掲げられたコミューン建設が挫折し、その後、革命委員会という組織が全国に成立して新たな権力秩序を形成していく一九六八年以降のプロセスにおいて、権力機構側による抑圧的暴力が展開したことがウォルダーの研究から理解できる。紅衛兵運動を沈静化させるため、多くの若者たちが都市部から農村へ移送されたのが、まさにこの時期であったのである。

二　コミューンの挫折と革命委員会の成立

1　上海コミューンと革命委員会

一九六七年一月以降になると、紅衛兵などの大衆組織が従来の行政組織を攻撃し、彼らの管理下におくという、いわゆる「奪権闘争」が発生した。そのため六七年初頭になると、いくつかの地域で臨時の権力機構がつくられていたのだが、当時の臨時権力機構には大きくふたつのタイプがあった。ひとつは、黒竜江省で成立した黒竜江省紅色造反者革命委員会であり、もうひとつは上海で成立した上海コミューン臨時委員会である。

当時の様子を知るのに、北京大学の紅衛兵で「経験交流」と称して上海を訪ねた陳煥仁の日記は、興味深い資料である。陳は一九七〇年に北京大学哲学系を卒業後、「改革開放」時期には四川省新聞出版局局長を務めた人物である。陳の一九六七年二月五日（日）の日記は当時の様子を次のように記している。

ぼくらが上海に着くと、石紅兵はすぐに孫蓬一のところへ行き、李小紅はまずぼくらを魯迅記念館の見学へ連れて行ってくれた。それからまたわれわれを外灘へ連れていって、当時帝国主義が「中国人と犬は入るべからず」とした黄浦公園を見学した。ぼくと黄永紅はどちらも上海は初めてだった。これまでこんなに高いビル、大きな汽船、こんなにどこまでも続く大海原をみたことはなかった。ぼくらは外灘でもっとゆっくりしたかったが、李小紅は今日の午後は上海コミューンが成立を宣言するから、急いでテレビの実況中継を見に帰らないといけないと言った。

「コミューンって、工総司みたいな革命造反組織？」黄永紅が聞いた。

「違うよ！　上海コミューンは上海市で新しく生まれた紅色政権だよ。すでにできた黒竜江省の紅色造反者委員会とか、青島市革命造反委員会みたいなものだよ」。ぼくらは何も知らないようだった。李小紅は笑いながら「上海コミューンは上海市の革命的権力機構で、上海の党、政治、経済、文化の大権を握っているんだ」。

「なんで上海コミューンって呼ぶんだ？」ぼくは尋ねた。「農村の人民公社とちょっと紛らわしいな」。

「春橋同志と文元同志がこの名前に決めたんだよ」李小紅は答えた。「意味は、パリ・コミューンと同じようなプロレタリア階級の政権さ[23]」。

当時、北京大学の紅衛兵でもこの程度の理解であったことを考えると、市井の人びとがこの時期の政治的変化の意味を理解することは難しかっただろう。この日記のなかにある「黒竜江モデル」は、特に「大衆組織の責任者・人民解放軍の責任者・党政府機関の指導幹部」の三者が協力することが強調されており（「三結合」）、そのため大衆組織の権限は制限されていた。黒竜江の革命委員会の具体的組織系統と役割分担などは明らかでないが、省党委第一書記・播復生とハルビン軍事行程学院の紅色造反団などが中心となり組織された。その成立の際には、つぎのような宣言が出された。

「一切に反対し、一切を排除し、一切を打倒する方針をとることは完全に間違っている。当然ながら一部の指導幹部は毛主席の革命路線にたって党内の資本主義の道を歩む実権派に断固として闘争をおこなっていたと考えられる。このような幹部に対しては、われわれは必ず彼らを十分に信頼し彼らと肩を並べて闘争しなければならない[24]」。この主張からもわかるように、革命委員会は、コミューンとは異なり、党・軍の役割を重視した機構であった。

	部門	おもな責任組織
上海コミューン臨時委員会	抓革命促生産火線指揮部	火線指揮部（工総司が中心）
	組織部	工総司
	政治宣伝部	上海市新聞界革命造反委員会
	連絡組	同済大学「東方紅」
	調査組	市委機関革命造反連絡ステーション
	保衛組	上海市公安局革命造反委員会
	接待組	交通大学「反到底」
	後勤組	不明
	辦公室	市委機関革命造反連絡ステーション

（出所）・李遜『大崩潰——上海工人造反派興亡史』（台北・時報文化出版企業有限公司、1996年）359-363頁。
・竹内実編『ドキュメント現代史16　文化大革命』（平凡社、1973年）146頁。以上を参照して筆者作成。

図２　コミューン臨時委員会の構成

一方、上海では、「パリ・コミューン」型の権力機構が構想された。具体的には、工総司中心の大衆組織が張春橋、姚文元と連携してコミューンを組成する予定だった。原則として①上海市委の一切の権力をコミューンが引き継ぐこと、②指導メンバーはパリ・コミューン式の全面選挙を経て選出されること、③当面は民衆組織・人民解放軍駐屯部隊の責任者・指導幹部の三結合の過渡的機構であることが宣言された[25]。

コミューンの臨時委員会は集団委員制を採択し、張春橋・姚文元以外はすべて大衆組織の代表という身分で参加していた[26]。全体の構造を示したのが**図2**である。ふたつのモデルを比較して指摘できるのは、革命委員会が「大衆・軍人・幹部」の三者を融合するアイデア（「三結合」）だったのに対し、コミューンは「三結合」を過渡的措置とし、最終的に「パリ・

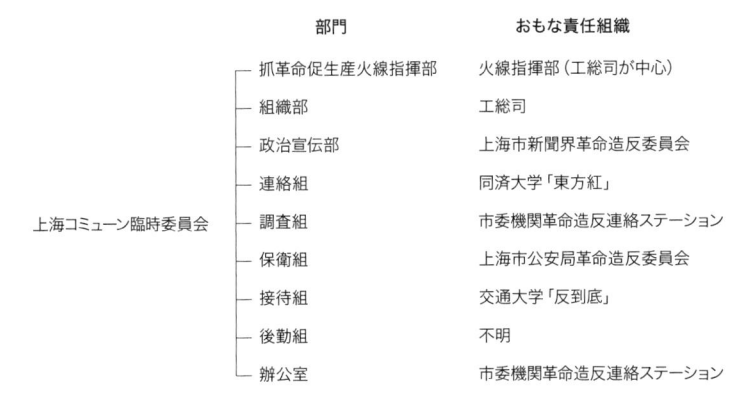

コミューン式」の全面選挙を目指したことである。

ところが図をみてもわかるように、コミューンは大衆組織ごとに各部署を管理させる構想であったため、権力分配をめぐって派閥が生じやすいシステムとなっていた。また大衆組織が多数参加していたものの、下からのインプット能力の向上という一見「民主」的な変化にも大きな問題が内在していた。第一に、すでに確認したように当時はパートタイム労働者や、下放青年らによる争議など様々な問題が噴出した。そのため大衆組織の利益集団化によって行政が追いつかなくなってしまう恐れがあった。第二に、そもそもコミューン内部の限られた権力を手にしたのは、工総司らの一部組織だった。工総司に反抗する他団体は時に暴力的に排除された。したがって、工総司がかならずしも民意を代表しないという問題があった。

コミューンについて考慮した毛沢東は、最終的に黒竜江モデルを選択する。二月、毛は張春橋にコミューン臨時委員会から革命委員会への改組を指示した。北京から上海に戻った張は、二月二十四日、上海人民広場で講話をおこなう。その張の講話によると、毛はコミューンについて「政体を変える問題、国家の体制の問題、国号の問題」があることを指摘しながら、つぎのように述べたとされる。

もしもすっかりコミューンに改めるなら、党はどうすれば良いのか？　党はどこにおかれるのか？　コミューン内の委員には党員と非党員がおり、党委員会はどこにおかれるのか？　どうしたって党はあるべきだ！　一つの核心がなければならない。どのように呼んでもかまわない、共産党と呼ぶにせよ、社会民主党と呼ぶにせよ、社会民主労働党と呼ぶにせよ、国民党と呼ぶにせよ、一貫道と呼ぶにせよ、そこに党がないわけにはいかない。コミューンには党が必要だ。コミューンが党を代替できるのだろうか？

わたしはやはり名前を変えない方が良いと思う。コミューンと呼ぶ必要はない[27]。

毛沢東は結局、共産党委員会制度の弱体化を心配して、コミューンのような大衆連合による権力機構よりも、三結合（大衆組織の責任者、解放軍の責任者、党政府機関の指導幹部の結合）の権力機構を支持した。その結果、「中央では会議で主席の意見を討論し、全国の臨時権力機構の名称をコミューンとしないことに同意した[28]」のである。この後、上海を模倣して展開した各地のコミューン建設は、毛沢東の批准を得られずにつぎつぎと挫折した。その結果、黒竜江式の革命委員会が全国で主流となった。

2　上海コミューン構想の挫折

もともと中国共産党中央員会から一九六六年八月にだされた「プロレタリア文化大革命に関する通知」では、「パリ・コミューンのように全面的な選挙制を実施しなければならない」ことが

表1　委員会構成の変化

上海コミューン臨時委員会（2月5日）	上海市革命委員会（2月24日）
大衆代表（8人）	党幹部（7人）
党幹部（3人）	軍代表（6人）
軍代表（2人）	大衆代表（1人）

（注）コミューン臨時委員会の大衆代表の内訳は、労働者5人、農民2人、学生1人。
（出所）・竹内実編『ドキュメント現代史16　文化大革命』（平凡社、1973年）146頁。
・安藤正士・太田勝洪・辻康吾『文化大革命と現代中国』（岩波新書、1995年）85頁。以上を参照して筆者作成。

謳われていたにもかかわらず、六七年二月二十四日、コミューンは革命委員会へと改編された。張春橋が主任となり、姚文元、徐景賢、王洪文が副主任となった。委員会構成の変化を大衆、軍、党の三者関係で示したのが**表1**である。

当初、コミューン臨時委員会には八人の大衆代表がおり、その内訳は労働者五人、農民二人、学生ひとりだった。しかし、革命委員会への改組に伴って、党幹部が三人から七人に、軍代表が二人から六人に増加。大衆代表は、八人からひとり（王洪文）に減った。メンバーの変化から考えると、革命委員会で中共と解放軍の勢力拡大が画策されたことは明確である。市の革命委員会の下には、文教組、工交組、科技組、地区組、農村組、財貿組などが設けられ、元の幹部や職員が再登用されていた。(29) メンバー構成の変化をみても「民衆のコミューン」という理念はあきらかに挫折していた。

権力を得た組織と得られなかった組織の間で衝突が生じていた。『機電戦報』は、「たびたび造反派の団体間で大規模な衝突が発生し、さらには武力闘争の現象、および社会では集団が工総司に反対」している状況を報じている。ハンターのメモワールでもこうした対立は確認できる。六七年二月中だけで両グループの間で三回の武力衝突が発生したと言われる。[30] コミューンは挫折し、新たな権力機構から排除されたグループは不満を高めていた。こうした不満は、大衆組織間の暴力的衝突を招き、社会に混乱をもたらしていた。

当時の状況を、文革開始時S市某師範大学学生で二十歳だったある紅衛兵は、つぎのように振り返っている。

> 六月になると、武闘はますますひどくなって、銃が持ち出された。その夜、反革命派はすべて武装した、われわれも武装しなければダメだってんで手配がなされた。江青同志も、文で攻め武で守ると言う。銃なしではやってゆけない。
>
> 解放軍へ行き、銃を奪うことが決定された。実のところは、解放軍が奪わせたんですよ。
>
> （中略）
>
> 僕は〝文革〟の全過程には、毛主席が指導した〝文革〟と、彼の指導がきかなくなった段階とがあると思う。人びとが〝文化大革命〟に身を投じた時は、やはり心から革命に参加し、非常に敬虔な純粋な気持ちで、領袖とともに修正主義に反対し修正主義を防止する闘争を行

おうとした。

しかし〝一月革命〟〔張春橋らの指導による上海奪権の成功〕の嵐で〝文革〟が日増しに内訌しはじめた頃から、この革命は純粋さを失ったんだ。

革命の実態がわかったところで、一部の人間が意識的に、自ら進んでこの革命を利用しはじめた。それがこの革命をますますうす汚れたものにしていった。なぜなら、奪権は個人の利権と結びつく。党内の派閥争いはますます顕著化していった。政治投機家、政治ブローカーといった連中が、意識的に自己の問題をこの革命の中へ持ちこみ出した。それがこの革命をますます困難なものにしたんだ。

もしも〝文革〟の初期を聖戦ということができるとするなら、後期はまったくの奪権闘争だった。権力の再分配だった。[31]

本稿でみてきた奪権闘争、コミューン建設とその挫折、そこから生じた派閥闘争は、当時の紅衛兵の視点からは、「政治投機家、政治ブローカーといった連中」が「革命」に損得勘定を持ち込んだ結果、生じたものとして捉えられていたのである。

三　大衆組織の動員解除と上山下郷運動

一九六八年七月、北京で六〇を超える工場から三万人余りの労働者が参加して首都工人毛沢東思想宣伝隊が組織された。この組織は大学や専門学校などの教育機関に駐屯した。紅衛兵の運動と派閥闘争が激化するなかで、各校に駐屯することで武力闘争を防ぎ、連合を促すことを目的とした組織である。

こうした動きが全国に拡大して以降、多くの若者たちが辺境地区の農村や山村に「支援」の名目で移送された。[32] これが上山下郷運動[33]の本格化であった。この運動は主に三つの段階に分けることができる。第一段階は、一九六七年十月から六八年春の比較的自発的なかたちをとった農村への移動である。第二段階は、一九六八年夏から同年十二月二十一日までの、各省・市・自治区が組織的に卒業生を動員して移動させた時期である。第三段階は、一九六八年十二月二十二日の『人民日報』が毛沢東の「知識青年は農村へ行き、貧農・下層中農の再教育を受けることは、とても必要なことだ」という指示を伝えて以降、一九六九年春まで「老三届」（一九六六年から六九年までの中高卒業予定の生徒）の卒業生の大半が農村へ移送された。

第一段階に関しては以下のような回想が当時の雰囲気を伝えている。

私達紅衛兵は解散させられました。おそらく、毛沢東が紅衛兵組織のコントロールが難しいことを知ってしまったためでしょう。こうして問題を根本的に解決するために、私達学生が皆「下放」させられたのです。一九六八年に私は「下放」させられました。
私はその時非常に興奮していました。というのも幼い時から、自由な一人暮らしに興味を持っていたからです（笑）。（中略）
当時、知識青年の「下放」は、自発的に行われました。私はクラスの仲の良い四人の友達と一緒に興化の農村に行きました。私が農村にいた時間はそれほど長くなく、だいたい二年くらいだったでしょうか。しかしこの二年で私の考え方は大きく変わりました。原因は、農村で農民の大変な生活を目にしたからです。（中略）
農村に「下放」されて、いたるところで社会主義の新農村が花開いているという宣伝と、実際の農村とが大きく違っていることを知り、私達は再び現実的な立場を考えはじめるようになりました。そのころには文革初期に抱いていた革命への情熱は薄れ、宣伝にも少しばかり抵抗感を覚えるようになっていました。(34)

インフォーマントの李氏は一人暮らしに憧れて農村に赴くものの、現実の苦しさから幻滅し、結局父親のコネを利用して都市にもどることになる。おそらくこのような学生は少なくなかっただろう。理念的に喧伝される「革命」に憧れていた学生たちも、現実と直面するなかでプロパガンダに対する疑問と抵抗感を抱くようになっていた。青年たちは、のちに都市への帰還を求めてハンガーストライキなどを起こすことになるのである。他方で、思想的な立場から上山下郷運動に魅せられた学生らも存在した。「紅衛兵」という名称の生みの親であり清華大学付属中学の学生だった張承志は、当時の感覚を次のように語っている。

「上山下郷」、つまり労働者や農民との結びつきを求めることは、毛沢東の一貫した思想だった。彼の初期の論文のうち、『青年運動の方向』と題する一篇は、当時私たちの必読文献とされていた。一九六六年に中高校生だったものにとって、「紅衛兵運動の方向は労働者、農民と結びつくことにある」という彼の言葉は、疑う余地のない輝きを持っていた。

もと清華付中紅衛兵だった友人たちの多くは、陝西省北部の延安地区、山西省の中部、南部などへと向かった。中国・ビルマ国境、中ソ国境の生産建設兵団、つまり農場に行ったものもいる。(35)

この一九六八―八〇年の間におよそ一七〇〇万人もの学生が農村へと送られた。フランス人研究者のM. Bonninはこの運動を世界史でも前例が無い規模の政治運動としている[36]。鳥瞰的にみれば、こうした運動にはいくつかの政治経済的動機があったとされている。それは第一に、紅衛兵運動の沈静化であり、第二に、農村・辺境地区の発展であり、第三に都市の就業・人工過剰問題の解決である。こうした政策的意図を背景として、多くの知識青年らが都市の生活圏を離れて地方へと移送された[37]。

表2はその移送先をまとめた表である。これをみてもわかるように、黒竜江省・吉林省・遼寧省・新疆・陝西省をはじめとして多くの「辺境」へと学生が移送されている。学生の主な供給源は北京・天津・上海・浙江といった都市部であった。これに加えて、自らが居住する省内の近郊農村へ下放される場合もあり、文革はまさに巨大な「移動の時代」でもあった。

表2をみると、省を跨いで移送された学生（原文は「跨省知青」、本稿では「越省知識青年」とした）が多かった地域は、新疆、内蒙古、雲南といった少数民族が多く居住する地域であった。それ以外に越省知識青年が多い地域として黒竜江、河北、安徽が挙げられる。具体的事例として、上海の上山下郷の状況をまとめたのが**表3**である。

上海でおこなわれた上山下郷運動はかなり大規模なもので、家族および社会全体に及ぼした影響は大きかった。黒竜江省、安徽省、江西省がおもな移送先であり、現地の産業情況に応じて人民公社や農場などに配置されていたことが理解できる。移送先は若者の運命を決めた。大型の生

表 2　知識青年の移送状況（1962-79 年）

単位：万人

移住先	下郷知識青年	越省知識青年	比率（%）	来源地								
黒竜江	192.22	40.30	20.97	北京	天津	上海	漸江			四川		
吉林	105.26	6.12	5.81	北京	天津	上海	漸江					
遼寧	201.80	0.46	0.23	北京	天津	上海						
新疆	41.66	13.90	33.37		天津	上海	漸江		江蘇		湖北	
挾西	49.03	2.72	5.55	北京								
甘粛	26.43	1.91	7.23		天津			山東				
寧夏	5.75	0.83	14.44	北京	天津		漸江					
青海	5.10	0.74	14.51					山東				
河北	51.05	13.27	25.99	北京	天津							
内蒙	29.93	10.55	35.25	北京	天津	上海	漸江	山東	江蘇			河北
山西	31.29	4.86	15.53	北京	天津							
安徽	72.55	14.90	20.54			上海						
江西	62.25	11.80	18.96			上海						
江蘇	86.12	5.10	5.92			上海						
漸江	59.59	3.20	5.37			上海						
雲南	33.91	10.66	31.44	北京		上海				四川		
貴州	22.41	1.06	4.73			上海						

（出所）劉小萌『中国知青史　大潮（1966-1980 年）』北京・当代中国出版社、2009 年、114 頁。

表3　上山下郷の人数および移送先の分布（1968-78年、上海）

派遣先	派遣人数	人民公社	建設兵団、農林場
黒竜江	165,186	27,046	138,140
江西	118,805	106,856	11,949
安徽	149,421	137,374	12,047
雲南	55,944	10,065	45,879
貴州	10,491	10,491	—
吉林	23,815	23,815	—
内蒙古	7,963	1,608	6,355
遼寧	594	594	—
江蘇	51,200	51,200	—
漸江	32,098	32,098	—
上海近郊	497,435	112,524	384,911
（合計）	1,112,952	513,671	599,281

（出所）『上海青年志』編輯委員会編『上海青年志』（上海社会科学出版社、2002年）553頁。

産建設兵団や国営農場などは比較的良い環境だった。しかし現地の人民公社に入った若者らは、より厳しい状況下に置かれた。彼らは四〜一〇人で「知青点（知識青年地点）」をつくり現地の生産隊の労働に参加したが、それらの地域の多くは経済状況が悪く、労働力が過剰で、労働点数が非常に少なく、若者らは生活に苦労した[38]。

「労働者や農民と結びつく」理念を掲げた上山下郷運動であったが、現実は甘くなかった。レイプや暴行、自殺、劣悪な労働環境下での事故死といった事例は、多くの回想や資料で広く確認される事実であり、また酷い場合は殺害されることもあった[39]。人間関係もない「よそ者」の青年たちは移送先では全くの「社会的弱者」（楊海英）だったのである。ある農場に行った青年は妹が暴行された事件について以下のように語っている。

夢にだに思わなかったことが起こりました――妹が強姦されたんです。生まれて以来、これは僕にとって最大の打撃でした。この事は今に至るまで、母も知りません。妹の夫も……（中略）

言わしてもらいますが、当時農村へ行った女子の中で、このような目に遭ったものは、一〇人やそこらじゃない、何千何万人にものぼりますよ。

のちに〝農山村に入れ〟の後期に、僕は農場の人事部門で党規律検査と政策実行の面の仕事をしましたが、そこで大量のそれらの調書を見ました。たくさんの農村の幹部が、権力をもって女子知識青年たちを凌辱していたのがわかった。それらの件を処分する非公開の書類も、ずいぶん見ました。(40)

このような体験とは別に、「下放」が人生に与えたものを評価する意見があることも、この運動の両義性を考えるうえで重要であろう。張承志は上山下郷運動に内在する問題点を自覚しつつも、モンゴルでの生活を振り返ってつぎのように語っている。

もとより、行政命令によって都会人を農村の人に変えることは不合理だし、不可能でもある。どの知識青年をとってみても、一生を農民あるいは牧畜民として暮らすことを、本心から望んでいるものはいなかった。

だが、農村や草原でじかに見る底辺の人々の苦しい生涯は、知識青年たち一人ひとりに根本的な生き方の変更を迫った。紅衛兵の烙印を心に強く押されているものほど、その変化は大きかったように思う。

私自身についていえば、モンゴルの草原で暮らしてからというものは、一般大衆の身分、最低の社会的地位、何ひとつ持たない経済条件に身を置いて中国と接触し、観察する習慣ができた。今も、当時と同じ意識を持ち続けているつもりである(41)。

上山下郷運動に対する評価のブレは単に個々人の思想信条によるものだけではなく、おそらく移送先の環境も大きく影響していた。大型の国営農場のような場所に行った青年と貧しい人民公社に送られた青年とでは生活レベルに大きな隔たりがあった。また楊海英が指摘するように、少数民族地域と漢族中心の農村にも差があり、同じ漢民族による虐待が多く確認される一方で、少数民族による青年たちへの暴力は回想や資料を通しても確認できない。これは先に引用した張承志がモンゴルへ行ったことをみても理解できる。楊は「私は大勢の北京や南京の下放青年たちにインタビューしたが、彼らはすべて都市部にもどってから、東北三省や四川省、それに広東省など中国人地域に下放された仲間たちの凄惨な実態を知ったのである」と語っている[42]。

その後、毛沢東が死去し、文革の破綻が明らかになった一九七八年以降、青年らは都市への帰還を求めて労働のボイコットやハンガーストライキをおこなうことになる。これはすなわち上山下郷運動の理念の挫折を示唆していた。一九七八年十二月二十七日、帰還を求める雲南省の知識青年たちが請願団として北京の天安門に集まって華国鋒に接見を求めたり、こうした雲南省の動きに影響を受けた新疆の上海青年たちが七九年二月から帰還を求める運動をはじめたりといった事例が確認できる[43]。

もとより下放先を離れようとする学生は、すでに文革中の一九七〇年からすでに存在していた。南京大学に工農兵（労働者・農民・兵士）学生として推薦入学した李氏は自らが下放先を離れる決意をした背景についてつぎのように語っている。

知識青年には「下放」が説かれました。「下放」される時、鎮（村）では歓送会を開いて、ドラを鳴らして送り出すなど、見た目は非常に活発なものでした。しかし家では、祖母と母親が大声で泣いており、特に祖母は気絶するほどでした。母があんなに泣いたのを見たことがありません。（中略）「下放」されて、さらに深い問題にぶちあたりました。それは「文化大革命とは言うものの、どうして農村に来なければならなかったのだろうか?」「何故都市では革命ができないのか?」ということでした。当時毛主席は「知識青年は下放されて、貧農・下層中農から再教育を受けなくてはならない」と言っていました。私もそれには賛成し、革命を行って、プロレタリア階級の後継者にならなければと思っていました。しかし「何故農民から学ばなければならないのか?」「農民は小ブルジョア階級ではないのか?」「小ブルジョア階級に教育された者がプロレタリア階級の後継者になれるのだろうか?」ということはどう考えても答えが見つかりませんでした。(中略)続く一九六九年には「階級の純潔化」運動が行われ、生産隊の近くに公社の学習班が設置されました。

学習班を設立してまもなく、自殺者が出たとの噂が流れました。この時期、私の実家の近くでも首つりをした人がでました。文化大革命中の死者の数はどんぶり勘定で、実際にどれだけの人が死んだのかは現在でもはっきりしていません。

私が目にしたこのようなことは当然受け入れられるものではありませんでした。これはそれまで受けてきた教育や価値観とはまったく違うものでした。もし革命が成功しても、一家離散して肉親を失ってしまうようなことがあれば、この革命とはいったいどのような意義があるのか? 私は当時、どのような思想や理論もあまり理解できませんでしたが、目撃したことの多くは明らかにおかしなことで、納得できませんでした。

「下放」先の農村から離れようと決意したのは、一九七〇年夏でした。(44)

おわりに

文革の終焉から四〇年以上が過ぎた今も、その歴史的意味づけは容易ではない。宋永毅や譚合成らの研究によって当時の凄惨な暴力が明らかとなっている今、素朴な文革評価は困難であるだけでなく、文革研究の近年の成果に対する無知を晒すものであろう。他方、文革が――中国だけでなく、世界の――人びとにもたらした影響と体験は多面的で、観察者に一元的価値判断をためらわせる複雑さをもっているのも確かである。

「紅衛兵運動の日本におけるひとり」であり、一九七一年に高校を中途退学して働き始めた前田年昭は「下放は、労働を権利とみなし教育と結びつける歴史的実験だった」という文章のなかで、文革と下放について以下のように語っている。

下放による自己変革、自己変革を背骨にした社会変革という夢を、プロレタリア文化大革命は私たちに残して、「敗北」した。夜見る夢は朝になったら覚めて消える。文化大革命が人類に見せてくれた夢は、昼見る夢として決して消えることはない。そして、十二歳でプロレタリア文化大革命に出会った私は今も夢を追い続けている。[45]

文革は中央政治の政策、それに伴って生じる社会的影響、そして影響を受ける個人の体験といった複数の層から構成されており、(政策的)理念、実態、体験から浮かびあがる文革像は単線的に描ききれない複雑さを伴っている。そして、その影響まで視野に入れれば、文革の地平線は日本はもとより、世界へと拡がっていく。本稿でみた上山下郷運動を例にとってみれば、楊海英の最近の研究が示すようにビルマ(現・ミャンマー)、タイ、ソ連、アフガニスタンにまで越境したのである。麻薬密売などで有名なゴールデントライアングルの武装勢力に加わった青年もいた。ミャンマーの少数民族地域で政府軍との戦闘を繰り広げたゲリラを率いた下放青年も存在した。楊によると「単なる苦境からの逃亡もあったが、毛沢東が掲げていた『世界革命』を実現し、中国革命の思想を世界各国に『輸出』しようと実践した者」もいたのである。[46]

文革に関するさまざまな記録資料は、それぞれひとつの事実ではあるが、それは無数に存在する事実の集積のひとつであって、「文革そのもの」の事実ではない。これは一七〇〇万人もの青年たちを巻き込んだ上山下郷運動を分析しようとする研究者にとって方法論的困難を生じさせる。公的資料によって明らかになっていく「真実」がある一方、青年たちの記憶のなかの運動はあまりに多様である。しかし、公的資料と人びとの声を「真実のもの」/「創作されたもの」として対立させるべきではないだろうし、すべての歴史はフィクションであるというような安易な決めつけもすべきではないだろう。文革のような巨大な歴史現象はそれ自体にポリフォニー（多声）性を有している。記録資料による「現実」と複数形としての「可能性」を結びつける作業をわれわれに要求しているのである。(47)

注

（1）四類分子とは「地主」・「富農」・「反革命分子」・「悪質分子」とされた者、およびその出身者を指す。

（2）中国共産党中央委員会「関於無産階級文化大革命的決定」（一九六六年八月八日通過）中国人民解放軍国防大学党史党建政工教研室編『〝文化大革命〟研究資料』上冊、北京・内部出版、一九八八年、七二頁。

（3）本稿は拙稿『中国社会と大衆動員――毛沢東時代の政治権力と民衆』（御茶の水書房、二〇〇八年）の第十章に基づきつつ、上山下郷運動に関する近年の成果や元紅衛兵の回想を新たに取り入れながら考察したものである。

（4）潘鳴嘯（Michel Bonnin）『失落的一代――中国的上山下郷運動　一九六八至一九八〇』香港・中文大学出版社、二〇〇四年、劉小萌『中国知青史　大潮（一九六六―一九八〇年）』北京・当代中国出版社、二〇〇九年。

（5）馮驥才『ドキュメント　庶民が語る中国文化大革命』田口佐紀子訳、講談社、一九八八年。董国強編著（関智英・金野純・大澤肇編訳／解説）『文革　南京大学一四人の証言』築地書館、二〇〇九年。

（6）董『文革』一六七頁。

（7）国家統計局編『中国統計年鑑　一九八三』（北京・中国統計出版社、一九八三年）、一六、二三頁。

（8）中共上海市委党史研究室編著『中国共産党在上海八〇年（一九二一―二〇〇一）』（上海人民出版社、

二〇〇一年)、六八六頁。

(9)同前。

(10)李遜『大崩潰——上海工人造反派興亡史』(台北・時報文化出版企業有限公司、一九九六年)二七五—二七六頁。

(11)「江青、陳伯達、康生等接見〝全国紅色造反者総団〟部分代表時的講話」(一九六六年十二月二十六日晩)『〝文化大革命〟研究資料』上冊、一九一頁。さらにこの接見記録により六六年十二月二十五日には労働部の部署が差し押さえられ、二十六日には労働部所属単位のすべてが押さえられていたことが明らかになる。また接見の翌日の二十七日には総工会を差し押さえることが予定されていた。江青らはこの席上、中央文革小組の名義で以下の二点を記した通知を出すように指示している。①すべての臨時工・契約工が文革に参加するのを許可し、彼らを蔑視してはならない、②解雇することはならず、賃金を支払わなくてはならない。六六年六月一日以降に解雇された労働者においては、すぐにもとの職場に戻って生産に参加するのを許し、補足の賃金を支払わなくてはならない。この会議の終了後、全紅総(臨時工・契約工の組織)は労働部と総工会を脅迫し共同通告をださせることで臨時工・契約工の活動を支持させた。

(12) Anita Chen, Richard Madsen and Jonathan Unger, *Chen Village: the recent history of a peasant community in Mao's China* (Berkeley CA: University of California Press, 1984), 122-123.

(13)ハンターは上海で下放青年たちの活動を目撃してつぎのように描写している。「すべてが始まったのは十二月二十七日である。主に卒業後、周辺の田舎へ下放されていた上海の学生らによって組織された一一六の組織が人民広場で大集会を開いた。彼らはすべての地方や華東の主要都市を代表すると主張し、彼らがいうには、彼らの生まれた町へ帰ることが許されるよう要求するために上海に来ていた。彼らはすでに二週間待っていたが、華東局は彼らの請願の受理を拒否した。十二月二十七日の大集会の後、彼らは単に市の中心部に座り込むという非暴力の革命的行動をとった」(Neal Hunter,

Shanghai Journal [New York: Frederic A. Praeger, 1969], 205)。
(14) 李『大崩潰』二八一―二八二頁。
(15) 九番目の鼻つまみ者、知識人を指した。
(16) 董『文革』八六―八七頁。
(17) 譚合成『血的神話――公元一九六七年湖南道県文革大虐殺記実』香港・天行健出版社、二〇一〇年。
(18) 遇羅文「北京大興県虐殺事件調査」宋永毅編著『毛沢東の文革大虐殺』松田州二訳、原書房、二〇〇六年、六四―六五頁。
(19) 天児慧『中華人民共和国史』岩波新書、一九九九年、六〇頁。
(20) 安藤正士・太田勝洪・辻康吾『文化大革命と現代中国』岩波新書、一九九五年、一七五―一七六頁。
(21) 楊継縄『天地翻覆――中国文化大革命史』香港・天地図書有限公司、二〇一六年、三四頁。
(22) 陳東林・苗棣・李丹慧主編『中国文化大革命事典』徳澄雅彦監訳、中国書店、一九九七年、序文一三頁。
(23) 陳煥仁『紅衛兵日記』香港・中文大学出版社、二〇〇六年、二六一―二六二頁。
(24) 「東方的新曙」(一九六七年二月二日)『研究資料』上冊、二六六頁。『中国文化大革命事典』一三三頁。
(25) 「二月革命勝利万歳　上海人民公社宣言」(一九六七年二月五日)『研究資料』上冊、二七三頁。
(26) 李『大崩潰』三五九頁。
(27) 「対上海文化大革命的指示」(一九六七年二月十二日)『毛沢東思想万歳』(香港・波文書局、一九六九年)、六六七―六七二頁。
(28) 「張春橋同志講話」(二月二十四日) 北京玻璃総廠紅衛兵聯絡站編印『中央首長講話　2(内部資料)』一九六七年三月、一七四頁。
(29) 李『大崩潰』四二〇頁。
(30) Hunter, *Shanghai Journal*, 253-256. アジア経済研究所内資料『文化大革命と現代中国Ⅳ』(調査研究部、No. 58-2、一九八四年)、九六頁。

(31) 馮『ドキュメント　庶民が語る中国文化大革命』一六八―一六九頁。
(32) またこの背景には『紅旗』誌一九六八年第二期の姚文元の文章によって打ち出された「労働者階級がすべてを指導しなければならない」という中央の方針があった（『中国文化大革命事典』八六九―八七〇頁）。
(33) 学生や幹部などが農山村に長期間定住、思想改造をはかると共に、農山村の社会主義建設に協力すること。
(34) 董『文革』三四九―三五一頁。
(35) 張承志『紅衛兵の時代』小島晋治・田所竹彦訳、岩波新書、一九九二年、一七六―一七七頁。
(36) 潘『失落的一代』前言。
(37) たとえば潘『失落的一代』参照。
(38) 『上海青年志』編纂委員会編『上海青年志』（上海社会科学院出版社、二〇〇二年）五五二―五五三頁。
(39) 劉『中国知青史』第五章。
(40) 馮『ドキュメント　庶民が語る中国文化大革命』二一四―二二一頁。
(41) 張『紅衛兵の時代』一八六頁。
(42) 楊海英『「知識青年」の1968年　中国の辺境と文化大革命』岩波書店、二〇一八年、一一一頁。
(43) 潘『失落的一代』所収の写真資料二九―三四参照。
(44) 董『文革』三七三―三七四頁。
(45) 前田年昭「下放は、労働を権利とみなし教育と結びつける歴史的実験だった」土屋昌明・「中国六〇年代と世界」研究会編『文化大革命を問い直す』勉誠出版、二〇一六年、一〇九頁。
(46) 楊『「知識青年」の1968年』五頁。
(47) 歴史叙述に関するこのような筆者の立場は、カルロ・ギンズブルグから多くの示唆を受けている（カルロ・ギンズブルグ『歴史を逆なでに読む』上村忠男訳、みすず書房、二〇〇三年）。

第3章　文化大革命のもう一つの歴史
――ヒストリーとライフ・ヒストリーの交叉――

劉燕子

勇ましい工農兵を強調した中国のポスター。
実際、「工農兵」は暴力の急先鋒を演じた

序——中国の「1966」と世界の「1968」

マーク・カーランスキーの「世界が震撼した年」[1]をはじめとして「1968」は世界史的な画期とされるが、そこにおける欧米中心の観点には注意しなければならない。なぜなら、二年前、一九六六年に毛沢東が発動した文化大革命（以下文革と略記）は、ベトナム反戦運動の高まりの中で世界に多大な影響を及ぼしたからである。文革では帝国主義に対する「世界革命」が叫ばれ、それに呼応して毛沢東主義者（マオイスト）は世界各地で活動した。

時間の一方向性（時間の矢＝Arrow of Time）は厳粛である。中国の「一九六六」と世界の「1968」という順序の意味は大きい。それゆえ「1968」は中国と世界では意味が異なる。中国では1968年には文革の象徴たる紅衛兵運動は早くも停止させられ、知識青年は貧農下層中農に再教育を受けよと上山下郷運動が押し進められ、約一六〇〇万の中高卒業生が農山村や辺境に事実上追放され、しかも翌年にはこの運動も下火になった。言わば文革の起爆剤となった紅衛兵は、奪権が成功すると、使い捨てられたのである。

類比的なことに、中国政府は世界各地のマオイストに軍事訓練、資金・武器援助などの形で様々に支援したが、一九六八年前後、友好的な四八カ国のうち三十数カ国で文革の「輸出」が問題となると、[2] 外交政策を転換し、国連加盟を目指してニクソン訪中、日中国交正常化と平和友好を演出する中でマオイストを顧みなくなった。

さらに国内でも漢民族と少数民族では文革の意味は異なっており、これは本章第一節（3）で述べる。このように立場により「1968」の実相は様々である。より多角的な理解を得るべく、拙論では「1968」のもう一つの歴史（another history）を提出する。そのため、まず毛沢東主義の世界への影響について述べていく。

一　毛沢東主義の世界への影響

1　先行研究

二〇〇三年三月、程映虹は『毛主義革命』を出版し、アジア・アフリカ、特にシンガポール、カンボジア、キューバ、ペルー、また西洋知識人への影響を考察し、「反文明という意味において共産主義そのものが不断の粗野化と野蛮化のプロセスである。……毛沢東は粗野や野蛮を隠そうとも飾ろうともせず、『造反有理』という四文字で簡略化した」と論じ、これこそマオイスト革命の「本質（実質）」であると指摘した。[3]

日本では、『思想』二〇一六年一月号の特集「過ぎ去らぬ文化大革命――五〇年後の省察」で文革は形態を変えて再来し、国内では様々な問題が深刻化し、国際社会でも悪影響（トラウマ）が続いていることが提起された。同年十一月『フロンティアと国際社会の中国文化大革命』が集広舎から出版され、毛沢東主義のインドネシア、フランス、イギリス、日本、アンデスなどへの波及だけでなく、国内の内（南）モンゴル、ウイグル（東トルキスタン）、またキリスト教への大規模な暴力が明らかにされた。国内とは言え、各々モンゴル、トルコやイスラム教、キリスト教において国外と連関している。編者の楊海英は「文革が消え去って歴史にならず、幽霊のようにさまよいつづけているだけでなく、今なお『強力な形で中国と世界に君臨』している」と指摘する。(4)

さらに二〇一八年七月十四日、学習院女子大で開かれた国際シンポジウム「東風は西風を圧倒したか——世界史の中の『1968』」では前記に加えドイツやアメリカのマオイストについて西田慎と梅﨑透が報告した。同年九月出版の馬場公彦『世界史のなかの文化大革命』（平凡社）では文革のインドネシアや台湾との関連や日本への飛び火（山口県のマオイストと『長周新聞』等）も取りあげられた。

2 「世界革命」と知識人の責任

中国共産党は国内を鎖国的状態に置きつつ、文革を「世界革命」として海外に組織的に輸出した。毛沢東主義が外交政策の指導思想とされ、中央文革小組は帝国主義・修正主義・各国の反動に対する闘争と革命的マルクス・レーニン主義の党派に対する多くの援助という「三闘一多」を徹底せよと外交に介入した[5]。

一九六六年十月、党・政府は在外大使館に文革の拡大を指示し、各国の中国大使館は「世界革命」の拠点となり、革命的な外交により、プロパガンダ、毛の神格化、武装蜂起のための要員派遣、資金援助、民兵の組織化や軍事訓練、新左翼を中心にした反体制運動や学生運動への支援を通した影響力行使などを状況に応じて展開した。文革発動から一年余りで『毛主席語録』はじめ毛の著書の外国語版二五種類、四六〇万冊以上が一四八の国・地域で発行され、それは建国後一七年間の総計を上回った[6]。なお、毛沢東関連の書籍は文革期だけで五十数億冊にのぼった。

当時、帝国主義や米ソ冷戦の核軍拡への対抗馬として中国への期待は高まっていた。このため①世界大戦、朝鮮戦争、ベトナム戦争、中東戦争、②国民国家の成立と植民地、半植民地の独立、③共産主義運動の「興起、発展、危機さらに改革」の三つの趨勢において中国は世界で「独特で重要な地位をしめ[7]」、これが影響力の効果を高めた。

この中国を指導したのが毛沢東であった。毛は「民族主義者であったが、国境を越えた人類へのまなざしも持」ち、「西洋式近代化による工業化」の「矛盾」に対して「ユートピア的な理想を提起し」た。それに呼応したのが世界各地のマオイストであった。それゆえ「毛沢東は中国のみならず、二十世紀の世界にとって重要な役割を担」ったと述べても過言ではない。その上で、銭理群は西洋知識人について次のように指摘する。

西洋文明に不満を持つ西洋の知識人に、毛沢東が魅力をもった。それゆえ西洋には今日まで毛沢東主義者がいる。彼らの毛沢東へのあこがれは理解できる。私も経験者である。しかし経験者だからこそ、そこから生じうる問題も知っている。彼ら西洋の毛沢東主義者の問題は、毛沢東はユートピアと専制主義を結合させたのに、彼らはユートピアだけを強調して、半ば無意識のうちに、専制主義を薄めるか、あるいは無視していることである。西洋の毛沢東主義者がこうした無邪気な考えを持っていられるのは、私たちが毛沢東思想を徹底的に清算していないためだと、私は思う。中国の知識人にとって、これは歴史的責任である。

ここでは「西洋」としか述べられていないが、日本に関しても看過し難い。この点について、佐藤瑞枝「文化大革命と日本の知識人」（岡本宏編著『「1968年」時代転換の起点』法律文化社、一九九五年）、馬場公彦『戦後日本人の中国像――日本敗戦から文化大革命・日中復交まで』（新曜社、二〇一〇年）、同『世界史のなかの文化大革命』（前掲）、福岡愛子『文化大革命の記憶と忘却』（新曜社、二〇〇八年）、同『日本人の文革認識――歴史的転換をめぐる「翻身」』（新曜社、二〇一四年）、リチャード・ウォーリン著、福岡訳『1968パリに吹いた「東風」――フランス知識人と文化大革命』

（岩波書店、二〇一四年）、栗田直樹『共産中国と日本人』（成文堂、二〇一六年）等の先行研究がある。拙論はこれらに学び毛沢東主義と文革についてさらに考察を進め、周縁を切口に国内の「内乱」に加えて国外の「外乱」にもアプローチする。

3 「内乱」と「外乱」——中央、周縁、国外

一九八一年六月の「歴史決議」では「指導者（毛沢東）が誤って発動し、反動集団（四人組）に利用され、党、国家各民族に大きな災厄である内乱をもたらした」と書かれたが、チベットでは「内乱」ではなく「殺劫」であるとオーセルは記録写真と証言に基づき実証した。[8] その意義は文革とチベットの二重のタブーに迫った『殺劫』が禁書とされたことで却って確認できる。また内モンゴルについては楊海英が『墓標なき草原』（正続、岩波書店、二〇〇九〜二〇一一年）で「ジェノサイド」と指摘している。

これらは中国の周縁、すなわち内と外の中間的な位置に存在する少数民族にとっての文革であり、地政学的に「外乱」に近い。次に「外乱」について述べる。

内政と外交は密接に相関し、文革で呼号された「世界革命」はスローガンに止まらなかった。「永久革命の中国を世界革命の根拠地」として「銃口から政権が生まれる」という「人民戦争」の「革命の輸出」が「世界革命の熱狂と中国中心の熱狂」の「二重の熱狂」により押し進められた。[9] そ

れゆえ、文革は「内乱」をもたらしただけでなく「外乱」を引き起こしたことをも認識する必要がある。

それは、冷戦で核軍拡が進行する状況下、ベトナム戦争が拡大し第三次世界大戦に至るのではないかという危機意識に共振した。例えば、フランスでは思想的影響力の大きいジャン＝ポール・サルトルやルイ・アルチュセールがスターリニズム批判と相まってマオイスムに革命の理想を求めた。ただしマルクス主義に大きなインパクトを与えたアルチュセールの *Pour Marx*（マルクスのために）、*Lire le capital*（資本論を読む）は一九六五年公刊で、[10]それが文革の受け止め方の素地となっていたことは軽視すべきでない。かくして「五月革命」ではマオイストが重要な役割を果たした。日本では以前から外文出版社の日本語刊行物『毛沢東選集』、『人民中国』、『北京周報』、『中国画報』があったが、『毛主席語録』も加わった。北京放送の日本語部門は文革礼賛を繰り返し放送した。その影響は新左翼・全共闘に顕著で、安田講堂攻防戦の前、東大正門の両側に対聯《ついれん》のように左右に「造反有理」、「帝大解体」と書かれ、上の中央に毛沢東の肖像画が掲げられたのは象徴的である。「停課閙革命（授業を止め革命をやりまくる）」は学歴主義と受験競争に呑み込まれ資本主義の歯車になることの拒否に通じた。何のために大学で学ぶのか、大学は権力や資本に奉仕しているのではないか、大学では真に学問が追究されているのかという真摯な問いは「自己批判」に繫がった。だが、その中から生まれた赤軍派は国際根拠地論を唱え、「銃口から政権が生まれる」

とよど号ハイジャック事件、テルアビブ空港乱射事件などを、連合赤軍はあさま山荘事件や山岳ベース事件を起こした。

それでは次に、このような毛沢東主義の特質を考察し、文革の問題を掘り下げていく。

二　文化大革命と毛沢東主義

1　毛沢東と毛沢東主義

文革の前史に延安整風運動、反右派闘争などがある。そこに一貫しているのは毛沢東主義である。それゆえ、文革の本質的問題に迫るためにはこの理解が鍵となる。実際、文革は毛沢東が発動し、彼の死を以て終息した。それでは、まず毛沢東について考察する。

銭理群は毛を「書面に現れた形態」だけでなく、実践に即して捉えなければならないと述べる(11)。毛は単なる革命家ではなく、「詩人のロマン、現実離れした考えで中国を導き、詩人のロジック、詩人のまなざしで国家を治め」、しかも「理論的な形態をとったロマン主義から、現実的実践のレベルでの専制主義へと、しばしば転換がなされた」ため、「それが大きな災難をもたらすのは必然であった」。これは小林一美たちの「崇高なる政治スローガンと残酷非道な実態」という認識に符合する（『中国文化大革命「受難者伝」と「文革大年表」』集広舎、二〇一七年の副題）。

さらに、銭は「毛沢東は通常の実践者ではなく、国家の最高統治者」であり、「普通の国家指導者ではなく、全体主義国家の指導者」であり、「スターリンなど通常の全体主義統治者とも異なり、「人民の身体」の統治のみならず「思想の改造を求めた」と論じる。即ち、毛は「自分を、豪傑であり、また聖人でもあると定位」し、「人の精神をコントロールし、人心を征服し、人の思想に影響を与え、改造し、専政を人の脳まで浸透させ、脳内で現実化すること」を求めたのである。これにより「毛沢東思想は、中国人の思考のあり方、感情のあり方、行動のあり方、および言語のあり方を根本的に変革した。それは極めて全面的かつ徹底的に行われ、やがて民族の精神、性格、気質に深い刻印を残し、一つの時代の文化・精神」、言わば「毛沢東文化」を生み出し、それは「長期にわたって、組織的、計画的に伝播がなされ」たため「民族の集団的無意識、新たな国民性となった」のである。これは問題が毛沢東に止まらず民族や国民の心性の深層に及んでいることを意味する。この点について、拙論「社会暴力の動因と大虐殺の実相――譚合成『血の神話』における湖南省道県のケースから」では、ピエール・ブルデューの「ハビトゥス（habitus）」を応用して分析した。

それゆえ、銭は「政権側と反体制派が、ある種の観念、思考方式、行動の方法、感情のあり方、言葉遣いなどにおいて、驚くほど似ている」と指摘する。それは「毛沢東文化は、中国共産党のもの」だけでなく、「中国の人民（知識人を含む）もまた、毛沢東文化の創造と発展に参与し」、「少なからぬ人が、積極的に『カゴを担ぎ、知恵を出した』からである。文革における熱狂的な毛沢東崇拝・偶像化は典型例である。

だが、このような身体から内心に及ぶ徹底的な支配に対して果敢に抵抗した者もいた。その意義は大きく、もう一つの歴史に刻み、伝えねばならない。拙論では一九六六〜一九六八年を軸にヒストリーと、劉文輝、林昭、張郎郎、遇羅克、黄翔のライフ・ヒストリーの凛烈な交叉に即して具体的に述べるが、その前に「民族の集団的無意識、新たな国民性」、あるいは「ハビトゥス」の観点から文革を論じておく。

2　熱狂的な忠誠と知識人の沈黙における毛沢東の偶像化

文革では忠誠の表明が熱狂的に高まった。それは「表面的には非理性的」だが、「その裏には理性的な選択」、即ち忠誠が評価されて上昇するという「利益」追求も伏在した。[12] 論理的な利益追求に非論理的な欲望が絡み、負の相乗効果で熱狂を増幅させた。

文革では「三つの忠実（毛主席に忠実、毛沢東思想に忠実、毛主席のプロレタリア革命路線に忠実）」と「四つの無限（毛主席を限りなく熱愛し、信奉し、崇拝し、忠誠を尽くす）」のスローガンが連呼された。毛沢東のポスターや語録の一節が書かれたプラカードが溢れる街頭や広場で、毛沢東思想宣伝隊は「忠の字踊り」を演じた。毛沢東バッジをつけ、「紅宝書」や「小紅書」と呼ばれた『毛主席語録』

を常に携帯し、何かにつけて掲げて朗読・暗誦し忠誠を示す行動が至るところで見られた。これら各種パフォーマンスを通して毛沢東主義は脳、心理、身体に浸透していった。

毛沢東の天安門広場の接見で、紅衛兵は軍帽や軍服に毛沢東バッジを付け、赤い腕章を巻いた腕を高々と振り上げて『毛主席語録』を掲げ、熱狂的に「毛主席万歳」と叫んだ。参加者は各回五〇万から二五〇万で、計八回で述べ一一〇〇万になった。

「紅太陽」とまで神格化した毛沢東からお墨付きをもらった紅衛兵は教会や寺院など宗教施設を「四旧（旧い思想・文化・風俗・習慣）」として破壊した。熱狂が狂騒（鬧革命の鬧には騒ぐの意味もある）へと激化し、民衆は信仰を厳禁され、ただ毛沢東だけを信じることしか許されず、各地に「忠碑」や「忠牌」が建てられた。家では先祖の霊を祭る祭壇に毛沢東の肖像画や塑像を置いて神聖化し、毛の長寿や健康を祈る「朝の指示（早請示）」や一日忠実であったかと自己批判する「晩の報告（晩匯報）」が、その前で執り行われた。

こうして毛沢東の個人崇拝が激越に高まった。銭は「文革中の毛沢東崇拝は、始めから宗教儀式的な特徴を持っていた。……最も皮肉なのは、毛沢東が四旧を打破せよと呼びかけた時、また『迷信破棄』の旗印を振り、『新を立てる』を呼びかける時、新たに大きな迷信が唱導され、さらに大きな愚昧がもたらされた」と剔抉する。(13)「霊魂深処鬧革命（魂の深処で革命をやりまくれ）」や「牛鬼蛇神(14)を一掃せよ」は比喩に止まらず、むしろ迷信の現出であった。しかも「牛鬼蛇神」とされた者は財産を没収され、外出時には必ず「牛鬼蛇神」の札を身につけ、大衆の監督を受けねばならず、甚だしくは「牛小屋」や「黒小屋」と称する非正規施設に拘禁された。

また「破四旧」の一貫で外国の文学や社会科学の文献が「毒草」として禁書にされ、甚だしくは紅衛兵が公然と焚書した。文明を理解できず「旧」と決めつけ破壊する愚昧の一例である。

迷信や愚昧に対しては、知性が求められるが、知識人は沈黙していた。この点について、銭理群は「これは当然、知識分子が文革において革命の対象であることと関係する。しかしもう一方では、知識分子が度重なる政治、思想運動によってやっつけられる中で、思想が萎縮していたことを表している」と分析する。[15] 延安整風運動や反右派闘争の間、一九五五年に胡風たち文学者や知識人が「反党集団」として弾圧された。[16] 胡風派のレッテルを貼られた者は反右派闘争でも文革でも糾弾された。まさしく知識人迫害は度重なり、文革で最高潮に達したのである。

3 毛様式と毛文体――「文芸講話」の展開

「文芸講話」の政治優先がますます強められ、一つ一つの語彙や用法を毛沢東の権威に即して構造化する「毛沢東文体（毛文体）」ができあがった。それは詩人としての毛沢東に加えて、革命文学や人民文学に引き付けた魯迅の「政治的利用」と関連していた。[17]

美術では「毛様式（マオイスト・モデル）」が作り出された。その特徴は①人物像が気高く、社会的意義が大きく、プロレタリア階級の英雄像が全能的で完璧という「高・大・全」、②全ての人物の中から「正面人物（社会主義の進歩的人物）」を突出させ、その中から主要な英雄を突出させ、その中から最も主要な中心人物を突出させる「三突出」、③赤く光り輝く「紅・光・亮」の三つにまとめられる。

「毛文体」と「毛様式」は共振しながら言論を統制し、表現を画一化した。言語は『毛主席語録』に収斂し、また画像では毛沢東が中心に据えられ、或いは労働者はまっすぐ前を睨んで腕を力強く振り上げ（毛沢東思想による輝かしき未来を創るために奮闘し）、農民は健康な笑顔を見せる（革命で解放され豊かになった）。少数民族を含む民衆が仰ぎ見る中華民族の英雄像は漢民族風に表現された。

その結果、多様な観念、自由な発想、生き生きとした感性は抑えつけられ、傷つけられ過ぎて麻痺し、さらには毒された。人々は自分で考えることを恐れ、むしろ愚昧になり群衆に組み入れられることを願望し、煽動され熱狂的に動きまわる中に無難を求めた。

この愚昧な熱狂により文革はますます暴力的になった。それを助長したのが「造反有理」、「革命無罪」であり、これが毛沢東の偶像化と組み合わされて大義となった。

だが、果敢に抵抗した者もおり、次に述べていく。

三　凛烈なライフ・ヒストリーと激烈なヒストリーの交叉

1　劉文輝（一九三七～六七年）——文革への叛逆の嚆矢

劉文輝は八人兄弟の三男であった。[18] 父の劉宗漢はエリート行員を経て連合国救済復興機関の中国人スタッフとなったが、一九五八年に「歴史反革命」罪により無期限労働改造の判決を下された。

劉文輝は上海宝山のミッション・スクールで学び、キリスト教的な博愛、自由、平等を至上の価値と認識するようになった。一九五七年の反右派闘争の時、彼は上海沪東造船工場の見習い工であったが、右派分子とされ批判闘争会で吊し上げられ、職場では監視下に置かれた。だが「是と非を分別させねばならない。一体、なぜ、自分が濡れ衣を着なければならないのか。反右派闘争の契機、根源、目的を徹底的に追究する」と、兄弟八人で学習グループをつくった。

また劉文輝は「公私合営」後に残った上海の淮海中路ら福州路にある古本屋や親しくなった廃品回収者から「右派」の著書、「灰皮書」、「黄皮書」[19] などを入手した。闘争の激化で図書館は混乱し、図書が持ち去られ、古紙として売られることさえあり、[20] そこから彼は東西の名著・良書を発掘し、精神的資源にした。

一九六一年、劉文輝は舟山列島の造船工場に出向し、鉱石ラジオを自分で作り、海外の短波放送から激動する世界の情勢を知るようになった。スターリン批判の「秘密報告」、一九六二年のキューバ危機や中印紛争、六三年のワシントン大行進やケネディ暗殺などに衝撃を受けた。ケネディに世界各地で哀悼の意が表されている一方、中国では歓声があがり、胡喬木が「人民日報」文芸欄で諷刺したことに対して、彼はケネディが世界平和に貢献したという詩を弟・文忠に手紙で送った。

翌六四年、中国の核実験では「餓死者が出ているのに非人道的な核兵器に天文学的数字の資金が使われている」とのニュースを聞く中で、アレクサンドル・ゲルツェンの亡命救国に倣い漁船で日本に亡命しようと準備したが、六五年の「四清運動」の最中に「現行反革命犯」として逮捕され、監視労働三年の刑を下され、「歴史反革命分子」の父とともに道路や公衆便所の掃除などを強いられた。

翌年五月「中央文化革命小組」が成立し、文革が始動すると、劉文輝は兄弟に「国家と民族の大災厄がやって来る」と先覚的に語った。昼間、弟に大字報を写させ、それを夜に分析し、深夜、大字報の余白に批判を書き込んだ。上海同済大学の大字報には「毛沢東は神ではなく人間だ。人間である以上、過ちを犯す」と書き入れた。これに対して公安当局は「階級の敵が文化大革命を破壊する。注意せよ。反革命的スローガンを書くヤツがいる。革命的な教職員や学生は目を光らせて検挙せよ」と告示した。

自分自身も監視をかいくぐり、上海交通大学で大字報を見て、帰宅後、次のように書き、弟に貼り出させ、学生の間で議論を呼び起こした。

我々は懐疑精神を提唱する。全ての独断や教条主義に反対する。自由で独立した人間や組織は懐疑を通して思想や主義主張を信じる。よく考えてから信じる。そうでなければ盲従である。我々は独立思考の堅持を提唱する。思想的独裁と精神的奴隷化に反対する。

また深夜に執筆し、九月に「偽の階級闘争と実践の破産を論ず」と「一九五七年来の諸運動を通観す」を脱稿した。要点は以下である。毛沢東は闘争の哲学で生涯かけて暴力革命と造反を求めている。毛はスターリンと秦の始皇帝を合わせた暴君で、狂気じみた強国の欲望と極端な民族的自信で偽りの王国を作り出し、六億の人民を「革命」という戦争に縛りつけている。毛も共産党も狂っている。文革は全国民を狂わせている。我が国を独裁者のほしいままに弄ばせてはならない。誰かが立ち上がらねば、民族には希望がない。

さらに劉文輝は「文革論駁一六カ条」を全国一四大学に郵送しようと考えた。筆跡の違う文忠が書き写し、上海から離れた杭州で投函した。以下、要点を摘記する。

・文化大革命は社会帝国主義の新たな段階で、「文化の劫」である。毛沢東は世界の三分の二を解放するというでたらめな理論でアジア、アフリカ、ラテン・アメリカに向けて中国革命を輸出しているが、全く中国人民の死活問題を顧みていない。社会帝国主義の新たな段階は好戦的でもあり、中国は戦争の震源地となる。世界革命の熱狂は偏狭な中華中心主義と偏狭なナショナリズムである。

・文革の本質は全国民を迫害する政治運動で、暴力革命であり、必然的に恐怖と独裁のファシズムをもたらす。

・毛沢東思想や「最高指示」に対して「思想解放」と「独立思考」を提唱する。教条主義に反対し、大胆な懐疑意識で真偽を識別し、慎重に実証的に問題を追究し、自分で結論を導き出そう。

・紅衛兵、工場労働者、農民の造反派は毛沢東に利用される道具にすぎない。毛は目的を達成したら、「臼を挽き終えたロバは殺す」如く必ず見捨てる。

・プロレタリア独裁下での継続革命というでたらめな理屈に反対する。階級闘争は毛が人民を奴隷化するため一貫して用いてきた悪質な手段である。走資派の一掃など全くの詐欺で、実際は粛清であり、知識人の独立思考・精神は根こそぎにされる。

・「敵我矛盾」の目的は人民の視線を曲げて、暴政への不満をそらすためである。

・革命大衆への「反革命」のレッテルに警戒しなければならない。真の目的は「毛の天下」を樹立し、民意を陵辱し、民衆を迫害することである。民主主義者は暴力に抵抗する旗の下で団結し、「抗暴統一戦線」をつくらねばならない。

・文革は中華民族の優れた文化を壊滅する。愚民政策による焚書坑儒の現代版で、知識人への迫害である。それは毛が入念に画策した洗脳の陰謀で、反右派闘争における「陽謀」と同じである。

・知識人迫害は胡風「反党集団」批判闘争から反右派闘争へと強められ、文革に至っている。これは未曾有で、秦の始皇帝よりもひどい。知識人は屈辱に負けず、洗脳に抵抗しよう。どうしても死なねばならぬなら、ベトナムの僧侶のように抗議焼身し、愚昧で無知な大衆を覚醒させよう。

・社会主義教育運動、四清運動は毛が入念に画策した農村幹部の思想改造である。「大躍進[21]」で多くの餓死者を出し、農民に不満が積もったので、自分の権威を再び確立するために押し進めたのである。

・党が銃を指揮するのは専制独裁の特徴である。国軍化を進めなければならない。軍は国と人民のものであり、独裁者の私兵でも、党の私物でもない。人民解放軍は人民の側に立ち、「全人類を解放する」という「世界革命」に反対し、軍事独裁に反対し、「抗暴」に参加し、毛

写真1　劉文輝　1965年、上海にて（劉文忠提供）

の暴政を覆さねばならない。

・「新中国」が誕生できたのは、毛が民主、自由、平等という人民が支持した「新民主主義革命」の旗を高く掲げ、人民が支持したからである。だが、毛は人民をだまし、専制独裁と愚民政策を押し進めている。人民ははっきりと見極め、立ち上がり、歴史を後退させる政治運動に抵抗せねばならない。

だが、兄弟二人は十一月に逮捕された。一九六七年二月二十三日、上海革命委員会が成立し、造反派が武闘による奪権の祝賀で高揚する中、三月二十三日、劉文輝は上海文化広場で公開銃殺処刑された。彼は何か叫ぼうとしたが、声帯が切除されていたためか、声は出せなかった。

後日、監獄から返された布団の中に「私は世界の人民に訴える。私は国際主義者だ。私は毛の世界の人民の三分の二を解放するという拡張主義に反対する」などと血で書かれた遺書が隠されていた。兄弟は必死に暗記し、さらに文章を分解し『毛語録』に暗号のように埋め込み記録した。文革終息後、劉文輝・文忠は紙切れ一枚の「結論」により名誉回復を得た。

2 林昭（一九三二〜六八年）――獄中の血書

林昭（本名は彭令昭）は自分自身についてほとんど書いていないが、内外の丹念な調査でライフ・ヒストリーが明らかにされてきた[22]。彼女は一九三二年に蘇州に生まれ、ミッション系の蘇州景海中学を卒業し、一九四九年、共産党系の蘇南新聞専科学校に入学し、卒業後は農村工作隊で土地改革に積極的に参加し、国民党系の父と一線を画すために「彭」を取り「林昭」と改名した。

一九五四年、林昭は北京大学中文系新聞学専攻に入学し、翌年、文学の才能が評価され『北大詩刊』、『紅楼』の編集に携わる。いずれも廃刊の後、同人誌『広場』に「百家争鳴、百花斉放」を受け社会主義の民主化を歌う現代詩「時が来た」などが掲載されるが、反右派闘争で非難されると、林昭は『広場』を支持した。このため彼女も糾弾され、学業を禁じられ、翌年春に「右派分子」として「労働教養」三年の刑を下され図書館で監視労働を科された。同年六月、北京大学新聞学専攻と中国人民大学新聞学専攻が合併したため、林昭は人民大学に移り、「労働教養」は新聞系資料室で続いた。

病気がちの林昭は一九五九年冬に喀血し、治療が許可され、クリスチャンとなった母に付き添われて上海に帰った。そして、蘭州大学生たちの発行する『星火』誌に「カモメの歌」や「プロメテウス受難の一日」を寄稿したが、関係者は「反党反革命」で一網打尽となり、林昭も上海で「反革命」の「中国自由青年戦闘連盟」の「主犯」との罪を着せられた。

なぜ、弾圧されたのか？　「プロメテウス受難の一日」に即して考察する。Prometheus の漢語表記はいくつかあるが、林昭は「普洛米修士」と書く。「修士」が中国語で修行者、求道者を意味するからである。主神ゼウスに反抗し人類に火を与えて罰せられたプロメテウスの自己犠牲に、人類救済のために十字架刑を受けたイエスや「右派」として迫害された自分自身をも内包させている。このように重層的な意味を込めて、林昭は自由律の詩句を綴る。

プロメテウスはヘシオドスの『神統記』や『仕事と日』やアイスキュロスの悲劇「縛られたプロメテウス」に記され、近代ではパーシー・シェリーが詩劇「鎖を解かれたプロメテウス」を、ゲーテが詩「プロメテウス」を詠むなど、創作のモチーフとされてきた。

シェリーは「潜るも、翔《かけ》るも、走るも自由だ／／われらは眼を／星空の眼を／灰色の深みまでも見やり、そこに住む」と[23]、ゲーテは「平明と素朴の美しさ」に「理想主義的ヒューマニズム」[24]を込めて「おれは　ここに坐って／おれの姿そのままに人間をつくるのだ……苦しんだり　泣いたり／楽しんだり　喜んだり／そして　おまえ（ゼウス）など崇めない／おれのような人間を」

と詠じた。林昭の詩はそれに優るとも劣らない。

まず「アポロンの金色の二輪車」と始めて主神ゼウスの残虐な刑罰に進める。受難の先駆けとなるアポロンは太陽神であり、「紅太陽」の現人神と崇拝された毛沢東を連想させる。そして禿鷹による残酷な刑罰が続く中で「麗しき朝よ、そなたはいつ／私にとって自由が輝くシンボルとなるのか」と問いかける。

次いで「プロメテウスは微笑み／ゼウスは愕然と困惑する」の詩句から転調し、両者の論争が始まる。そしてプロメテウスは「火は人類を解放に導く／もう無駄なお説教など止めよ……神族の統治はどれほど持ちこたえられるか／巷に満ちている怨嗟の声が聞こえないのか？／賤民の血涙が神々を溺れ死にさせる／オリンピアの宮殿は灰燼に帰す」と宣言する。

第二節では「禿鷹があなたの内臓を喰らう／あなたの肉体は鉄鎖で縛りつけられているが／心魂は風よりも自由だ／あなたの意志は岩よりも堅強だ」と詠唱する。「心魂は風よりも自由だ」は「風は思いのままに吹く」（「ヨハネ福音書」三章八節）を想起させ、ギリシャ神話とキリスト教が見事に凝縮されている。

さらにプロメテウスはゼウスに「私は生命よりも自由をずっと愛す／だが、そのために代償を払わねばならないなら／私は永遠の拘禁を受け入れる」と表明する。プロメテウスを通した林昭の自由宣言である。この詩想はサルトルの「人間は自由の刑に処せられている」、「われわれは自由の刑を宣告されている」に通じる。[25] そして、彼女は「星の火」を謳歌する。

小さな火の星、
微小な炎が千万億万の場を点火した。
光明よ、あなたの生命力はかくも旺盛だ。
燃えあがれ、炎よ、拘禁の中でも。
……
彼らに真理の教えを朗詠させよう。
血でしたためた詩篇を世々代々に伝えよう。

「真理」は「ヨハネ福音書」八章三二節の「あなたたちは真理を知り、真理はあなたがたを自由にする」に通じ、「詩篇」や「種」も聖書では意味が深い。さらに最後の審判を連想させる「最後の戦い」において勝利が詠われる。

人類よ！　私は歓喜してあなたの輝かしき
高貴な名前を呼ぶ。大地の子よ、

兄弟として心を込めて
呼びかける。人類よ、私はあなたを愛する。

「歓喜」はベートーベンの第九交響曲の「歓喜の歌」を連想させ、その詩想はシラーの「朗らかに、創造主の星々が飛び回る如く／壮大な天空を駆け抜け／進め、兄弟よ、その行く道を／歓喜に満ちて、勝利に向かう英雄の如く！」と相同である。この闘いは「人類愛」の闘いで、非暴力であり、主旋律は人類へのオマージュ、人間讃歌である。

一九六二年初、林昭は病気治療のため保釈され、療養しつつ無国籍の阿諾に「私は無罪である」、「北京大学学長陸平に送る手紙」を海外に持ち出し、発表することを依頼した。だが十二月、林昭はまた投獄された。獄中で何回も絶食して抗議し、上海市長や「人民日報」に書簡を送った。血で上着に「冤罪」の「冤」と記し、毛沢東の「陽謀」に鋭く抗議した。そのため態度が悪いと常に手枷、足枷をかけられ、胃炎で苦悶する時も、生理の時も鎖は緩められなかった。毎日二時間以上、大きな雑居房に入れられ、獄吏に媚びる女囚たちのリンチを受けた。

一九六五年六月一日、「有期徒刑」二〇年の判決が下されるやただちに血書で「これは恥の判決である」で始まり、「公義は必ず勝利する！　自由万歳！」で結んだ「判決後の申し立て」を書きあげた。

一九六八年四月十七日、林昭は訊問で「罪を認め、反動的な詩など書かず、後悔の念を示せば寛大に処罰を軽くする、これが最後の機会だ」と言われたが、何も答えなかった。二十一日、「検察官にバラの花を捧げます。……これは最も礼儀ある抗議です。……人の血は水ではありません。滔々と流れて黄河になるのです」という詩句を書き、あくまでも美しくかつ強靱に詩想／志操を貫いた。林昭は面会でも雑居房でも死刑は必至と語っており、彼女は揺らぐことなくその道を進んだと言える。

二十七日、起訴書が送付された。翌日、林昭は「青い磷光は滅《きえ》ず、夜々霊台を照らす。心魂は留めて在り、残駆は劫火に付すとも。他日紅花発《ひら》けば、血痕の斑を認めん。嫣《あか》き紅花に倣い、従《よ》って渲染《そそ》り難きを知らん」との五言律詩を詠じた（後半四句は汪兆銘が死刑を覚悟して獄中で記した「被逮口占」より）。その夜、呼び出されると、林昭は悠然と同房の女囚に別れを告げた。

四月二十九日深夜、上海龍華空港第三滑走路で秘密裏に銃殺され、五月一日、老いた母のもとに処刑の銃弾の請求書が届いた。

三十数年後、同窓生が資金を出しあい、二〇〇四年四月、故郷の蘇州霊岩山に林昭の「衣冠家（死者の衣服など遺物を埋葬した墓）」を建立した。墓碑には「自由無価生命有涯寧為玉砕以殉中華」と刻まれている。毎年、命日や清明節に当局の妨害を承知しながら追悼・慰霊しようと人々が墓前に向かう。

独立中文筆会は「林昭記念賞」で言論の自由を守る作家、詩人たちを顕彰している。また、一九九六年に江西省南昌で結成されたロックバンド「盤古」は「聖女林昭」や「林昭を返せ」を、一九九八年に雲南省昭通で誕生した「腰楽隊」は「崖の上のプロメテウスが覚醒した」を過激なパンクロックやヘビメタで絶唱する。「音楽の爆弾」とのコンセプトと草莽崛起の反骨精神は一世を風靡し、ＣＤやインターネットなどで中国全土に知れ渡った。

写真２　林昭の墓。周囲は警官

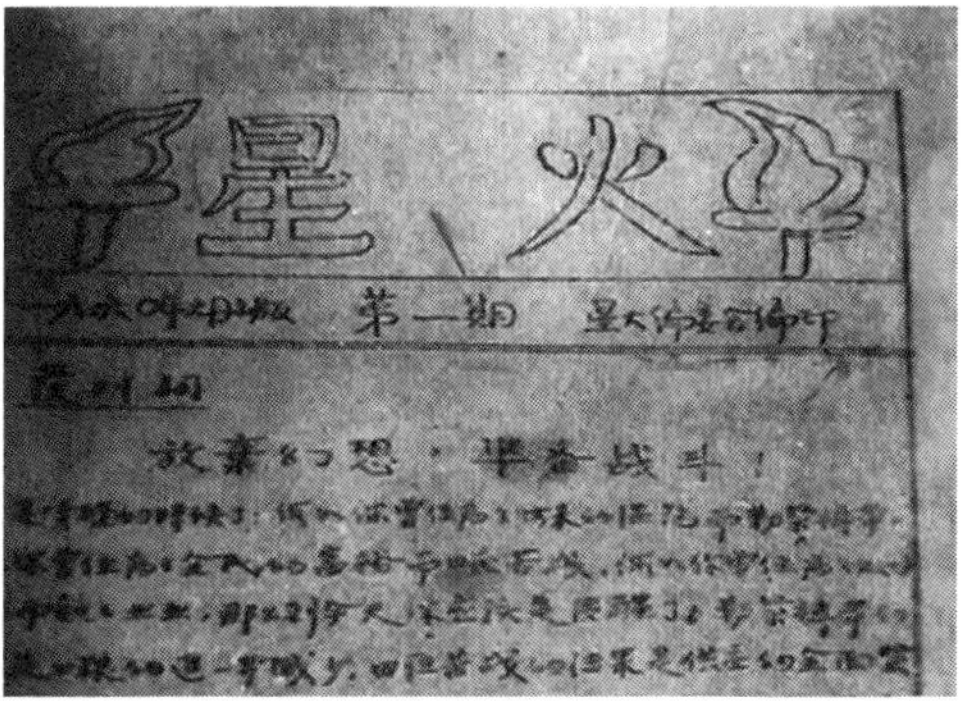

写真３　『星火』創刊号（胡傑監督提供）

これらは死者と生者の絆を強め、林昭の自由を求める不屈の精神の継承を絶望的な現状の変革に結びつける。そこには権力者に媚びへつらい既得権益に浸かる者への痛烈な批判も込められている。

記憶する者も死に絶えたとき、死者に真の死が訪れる。敷衍すれば詩想史の失踪者は、憶えている者がいなくなったときに真の失踪者になる。だが、林昭の記憶は受け継がれ、不屈の自由の象徴的存在となっている。彼女は独裁体制を批判するだけでなく、若き自分の「思想」は「左傾」であったと反省するなど真摯で柔軟であった。[26] だからこそ、人々の記憶に彼女は生き続けている。

3 遇羅克（一九四二〜七〇年）――最後の一句「歯みがきを一本、差し入れて下さい」

遇羅克は一九四二年に北京で生まれた。父は技術者（知識人）、母は資本家の家庭の出身で、反右派闘争では右派分子とされた。[27] 一九六六年二月十三日の「文匯報」に姚文元の「新編歴史劇『海瑞免官』を評す」を批判する「機械唯物論との闘争を行うときは来た」を投稿し、批判された。

文革が始まると、最高検察院副検察長の譚政文の息子で、北京大生の譚力夫が「親が英雄なら子は好漢、親が反動なら子はたわけ」「基本はかくの如し」という対聯を張り出し、「血統論」は高級幹部子弟の紅衛兵の理論的支柱となった。中国では伝統的に血統や出身が重視され、この封建的差別を克服したはずの社会主義の新中国において封建時代に優るとも劣らない血統主義がまかり通るようになった。「戸口（戸籍）」や「檔案（個人の身上記録）」の制度もこれに使われた。

文革では三代までの出身階級が厳しく問われ、所謂「紅五類（革命軍人、革命幹部、革命烈士の遺族、労働者、貧農・下層中農）」と「黒五類（地主、富農、反革命分子、悪質分子、右派分子）」が作り出された。「黒五類」は「五悪分子」とも呼ばれた。

文革初期の紅衛兵には古参革命家の高級幹部の子弟が多く、自分たちが革命的であることの証明を血統論に求めた。だが、これは高級幹部たちの「既得権益」を守ることを意味し、そうではない者は反論し、それは造反派の台頭と同調した。(28)

実権派の失脚と造反派の台頭という政治的ダイナミクスにおいて遇羅克は「出身論」を以て「血統論」を批判した。十月、彼は「出身論」をガリ版で印刷し、電柱に張り出した。彼は学生の階級身分で北京市人民機械工場の見習い工であったが、その末尾に弟の羅文が在学している第六五中学と記した。

十二月、寒風の吹きすさぶ中、北京市第四中学の高校生（中国の中学校は日本の中高校）、牟志京が遇のもとを訪れた。牟は「出身論」に感銘し、第六五中学に赴き、羅文と意気投合し、「出身論」をさらに広げることにしたのである。牟は資金を借り入れ、友人を介して印刷所への紹介状や印刷用紙を入手し（社会主義で配給制）、手作り組み版のアジビラ形式で出版することにした。第四中学の教師を含め数人が協力した。紙名は「中学文革報」（横に「毛主席語録」）、執筆は「北京家庭出

中学文革报
毛主席语录
創刊号
出身論

写真4　「中学文革報」創刊号（斉晋華（文革研究者）提供）

身問題研究小組」、発行者は「首都中学生革命造反司令部」とした。

この「中学文革報」は六号まで発行された。執筆は主に遇羅克であった。創刊号（一九六七年一月十八日）では編集者の言葉として「反動の出身論はブルジョワ階級の形而上哲学のゴミ箱から理論的支柱を取り出して、生徒を三・六・九の等級[29]に分け、社会主義制度の下で新たに偽装した特権階層を再び作り出し、それは反動的なカースト制度である」と宣言した。第二号（二月二日）は「〝純〟について語る」、第三号（二月十日）は「〝聯動[30]〟の騒乱は何を説明したか」、第四号（二月二十一日）は「鄭兆南烈士の生と死を論ずる」、第五号（三月六日）は「反動の血統論の新たな反撃」、第六号（四月一日）は「どの路線のために頌歌を唱うか」であった。全体を一貫する思想は平等であり、独裁体制下で差別される〝賤民〟の政治や教育の権利を勝ち取ることを目指した。同時に民衆を三・六・九に区分し、非敵対的にもかかわらず、その矛盾を拡大させて分断統治することを剔抉し、共産党「一党専政体制の急所」を突いた。だが、彼は一九六八年一月五日に「反革命集団を組織した」などの罪状で逮捕された。

獄中の遇羅克について張郎郎が筆者に貴重な証言を語った[31]。まず張について説明しておく。反右派闘争で強化された専制体制は「若者たちを、党と毛沢東に飼い馴らされた道具」とするため「一切の精神的な独立と自由とを剝奪」し、それに伴い「幻のような精神的熱狂が産み出され」、また「キャンパスの中には虚しい大言壮語が溢れ」るようになった[32]。それでも「まだ中学に通う生徒に過ぎ」ないが「反逆する芸術青年」が現れ、詩人や画家は「天生の革命家であり、天生の反逆者である」と考え、「半ば遊びのように」、文芸サロン「太陽縦隊」の成立を「宣言」した。実際、その中心メンバーの張自身は「(太陽縦隊の)大半は高級幹部と芸術家の家庭の出身で、社会的現実の残酷さと厳しさをあまり解って」おらず、さらに「党の文化幹部に対する蔑視の精神」もあったという。

この太陽縦隊は「一九六二年末か六三年初」、北京師範大学筱荘楼での「成立大会」で発足した。張は会則を起草し「この時代において、優秀な文学作品が全くない。我々こそが文壇に新鮮な活力を注入し、中華民族の文化を振興する」と表明した。また、一振りの剣と三つの矢じりを組み合わせた標章も作られた。矢じりは「詩歌、音楽、美術」、剣は「中国文芸の全面的な復興を象徴」した。太陽縦隊は「政治結社」ではなく「芸術集団」であったが、「破壊」を恐れて「秘密裏に詩を書い」ていた。

同時期、北京大学哲学系に在籍していた郭世英(郭沫若の息子)が「主宰」したサロン「X詩社」

も成立したが、まもなく「全員逮捕され」た。一九六八年、郭世英は北京農業大学の「黒小屋」に椅子に縛られて拘禁されていたが、椅子を背負って飛び下りた。

太陽縦隊も一九六六年に「反動組織」とされ、張郎郎は逮捕され、作品は処分された。

張は脱獄したが再逮捕され、一九七〇年に「現行反革命罪」で死刑判決（執行猶予）を下された。一九七七年、「四人組」が失脚すると張は釈放され、名誉回復を受け、翌年から中央美術学院美術史系の教員となった（二〇〇〇年に渡米）。

張は、一九六八年十一月、北京看守所の雑居房で遇羅克と会った。獄中で二人は「自分が最も熟知しているテーマ」を学びあった。

「入獄する価値があるかどうかについて議論し」た時、張が「政治には全く無関心なのに政治犯として投獄され、価値がない」というと、遇は「ぼくには価値がある。君たちは革命の正統性を言う。革命的家庭の出身者は、ぼくたち、非革命的家庭の出身者の気持ちは解らない。ぼくたち〝出身の悪い〟者は、君たちと同等の政治的権利や生活の権利を持っていない。どこでも蔑視され、非人間とされる。ぼくたちは話せるチャンスがあっても、いつも生まれつき弱い上に〝軟骨病〟になる。それは生まれつきの自己卑下感で、政治上の軟弱病である。そのため、政治的な力を形成し、自分の持つべき権利を勝ち取るのは非常に難しい。でも、ぼくは〝出身論〟のためにはいかなる代価も払う」と語った。

「価値がある」は実存分析の心理学者でロゴセラピー精神科医のヴィクトル・フランクルがアウシュヴィッツの体験を以て提出した「態度価値（Einstellungswerte）」や「意味への意志（Der Wille zum Sinn）[33]」に通底する。遇はフランクルに言及していないが、ヘーゲルやマルクスの弁証法を学び、実践を通してフランクル的な境地に到達したと考えられる。彼は実践哲学的に投獄にさえ「価値」を認識でき、それは刑死まで貫かれていた。

遇羅克は獄吏に対して冷静さの中に辛辣なブラック・ユーモアを込めて応じていた。温和だが不屈の態度を堅持していた。常に理性と機知を保持し、入獄したばかりの者には情勢の厳しさを語り、命が奪われることとも覚悟するように示唆した。同時に明るさを失うことなく、朝のトイレで窓から手を差し出し春に芽吹いた枝に触れようとして「ぼくの手が出獄した。ぼくの手は自由になった」と言った。

遇は密告者のいる雑居房でも「ユーモアに満ちた発言」をしていた。遇が「全ての存在は合理的で……」というと、他の囚人は「何だと？　ならば蔣介石の存在も合理的か？　劉少奇の存在は？」と問う。彼は「よく考えてみようよ。もし存在の理由がなければ、存在できるのかなぁ？」と応じると、他の囚人が「お前は獄中でも反革命なのか？」と反問した。これに対して遇は「ちょっと待てよ。このフレーズはぼくが発明したのじゃあない。マルクスの権威ある大著の中で論述されているものなんだ……」と説明した。

実際、ヘーゲルは『法の哲学』序言で「理性的であるものこそ現実的であり、現実的であるものこそ理性的である」と述べ[34]、マルクスは『経済学批判』序言で「人間は、その生活の社会的生産において、一定の、必然的な、かれらの意思から独立した諸関係を、つまりかれらの物質的生産諸力の一定の発生段階に対応する生産諸関係を、とりむすぶ。……人間の意識がその存在を規定するのではなくて、逆に、人間の社会的存在がその意識を規定する」と論じ、『資本論』第一版序文で「経済的社会構成の発展を自然史的過程と考える」と述べる[35]。人間は必然的な諸関係において存在し、そのような社会は自然の必然的法則性＝合理性に貫かれているとの認識である。マルクス主義が科学的社会主義を標榜する所以である（エンゲルスの『反デューリング論』、そのダイジェスト版『空想から科学への社会主義の発展』も参照）。

ただし、遇は決して知識をひけらかすことなく、分かりやすく生き生きとしたユーモアを交えて、独裁体制の矛盾＝痛いところを突くのである。それゆえ「刑事犯の泥棒、ごろつき、殺人犯なども皆」彼を尊敬していた。

一九七〇年二月九日、張郎郎が執行猶予付きの死刑判決を下されて「死刑囚専用の手枷と足枷を掛けられ、独房に連行され」る時、遇の声が聞こえた。

管理員さん、軍の代表に会わせてくださいよ。みんなマルクスに会いに行ってしまったなぁ。

ぼくは重大な事件の内容について申し開きしたいんだ。

張は「ぼくは心の中で分かりました。彼は最後の最後まで生を強烈に追究し、あらゆる手段を用いて屠殺用の包丁を落とすスピードを遅らせたかったのでしょう。……ぼくは遇羅克がもう帰らぬ人になると予感しました」と語った。遇自身も自分の運命を認識していただろう。しかし、その時でさえ「みんなマルクスに会いに行ってしまった（死んだ）」とユーモアを忘れなかった。

写真5　遇羅克　1967年12月末、最後の写真

二〇数名とともに死刑を前に「最後に家族に言い残すことを言え」と告げられると、遇羅克はゆっくり頭をかしげて「歯みがきを一本、差し入れて下さい」と答えた。まことに「最後の最後まで生を強烈に追究」したのである。それゆえ、入獄に価値を認識した遇は、その到達点の処刑にも価値を見出せたであろう。彼は価値ある死に向かって自覚的に進んだと言える。

一九七〇年三月五日、遇は人民解放軍北京市公検法(36)

軍事管制委員会により死刑を言い渡され、北京工人体育場で公開処刑された。一九七八年十一月一日、父の遇崇基は判決の不服申し立てを行い、翌年、誤審・無罪と「紙きれ」[37]一枚で通知された。だが、北島[38]が「遇羅克に献ぐ」で「ぼくの倒れるところで／きっと別の者が立ち上がる……太陽は萎縮し、花の首飾りとなり／一人ひとりの不屈の戦士の／森のように林立する墓標の前に／垂れ下がる」と詠ずるなど、彼の価値ある生と死は今も伝え続けられている。

4 黄翔（一九四一年〜）――「殉詩」の覚悟で咆哮する「詩獣」

黄翔を、亡命作家の鄭義は次のように評する。[39]

広大無辺な詩の王国である中国は、詩歌史において既に「詩仙」―李白、「詩聖」―杜甫、「詩鬼」―李賀を擁しています。もちろん、他に幾千幾万にものぼる詩人がいます。数えてみれば、人、鬼、神の三界は満員で溢れかえり、ただ「詩獣」の界があるだけのようです。……私はあなたを野獣と、一匹の咆哮する詩歌の野獣と、呼ぶしかないのです。

劉文輝、林昭、遇羅克はじめ死屍累々たる「精神の荒野」において「詩獣」黄翔は生き抜き、亡命先のアメリカでも「咆哮」している。彼は「ぼくにとって詩歌は永遠に人類の夢や良心であり続けるだけでなく、いかなる形式でも表現できるのだ。ぼくは終生覆すことのできない運命に翻弄されている。きっと詩に殉ずる者になるだろう！」と述べている。

黄翔も血統論のため生まれながら徹底的に社会から排除され「別冊」に投げ込まれた[40]。彼は一九四一年、湖南省に生まれた。父の黄先明は東京帝国大学に留学し、国民党の高級将校となるが、一九四九年、中国共産党に拘束され、極秘に獄中で銃殺された（副官が母に伝えた）。母の桂雪珊は上海の復旦大学中文学科をトップで卒業した「才女」であった。

黄翔は幼少から父の遺した文芸日記や外国文学、中国古典など大量の書籍を読み始め、文学、哲学、政治、宗教などを独学した。このような環境で育ったため中国の伝統文化の素養は自然に彼の心身に浸潤した。これは西洋の新しい文芸思潮を吸収するようになると意識の彼方に埋葬されたかのようになったが、深層で確実に根づいていた。愛憎、憤激、懐疑、寂寥、夢想、反骨・抵抗等々が激烈かつ繊細に表現される中でも伝統的美意識が奥底にうかがえ、それが彼の文学の深みとなっていった。

やがて黄翔は文学活動を始め、一九五八年に文学作品を発表すると、早くも詩が同年の全国コンクールに入選し、これにより中国作家協会貴州分会に入会でき、最年少の会員となった。しかし、直後に政治的理由で彼は除名された。

迫害はこれで終わらなかった。黄翔はいかなる政治、団体、主義にも興味はなく、ただ詩人＝

私人として「個」の確立や自由を求めただけだが、六回も投獄され、刑期は計二一年に及んだ。罪状は一九五九年「現行反革命分子」、一九六六年「牛鬼蛇神」と「現行反革命集団の首謀者」、一九七九年「民主の壁」の「害群之馬（群衆を害する者の喩え）」、一九八四年「刑事強姦犯（後に結婚する張玲との恋愛）」、一九八七年「社会の正常な秩序の攪乱」、一九九四年「北京で臨時居住証なしに官府の出版社に裁判を起こした罪」である。

最初、黄翔は工場の旋盤工の仕事を無味乾燥と感じ、一九五九年三月に職業証明書など一切をベッドに置いたまま、わずかなお金と数冊の本を持って足の向くまま「外の世界」を探そうと旅に出た。彼は「草原、ゴビ砂漠、湖、雪山の間から〝紅いスカートの羊飼いの少女〟が歌声とともに現れるのを期待し」た。しかし逮捕され、「現実に対して骨髄に徹した階級的怨みを抱」き、「法の裁きを恐れて行方をくらまし」、「国境をこっそり越えてソ連に行こうと企んだ」現行反革命分子という罪を着せられて四年近く投獄された。

これについては説明が必要である。まず中国共産党体制の基本として都市における「単位」があり、それにより都市住民の基本的な生活は保障されるが、その前提として上級機関の「単位」を通した指導に従わなければならない。これにより「等級構造」ができあがり、それは「人間の肉体を抑圧し、人格の奴隷化をもたらし」、また「心理を抑圧し、精神の奴隷化」という「畸形化した心理構造」をもたらす。[41] さらに「単位証明」と「収容制度」もあり「単位の支配を逃れようとして、あるいは少しの間、外出（旅行、親戚訪問など）をしようと考えただけでも、必ず単位の証明が必要となった。……単位証明を持たずに、圏外に逃げようとするのなら、それは『盲流』とされ、発見されれば収容所送りで、監獄に送られるのと何ら変わりはなかった」のである。黄翔の投獄はこの具体例である。

文革では、黄翔は陰陽頭（頭の半分を剃る。別称は鬼頭）にされ、「牛鬼蛇神」の札をかけられ、現行反革命分子として批判闘争会で吊し上げられ、引きずり回され、様々な暴力を加えられ、「牛小屋」に拘禁され、さらに精神病院に強制収容された。彼は次のように語った。

ぼくはどこへ行っても、政治的に差別され、直接間接に様々な干渉と監視を受けた。……一九七〇年、また「現行犯反革命分子」と宣告された。同時に、ぼくの初めての子供がこの世に生まれた。彼は生まれつき、ぼくと同様に「原罪」を負っていた。一歳未満の赤ちゃんが重病にかかっても、「反革命の犬っころ」だと、病院から治療を拒絶された。妻は何度も哀願したが、間に合わなかった。

非合法で監禁されていたぼくは、病院から三度も危篤を知らされたが、見舞いに行く権利さえなかった。

病院の安置室で我が子の死体を見たとき、ぼくは悲しみのあまり泣き叫んだ。だが、泣くことも許可されなかった。「お前はまだ反党、反社会主義が足りないのか。これ以上泣いたら、すぐに再逮捕して、公安局に送り込む」と「革命委員会」の幹部に言われた。……ぼくは気が狂ったと見なされ、精神病院に送り込まれ、命令を受けた「医師」が、ぼくに「神経痴呆症」の「政治治療」を始めた。

このような苦難にもかかわらず黄翔は粘り強く詩作や文学活動を続けた。一九七八年、「北京の春」に、中華人民共和国が成立してから初めて公然と民間の、つまり体制から独立した文学グループ「啓蒙社」を創設し、最初に官許なしの『啓蒙』誌を創刊し、芸術における自由や民主、また現代新詩運動を提唱した。また「民主の壁」では大字報で文革を批判し、毛沢東個人崇拝のもたらした問題の重大性を明らかにした。街頭のアート・パフォーマンスでは「毛沢東は三割肯定、七割否定」と声高らかに表明した。その後も『蹶起の世代』、『中国詩歌天体星団』、『大騒動』等の民間雑誌の創刊や編集で主要な役割を果たした。さらに、ようやくガリ版印刷の深夜叢書（地下刊行物）や手書きのノートで密かに発表された作品を編集した『黄翔——狂飲不酔獣形』を中国大陸作家出版社と正式契約を交わし出版にこぎつけたが、当局は発禁処分を下した。これに対して提訴したが、逆に彼は夫人の張玲（ペンネームは秋瀟雨蘭）とともに、深夜、法的手続きなしに連行され、北京昌平収容審査所に投獄され、拷問さえ受けた。

これほどまでに抑圧されるのはなぜか？　まず文革前の作品を取りあげる。一九六二年、黄翔は「独唱」で「ぼくは誰／ぼくは、瀑布たる孤独な魂／永遠に人群から離れて居場所を求める一篇の／詩／ぼくの漂泊する歌声は、夢の／さすらう足跡／ぼくの唯一の聴衆は／沈みゆく寂寞」と吐露する。その「夢」は過酷な支配と差別に抵抗する唯一の手段と言える。独裁体制の強烈な集団主義的力学の中でなお孤高を堅持し、さらに我が「孤独」は「瀑布」の如くと表明する。是永駿は「北島らによる詩歌の復権のはるか以前に集団力学に抗して『個』の尊厳を歌い上げた」と評する。(42) また「瀑布」は喧噪を極めるプロパガンダのイメージを喚起し、一層「孤独」を際立たせる。そして「寂寞」で結ぶことで静寂な余韻を残す。繊細な憂愁や孤寂と強靭で激烈な反骨が融合されている。

文革期の一九六八年、黄翔は「野獣」で「ぼくは、野獣に踏みにじられる野獣だ／ぼくは、野獣を踏みにじる野獣だ……たとえたった一本の骨だけになろうとも／ぼくはまた、この憎むべき時代の喉に引っかかってやる」と詠う。この「一本の骨」は同年の「億万年の後／億万年の地層で／もしかすれば、ある人が／発掘するかもしれない／ぼくの白骨を……これは、抗争でガンガンと音を響かせた白骨」と詠う「白骨」に連動している。

「ガンガン」は文革の激越な「抗争」の音韻的な暗喩である。また、黄翔は「億万年」の後の視座から文革と自分を見据えていた。のみならず自分は「億万年」という歴史の評価に耐えるとの自負もある。今はまだ五〇年後だが、なお続く厳重な言論統制にもかかわらず、この評価は明らかになりつつある。

一九六九年の「ぼくは一場の戦争を見つめている」は犀利な観察であり、黄翔はアルチュール・ランボー的な「見る者（voyant）」[43]の才能も備えている。ランボーは書信でパリ・コミューンの戦闘に言及したが、黄翔は詩に結晶化した。

仮釈放され、黄翔は文学仲間と廃墟になったカトリック教会に集うようになった。彼は「文革の高圧的な政策の下で、我々の〝カトリック教会〟の中には、短期間だが、相対的な〝自由〟があった」という。「火神交響詩」の「たいまつの歌」（一九六九年）で描き出されるたいまつの「隊伍」は暗黒を吹き飛ばすマグマの噴出を思わせる。そして「はりぼての偶像、権力の象徴／一切の災難の結果と原因」に対して「人に人としての尊厳を回復させよ」を宣言する。これを黄翔は廃墟の会堂で朗読した。

他方、死刑宣告（執行猶予付き）や獄中で息子を病死で失った経験から死の不安がつきまとい、また深い悲しみの浸潤する生を、憂愁に彩られた情調で表現する作品もある。一九六九年の「鬼火」では「鬼火よ、おまえは漆黒の野で何を探している？　〝おれの失われた生命の白昼さ〟」と詠む。文革末期の一九七六年には「死からの覚醒」を創作した。

非情な運命に翻弄されながらも続けられた黄翔の詩作は〝慟哭〟とともに神格化された偶像を

打破する言葉の炎を噴出した。彼は中国現代詩の先駆者の一人として、独裁主義と文化的専制が支配し、物理的にも精神的にも暴力が激しく横行する時代に対峙した。彼は〝紅色暴力〟、〝紅色恐怖〟の下で文学がプロパガンダの道具とされた時代に、偶像の本質を剔抉する作品を創作した。

写真 5　1968 年、詩人の「青春群像」。右から二人目が黄翔

写真 6　啓蒙社メンバーの最初の上京、天安門広場にて　1978 年 10 月 11 日、左から二人目が黄翔（いずれも黄翔提供）

そこには悲劇的ヒロイズムに懐疑、反骨、諧謔などが複合したチャレンジ（挑戦かつ試練）が充満し、その文学の力は息詰まる暗黒に覆われた中国詩壇に衝撃を与え、その奥底から再生の胎動を励起させた。同時に、黄翔には「文化専制主義の口の悪臭をごまかすチューインガムにはなりたくない」というようなユーモアもあり、[44] 肩肘張った堅苦しさなどない。だからこそ読者に支持され、文革という空前の破壊の中でさえ、彼も彼の作品も強靭に生き延びてきていた。

だが一九九八年、黄翔はやむを得ずアメリカに亡命した。独裁体制はこれにより彼の表現を封じようとしたのである。母語の環境から放逐されることは言論人にとって根（ルーツ）を断ち切られるに等しく、特に微妙で繊細な表現に文学的生命を懸ける詩人には致命的である。シェイクスピアは終身追放刑を宣告されたノーフォーク公に「イギリスの国語を、いま私は捨てねばなりません。（中略）陛下は無言の死を宣告されたのです。私の舌から／使い覚えた母国語を吐く息を奪われたのですから」と言わしめている。[45]

だが、黄翔は却って『黄翔——狂飲不酔獣形』などを出版でき、言葉とパフォーマンスを共振させ、浸透し合わせて、今も「咆哮」し続けている。それはまさに詩の人とは「真の批判者」であり、どこにいようとも「永遠の亡命者」[46] であることの体現である。

結び

凛烈なライフ・ヒストリーを通したもう一つの歴史の認識は、文革を彷彿とさせる現在の中国においていよいよ重要になっている。

国家主席の任期制が撤廃され、憲法前文に「指導思想」として「習近平による新時代の中国の特色ある社会主義思想」が記された。既に習近平は党総書記と党軍事委員会主席を兼務し、その任期に明確な規定がないため、党・国・軍を無期限に掌握することが可能になった。全人代常務委員長の栗戦書は、二〇一八年七月十六日、中国共産党全国組織工作会議で「定于一尊、一錘定音」と発言した。「習近平の決定は秦の始皇帝のように変えられず、鶴の一声として聞かねばならない」を意味している。

この憲法改定の直後から全国の書店で新憲法を宣伝する関連書籍が一斉に売り出され、メディアは「中華民族の偉大なる復興」や「領袖」による揺るぎない国家体制への礼賛一色に染まった。さらに同月、国家監察委員会が共産党中央規律検査委員会と合同の庁舎に設置され、統制が強化された。この国家監察委員会の役割は公職者の政治倫理上の監督・調査・処分だが、範囲は拡大し、公務員、ジャーナリスト、言論人、教師、弁護士、医師など「公」に関わるあらゆる者に及ぶ。監視カメラ網は全国的に配備され、「国民はオーウェルの『一九八四年』を思わせる監視体制の下におかれている」との指摘さえある。(47)

しかも監視は密告へと進められている。二〇一八年四月十五日、「全民国家安全教育日」二周年の日、国家安全省はスパイ行為やテロ、社会主義制度の転覆、国家分裂の扇動計画などに関する〝密告〟を奨励する専用サイトを立ち上げた。金額は明示されないが報奨金も支払われ、匿名密告もできるという。中国語だけでなく英語も可能で、海外の華僑、華人、中国系住民も密告できる。

それとともに階級闘争論が強調され、「血統論」が異なる形態で現れた。「紅五類」と「黒五類」に代わり、新たな呼称が生成した。党・政府の高級幹部の子弟は「太子党」と呼ばれ、特に中華人民共和国成立前に革命で大きく貢献した者の子供は「紅二代」と称される。

より広義には「官二代」がある。また開発独裁で現れた富裕層の子弟は「富二代」であり、「官二代」と合わせて「権貴集団」となる。それによる「権貴資本主義」はまさに縁故資本主義（crony capitalism）の中国的形態と言える。

他方、経済成長から取り残された貧困家庭の子供は「窮二代」であり、格差は広がる一方である。これを批判する者には「新黒五類」のレッテルが貼られ（人権派弁護士、非公認宗教信徒、異見者、ネット・オピニオン・リーダー、失業者など弱者層）、人権問題は悪化している。

このような格差構造を「三階層・九級」に分ける「中国社会の最新階層区分モデル」が、二〇一七年一月、北京大学関連の「知乎」サイトで発表された。(48) 第一階層は支配階層、「権貴階級」で、第一級は現職の党政治局員と引退政治局常務委員で権力は全国に及ぶ。下位の第三階層に上昇の可能性はなく、第七級は一般企業労働者、官庁の周辺要員などで、病気、事故、不況で転落しやすく、第九級は失業者、浮浪者、辺地の農民などである。事実、北京市内の出稼ぎ農民工は「低端人口」と呼ばれ、二〇一七年十一月十八日の雑居ビル火災を発端に市外への強制立ち退きが押し進められた。猶予期間はたった三日で、子どもから老人まで無数の民衆が厳寒に放り出された（正確な数字は不明）。

このような第三階層の絶望的状況と「権貴階級」の天文学的な浪費や腐敗は極めて対照的で、モラルどころかエトス（社会的倫理性）の崩壊にさえ至っている。党中央を頂点とする権力ヒエラルキーや高級幹部の特権は延安時代から変わっておらず、むしろ巨大化かつ深刻化している。

次に国外についてみると、習近平政権は二〇五〇年までに総合的な国力と国際的な影響力で世界をリードするという長期ビジョンを打ち出し、覇権主義的な海洋進出とともにアジアインフラ投資銀行を軸に「一帯一路」政策を提唱するという硬軟両様の外交を展開している。国内の文革の再来と相関して国外での世界革命の再発について注意しなければならない。楊海英は「文革が消えぬ原因と将来への課題」として「現代世界が抱えるヘゲモニックな現実」を挙げている。(49) そここには極めて根深い中華思想のハビトゥスがある。易姓革命と王朝交代にかかわらず連綿と続いてきた世界観は、天から命じられた天子＝皇帝は中国のみならず全世界を統一するという華夷秩序を基軸にしており、これが「世界革命」から「一帯一路」まで貫通している。それゆえ「中国は何にしても、『社会主義建設』をまだ模索しつづけている」などと容認せず、この本質を認識しなければならない。

中華思想の世界観はエスノセントリックな歴史観と密接に関連し、これに対して「もう一つの歴史」は根本的な異議となる。だが歴史教育についてみると、二〇一八年からの新しい中学三年生用歴史教科書では『文化大革命』の一〇年」の項目が削除され、文革は他の項目に組み入れられた。さらに、この歴史教育を徹底させるために教室に監視カメラが設置された。

この状況において林昭の「社稷は民衆の公器たるべし、あに山河が帝王の私物ならんや（只応社稷公黎庶、哪許山河私帝王）」との問題提起はますます重要になっている。そして「公器」は「〇八憲章」では「公民」へと展開されている。

中国において、帝国皇権の時代は既に過去のものとなり、再び戻ることはない。世界的にも、権威主義的体制は黄昏を迎えている。公民は真に国家の主人公となるべきである。「明君」や「清官」を頼りにする臣民意識を払いのけ、権利を基本とし、参与を責務とする公民意識を発揚し、自由を実践し、民主を率先して行い、法治を尊重することこそが、中国の根本的な活路である。

個人崇拝の臣民意識的ハビトゥスではなく、公民意識こそ「公器」を実現する。そして「〇八憲章」中心起草者の劉暁波は「一党独裁のブラックボックス政治と偽りの政治の下で、無実の罪で死んだ数えきれぬ人々の亡霊は、未だに最低限の公正な評価さえ得られない」と指摘し、また「あなたが命懸けで書いた遺言こそ、現代中国に稀な自由の声だ」と林昭に耳を傾ける。(50) だが、劉暁波も二〇〇八年十二月に拘束され、二〇一七年七月、事実上の獄死を遂げた。「稀な自由の声」を伝えることは我々の課題となっている。「もう一つの歴史」を伝え続けるのは、このためである。

注

（1）*1968 the year that rocked the world*, Ballantine Books, 2004. 日本語版は来住道子訳『１９６８――世界が揺れた年』ヴィレッジブックス、二〇〇八年。
（2）程映虹『毛主義革命――二十世紀的中國與世界』田園書屋、香港、二〇〇三年、八七頁。
（3）同前『毛主義革命』三二七頁。
（4）楊海英編『フロンティアと国際社会の中国文化大革命』一四頁。

（5）馬継森『外交部文革紀実』中文大学出版社、香港、二〇〇三年、一三七頁。
（6）同前『外交部文革紀実』一三四頁。
（7）銭理群『毛澤東時代和後毛澤東時代（1949-2009）――另一種歴史書寫』聯經出版事業、台北、二〇一二年。『毛沢東と中国』阿部幹雄他訳、青土社、二〇一二年。煩を避け注記は日本語版。ここでは上巻、三六―三七頁。以下同様。
（8）澤仁多吉撮影、唯色文字『殺劫――四十年的記憶禁區・鏡頭下的西藏文革・第一次公開』大塊文化出版、台北、二〇〇六年（共訳『殺劫――チベットの文化大革命』集広舎、二〇〇九年）。及び『殺劫――チベットの文化大革命』二〇一六年増補改訂新版を読む――文革は依然として禁区（タブー）、『殺劫』は依然として禁書」（『中国研究月報』第七〇巻第一二号、二〇一六年十二月）も参照。
（9）前掲『毛沢東と中国』下巻、八六―一〇三頁。
（10）日本語版は、前者は人文書院（一九六八年）と平凡社（一九九四年）から、後者は合同出版（一九七四年）から刊行。
（11）同前『毛沢東と中国』上巻、二五―二七頁。以下同様。
（12）楊麗君「文革期における集団的暴力行為の制度的要因」石剛編『「牛鬼蛇神を一掃せよ」と文化大革命』三元社、二〇一二年、一〇八―一〇九頁。
（13）前掲『毛沢東と中国』下巻、四〇―四一頁。
（14）「反革命分子」や「悪質分子」などを指し、一九六六年六月一日の「人民日報」社説「全ての牛鬼蛇神を一掃せよ」から流行。
（15）同前『毛沢東と中国』下巻、五七頁。以下同様。
（16）李輝『囚われた文学者たち――毛沢東と胡風事件』千野拓政他訳、岩波書店、一九九六年。
（17）藤井省三「魯迅の政治利用の全貌を解明する」『東方』二〇一二年四月。
（18）二〇一七年十一月二十四日、香港シティ大学で開かれた独立中文筆会「劉暁波勇気賞」授賞式で出逢った実弟・劉文忠から手渡された『反文革第一人――劉文輝烈士』(劉文忠著、裴毅然整理、新鋭文創、台北、二〇一六年)、及び彼へのインタビューより。

(19)「中ソ論争と反修正主義闘争に合わせて、毛沢東の指揮下」で「内部参考に供する」ため出版され、思想社会科学系は表紙が灰色のため「灰皮書」、文芸思潮は黄色で「黄皮書」。銭理群は文革前合法的であった西洋古典とともに「民間思想家の精神的資源」と規定。前掲『毛沢東と中国』下巻、一一九頁、一六一―一六二頁。

(20)前掲『世界史のなかの文化大革命』二七八―二七九頁。

(21)楊継縄『墓碑――中國六十年代大饑荒紀實』天地圖書、香港、二〇〇八年。

(22)林昭とともに反右派闘争で弾圧された親友の張元勲「北大往時与林昭之死――最知情者的回憶」『中華文摘』二〇〇〇年第四期、胡傑のドキュメンタリー映画「尋找林昭的霊魂」(二〇〇四年)、同「星火」(二〇一三年)、及び連曦(Lian Xi), *Blood Letters: The Untold Story of Lin Zhao, a Martyr in Mao's China*, Basic Press, 2018等。日本語では陳継東「林昭の思想変遷――『人民日報編集部への手紙』(その三)及び起訴状を手がかりとして」や土屋昌明「小説『星火事件』」(『文化大革命を問い直す』勉誠出版、二〇一六年)。

(23)石川重俊訳『鎖を解かれたプロメテウス』岩波文庫、二〇〇三年改訂版、二二二頁。

(24)井上正蔵訳『ゲーテ詩集』白凰社、一九九二年新装版、一七三頁、一八三頁。

(25)伊吹武彦訳『実存主義とは何か――実存主義はヒューマニズムである』人文書院、一九九五年、二九頁。松浪信三郎訳『存在と無――現象学的存在論の試み』第三巻、人文書院、一九六〇年、一二九頁、一二二六―一二二七頁。

(26)前掲「林昭の思想変遷」九〇―九一頁。

(27)徐暁他編『遇羅克――遺作与回憶』中国文聯出版公司、一九九九年、妹の遇羅錦『遇羅克――與《中学文革》』晨鐘書局、香港、二〇一三年。

(28) 前掲『毛沢東と中国』下巻、六〇頁参照。
(29) 漢代の歴史家・班固『漢書――古今人表』の階層区分参照。
(30) 清華大学附属中学の高級幹部の子弟の紅衛兵組織。
(31) 二〇〇一年三月二十九日、鄭義の紹介でメリーランド州の自宅でインタビュー。その一部は劉燕子「少年の時、〝愁〟を知らず――張郎郎氏を〝太陽縦隊〟」上下『中国文芸研究会会報』第二五二号、第二五三号、二〇〇二年で紹介。
(32) 前掲『毛沢東と中国』上巻、二一三―二二〇頁、五六八―五六九頁。
(33) 山田邦男監訳『意味への意志』春秋社、二〇〇二年、一三七頁参照。
(34) 藤野渉他訳、中央公論社、一九六七年、一六四頁。
(35) 武田隆夫他訳『経済学批判』岩波文庫、一九五六年、一三―一五頁。大内兵衛他監訳『資本論』大月書店、一九六八年、第一巻第一分冊、一〇―一一頁。
(36) 公安局と検査院と法院をまとめた略称。大衆動員の「造反」にとって法治は邪魔で、「打爛公検法（公検法を打ちのめせ）」運動が押し進められた。
(37) 汚名を着せられ投獄・虐殺された者への再審結果や名誉回復の通知の通称。
(38) 詩人。本名は張振開。「北京の春」で『今天』を創刊した一人。天安門民主運動のさなか一九八九年四月に出国、国内外を行き来し、現在香港中文大学教授。
(39) 鄭義は文革で山西省に下放、一九七九年に激烈な武闘をモチーフにした短編「楓」で文壇にデビュー。天安門事件で指名手配され各地に潜伏、九三年に米国に亡命。引用は「精神の荒野で咆哮して止まぬ詩獣――黄翔詩文集出版記念式における挨拶」拙編著訳『黄翔の詩と詩想――狂飲すれど酔わぬ野獣のすがた』思潮社、二〇〇三年、二三五頁。同書には銭理群「〝霊安室〟に誕生する世紀末中国の最も力強い声」も所収。翻訳は改善。
(40) 辛亥革命以降、戸籍で犯罪者を「別冊」で「正冊」から分け、共産党政権はそれに階級制を加えた。

前掲『黄翔の詩と詩想』一一頁等。
(41) 前掲『毛沢東と中国』上巻、二二三―二二七頁。
(42)「中国現代詩の沃野」『現代詩手帖』二〇〇四年五月号、二五頁。
(43) 一八七一年五月十三日、ジョルジュ・イザンバールへの書信。平井啓之他編『ランボー全集』人文書院、一九七六年、三五八―三五九頁。
(44) 前掲『黄翔の詩と詩想』三一四頁。
(45) 小田島雄志訳『リチャード二世』白水社、一九八三年、三八―三九頁。
(46) マーティン・ジェイ『永遠の亡命者たち』今村仁司他訳、新曜社、一九八九年、五四九頁。
(47) 辻康吾「中華歎異抄86」『アジア時報』二〇一八年九月、七六頁。
(48) 辻康吾「中華歎異抄73」『アジア時報』二〇一七年五月で紹介。
(49) 前掲『フロンティアと国際社会の中国文化大革命』一四頁。
(50)『混世魔王毛沢東』主流出版、台北、二〇一七年、二五六頁等。「傾聴林昭的遺言」『追尋自由』労改基金会、二〇一一年、八八頁。

第Ⅱ部　世界革命

第4章

文化大革命中のモンゴル人ジェノサイド
——中国政府の善後処理まで——

楊海英

毛沢東を崇める少数民族

はじめに――誰が「1968」年の中国を裁くのか

一九六八年、中国の「模範的な少数民族の自治区」とされる内モンゴルで、モンゴル人に対する大規模なジェノサイドが発動された（楊　二〇〇八a、二〇一三a、二〇一四a）。ひかえめな公式見解によると、中国政府と中国人（漢民族）は三四万六〇〇〇人を逮捕し、二万七九〇〇人を殺害し、一二万人に身体障害を残したという。当時、内モンゴル自治区のモンゴル人人口は約一五〇万人弱で、外来の入植者の中国人はその九倍であった。被害者団体「寡婦陳情団」が翌六九年十一月に北京からの政府調査団に提出した資料では「およそ七〇万人が逮捕され、四万人が殺戮され、一四万人が身体障害者となった」と記録していた（汪欽　二〇一五：二六）。「寡婦陳情団」とは、その夫が殺された人たちからなる被害者団体で、文化大革命（以下「文革」）後期に自治区の各地に結成されていた（楊　二〇一一a：二〇九―二一〇）。

筆者は今日までに内モンゴル自治区の各地で実地調査を行い、文革を経験した当事者にインタビューをすると同時に政府が公布した当時の第一次資料を収集し、公開してきた。中国政府は文革に関する公文書を公開していないので、正確な被害者数は把握が困難である。筆者が独自に入手した内モンゴル自治区東部のフルンボイル盟(1)が公にした被害者調査統計に依拠して試算した結

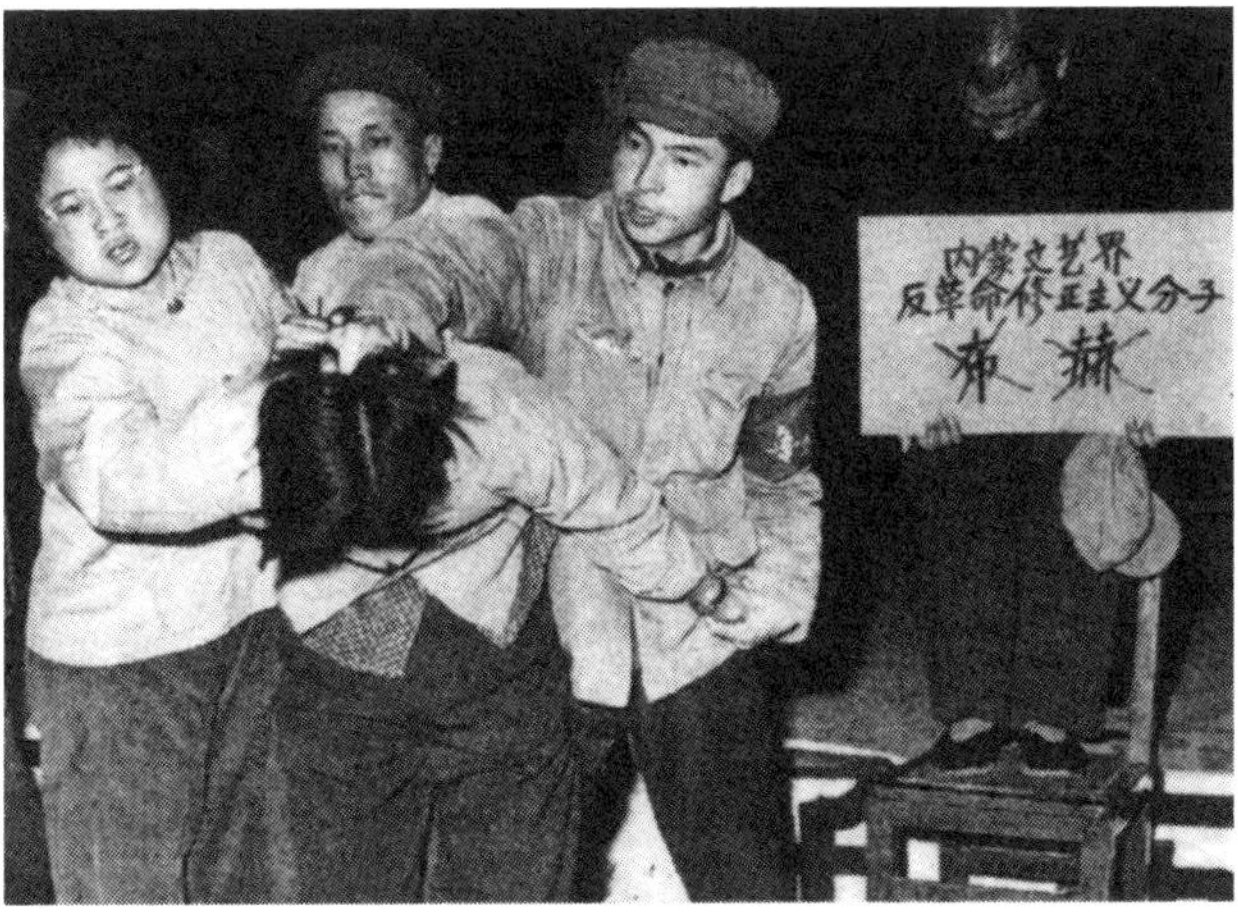

写真１　モンゴル人女性ジュランチチクをその夫ブへの前で陵辱している光景。ブへは自治区最高指導者ウラーンフーの長男である（矢吹晋『文化大革命』講談社、1989より）

果では、全体の被害者数は十万人に上る可能性がある（楊 二〇一四：七八）。大量虐殺の他、母国語の禁止と集団の強制的な移住、そして女性への組織的な性暴力もおこなわれた。「中国の少数民族」とされるモンゴル人にとって、一九六八年は文字通り、ジェノサイドが開始された、受難の年である。モンゴル人ジェノサイドは文革が終息する一九七六年まで続く。

数々の人道に対する罪を犯してきた中国共産党に対しては、誰も裁くことができない。結党した当初の一九二七年から特定の集団を「搾取階級」と断定して各地で殺戮を断行してきたし、一九五〇年代にはチベット人を対象に大量虐殺を行なった（クルトワ他 二〇〇六：一一三―一二二、劉 二〇一六：一二一―一六一）。文革中には再び「搾取階級」を集団的に抹殺し（Su 2011）、もっとも直近では一九八九年六月四日に民主化を求める学生と市民に対して、武力で弾圧し、その犠牲者数も数千人に達すると見られている。現在でも国内の諸民族を抑圧し続けているので、チベット人ジェノサイドの訴えを受理したスペインの裁判所は二〇一四年に中国の指導者江沢民を指名手配したが、当然、逮捕されないまま「人道の法網」から逃れたままである。少数民族だけでなく、中国人（漢民族）も政治的な待遇の改善を要求して国連に陳情する集団まで現れている。しかし、中国政府は逆に欧米諸国は人権や民主、正義といった看板を振りかざして自国の内政に干渉しているとして、ノーベル平和賞受賞者の劉暁波を刑務所に送りこんで対抗し、二〇一七年夏に獄死させた。このような中国を国際社会は裁けないでいる。人道に対する罪を犯しても、正義の法廷に立たせることができないことに、一種の非対称性のヘゲモニーが存在していると指摘しておかねばならない。

誰も裁けない中国の人道的犯罪の一つに、文革中の一九六八年をピークとした大量虐殺がある。国際社会は中国文革を称賛してきたが、当の中国は十年後の一九七八年にそれなりに被害者に対して、「平反《ピンファン》」即ち「名誉回復」を実施した。当然、名誉回復は人類の普遍的な価値観の一つである正義の為ではなく、共産党の政権維持が目的である。

文革終息後の一九七六年から断続的に実施されてきた善後政策の中で維持された原則は被害者の名誉回復で、加害者の処罰ではなかった。換言すれば、被害者の名誉回復を政治判断で優先し、加害者の責任を追及しようとしなかったのである。それは、文革が「指導者が間違って発動し、反革命分子の林彪と四人組に悪用された」との詭弁は、共産党の一党独裁を守る為だ、と人民も党幹部も知っていたからである。国民に多大な損害がもたらされても、共産党と政府には非がないこと、党と政府には国民を守る能力があるし、「過ちがあってもそれを認める勇気がある」との点が強調された名誉回復だった。党と政府は何故、文革を発動したのか。虐殺を実施した責任をどうして追及しないのかなどの問題は、永遠に放置されたまま今日に至る。この点は中国全土でそうであったし、モンゴル人が大量に虐殺された内モンゴル自治区でも決して例外ではなかったのである。政権運営の失敗である文革については、一九八一年に共産党第十一回中央委員会での「歴史決議」を通して、否定する姿勢を示した。「全国人民に災難をもたらした」文革は最高指導者の毛沢東が「間違って発動し」、後継者の林彪と夫人の江青ら四人によって「利用」された政治運動だったと位置づけた(『紅旗』一九八一年第十三期)。被害者の「名誉」は限定的に回復したが、責任はあくまでも「林彪と四人組」にだけあるとの姑息な政策が決定された。

筆者はこの小論でまず世界史的背景を有する一九六八年に内モンゴル自治区で何が発生したかを例示する。それから、十年後の七八年における文革期被害に対する「名誉回復」の実態について分析する。中国政府は、この十年間の世界史を単に国内政治として清算した結果、民族問題は国際問題に変質したまま残っている、との結論を導きたい。

一　「1968」、国際社会から形成された対モンゴル人包囲網

文革の犠牲者については諸説がある。一九八一年に共産党中央に出された報告書では、犠牲者数は一千万人に達するとしていたが、日本の研究者は五〇〇万人前後が妥当と見てきた（加々美　一九九七：一一三）。近年、アメリカと日本の研究者たちで中国政府が公表した地方誌内のデータを分析した結果、死者数は一一〇〜一六〇万くらいと推定されている（谷川　二〇一七：四九、Su 2011: 37）。

文革下中国政府と中国人が大量虐殺を実施した際に、遊牧生活を維持する集団と定住生活を営む集団とを区別しなかった。モンゴル人のナショナリズムについて研究するルーペンによると、一般的に遊牧生活を守り続ける集団は民族主義的思想が強く、中国人と同様な定住生活を送る集団は同化されて「文明化」した、と政府や中国人から認識されていた（Rupen 1958: 159）。しかし、大量虐殺を進めた際に、中国政府と中国人にとって、そうした「野蛮」と「文明化」の区別は役に立たなかった。その為、今日においても、民族文化が残る地域においても、同化された地域においても、文革中の虐殺に関しては、モンゴル人は共通した意識を有している。虐殺は中国政府と中国人が発動した、モンゴル人のみを対象とした大量虐殺である、との見方が「民族の集合的

意識」となっている（楊 二〇〇九a、b、c、二〇一一a、b）。

ではなぜ、これほど大規模な虐殺が断行されたのだろうか。多くの研究者と、筆者の第一次資料に依拠した研究の結果、その原因を以下の三点にまとめることができよう。

第一に、そもそもモンゴル人は十九世紀末から清朝からの独立を目指していた。一九一一年末にモンゴル高原北部が清朝に対して独立を宣言し、翌年に満洲人の支配は崩壊する。中国人の中華民国が誕生すると、モンゴル高原南部、南モンゴル（俗にいう内モンゴル）の民族自決運動も高まってくる。モンゴル人の民族主義は、中国人移民の草原への増加と農耕地開拓によって刺激されて高まった。中国人農民は多くの村落を開拓して先住のモンゴル人を貧困化に追いこんだのと同時に、中華民国政府はモンゴル人に対して苛烈な同化政策を進めた。その結果、モンゴルの政治家と知識人は「内モンゴル人民革命党」という民族主義の政党を組織し、民族革命の目標を中国の植民地体制からの独立とした（楊 二〇一三b）。そして、中国からの完全な独立を実現させる為に、モンゴル人は帝政ロシア（のちのソ連）と新興の帝国日本に援助を期待した。ロシアはモンゴル高原北部を独立させるのに協力し、日本もまた満洲国やモンゴル自治邦（蒙疆）を樹立して、部分的に南モンゴル人の希望に応えた。

中国から独立したいというモンゴル人の民族全体の意志は結局、部分的にしか実らなかった。モンゴル高原の北部だけがモンゴル人民共和国を樹立したが、南モンゴルは対日敗戦処理を決定した「ヤルタ協定」に基づいて中国領とされた。分断民族となったモンゴル人は中華人民共和国内で自治区を形成したが、中国政府はモンゴル人の近現代における民族自決の歴史を自国からの離反だと解釈した。具体的には同胞たちとの統一合併を求めた運動は「祖国の統一を破壊する民族分裂的活動」と断罪され、日本との関係も「対日協力」と認識された。中国共産党こそが全国人民をリードして対日戦争を勝ち取ったとのフィクションを国是とする毛沢東らは、必然的にモンゴル人の過去の「対日協力」を裏切り行為と位置づけた。かくして、日本統治時代を経験したモンゴル人たちはほぼ例外なく「日本刀をぶら下げた奴ら（挎洋刀的）」として粛清された。ここでいう「日本刀をぶら下げた奴ら」とは、日本型の近代教育を受けたモンゴル人たちを指す。日本型教育を受けたモンゴル人に対する虐殺は、間接的な対日歴史の再清算でもあった（楊 二〇〇九b、二〇一六a、b）。

日本が一九四五年八月に南モンゴルから敗退すると、モンゴル人たちは直ちに内モンゴル人民共和国臨時政府と東モンゴル人民自治政府を設置して、同胞のモンゴル人民共和国との統一合併を目指した。ここでも、モンゴル人たちは同胞との統一した国民国家の樹立こそが、中国の植民地体制下からの完全独立だと認識していた。一方、中国はソ連とモンゴル人民共和国の連合軍が日本軍を追放した事実を無視して、「共産党がモンゴル人を解放した」との歴史観を醸成し、かつモンゴル人にもそれを強制した（楊 二〇一六b）。

第二に、中国政府の実施した同化政策に対して、内モンゴル自治区が抵抗したことも虐殺が発動された大きな原因である。中国共産党は声高に国民党の大漢族主義的政策が少数民族を同化させていると批判し、自分たちこそが「諸民族に真の自決を獲得させる味方だ」と標榜して政権を手に入れた。しかし、中国共産党は中華人民共和国が成立する前から既に国民党以上の同化政策を南モンゴルで実施していたし、建国後はそれを一層制度化した。具体的には中国人を移民させて人口比率を逆転させる政策をとるとともに、階級闘争論を駆使してモンゴル人のエリートたちを「搾取階級」と認定して粛清する方策を取った。モンゴル人政治家と知識人は中国政府の政策に抵抗したものの、逆にそれが「反革命」と断罪された（楊 二〇一三c、二〇一六a、b）。

第三に、国際共産主義陣営の中で、中ソ対立（中・モンゴル人民共和国対立）が激しくなり、中国の一層の孤立が国内での民族問題の噴出に繋がった。中国はスターリンの死を受けて自ら国際共産主義運動のリーダーの座を狙おうとしたが、それがイデオロギーをめぐる論争として中ソ対立をもたらした。侵略され、中国への併合に抵抗したチベットのダライ・ラマ法王は一九五九年にインドに亡命するが、そのインドも親ソ連の態度を一貫してとった。一九六二年に新疆ウイグル自治区西部のイリとタルバガタイ地域のウイグル人とカザフ人約六万人がソ連側に逃亡する事件が発生すると、中国政府はソ連が自国の民族政策に干渉していると認識するようになった。実際は、過激な公有化と同化政策が少数民族の不満を惹起していた。かくして、中国政府はチベットと新疆ウイグル自治区で文革の勢いを利用して「反民族分裂」運動を進め、少数民族の限られた自治権を完全に奪い取った（楊　二〇一六c：九一―一一九）。チベットと新疆における少数民族の動きと連動するかのように、内モンゴル自治区でもモンゴル人の不満が現れつつあった。前述の中国人移民の増加と同化に対する抵抗もその一環である。諸民族の反応を「反革命的」と判断した中国政府は事前の予防策として、モンゴル人の大量粛清を決行した。その際、過去の「対日協力」と一九四五年八月の日本の撤退後に発生した内外モンゴルの統一合併運動が、中国政府には「前科」として見えた（楊　二〇〇九b、二〇一六b）。

以上のように、国内と国際的な三つの要素が重なり合って、一九六八年からモンゴル人が大量に虐殺される原因が形成された。中国政府からすると、モンゴル人の民族自決運動は「祖国を裏切る行為」であり、日本統治時代の経験は「侵略者に協力した過去」であり、すべてが「正義に基づく処罰」の対象となった。さらに、社会主義者は「民族の消滅」を物理的に実現させる目標を掲げていた為に、「モンゴル人分裂主義者」や「蒙奸」即ち「日本刀をぶら下げた奴ら」への「制裁」が実行されたのである（楊　二〇〇八a：四一九―四五三）。

二　モンゴル人女性に対する組織的性暴力

「文革中に家族や知人が殺害されなかったというモンゴル人は一人もいない」という言葉が、内モンゴル自治区での大量虐殺の実態を示している。中国政府と中国人による虐殺は期間が長く、規模は大きく、全自治区の津々浦々にまで及んだ。その凄惨な実態については、今までに政府公認の研究をはじめ多くの研究者や経験者が報告しており、筆者も二冊の「被害者報告書」を編集して公開している（アルタンデレヘイ　二〇〇八、楊　二〇一三：四七—七九二a、二〇一四：八七—六七四）。研究者たちが共通して指摘するように、中国は長く専制主義体制によって統治されてきた為か、「暴君の下に暴民」がいて、暴力を嗜好する社会的・精神的な土壌が形成されてきた。「暴君」たる皇帝が特定の人物や集団を「罪人」として認定すると、「暴民」はただちに暴力を「罪人」に加えて自らの潔白を示して、「暴君」と同じ態度だと忠誠を表明する（楊　二〇一一a、佐藤　二〇一五）。文革期になると、「全国と全世界人民の偉大な領袖

写真２　文化大革命中に父母と姉、それに弟など、家族全員を中国人に殺害されたチムスレン（中央）。彼女は被害者のシンボルだった（チムスレン提供）

毛沢東」が「暴君」の座に就き、「人民の敵」とされた特定の人物や階級が「人民」によって殺害された（譚 二〇一〇）。

筆者が公刊した二冊の被害者報告書はすべて被害者自らが文革後に政府に提出した「名誉回復を求める陳情書」からなる（楊 二〇一三a、二〇一四）。被害者の陳情書に対し、加害者と第三者がその内容を事実だと認定する資料もセットとなっている。こうした陳情書はすべて暴力の実態を語っているが、本論文では特に女性が受けた性的暴力を中心に示しておきたい。

たとえば、樊永貞の報告によると、チャハル右翼後旗のアブダル営という村で一九六八年十月から内モンゴル人民革命党員を粛清する運動のなかで、中国人の李善という人物らがモンゴル人女性のズボンを脱がせて、粗麻縄と呼ぶ縄でその陰部を鋸のように繰り返し引いたという（樊永貞 二〇〇九：二〇〇）。モンゴル人の趙桑島と趙傑によると、ウラーンハダ公社サイハン大隊第三小隊では、女性の顔に豚の糞を塗りつけて、嘗めさせた。そして、「夜になると、裸にさせてから、内モンゴル人民革命党員同士に〈公の場で交配する〉よう命じた。また、女性を縄に跨がせて〈鋸を引いた〉」（趙桑島・趙傑 二〇〇九：二一九）。

同じくチャハル右翼後旗のダランタイという人物は、以下のように一族がうけた暴力を回想している（達林太 二〇〇九：二二一―二二六）。

ナラブジャムソは私の兄で、一九三二年七月七日に生まれた。……兄が殺された後、その妻も逮捕された。兄の妻の名はドルジサンで、典型的な牧畜民だった。ある晩、工人毛沢東思想宣伝隊(3)の隊長張輝根たちは彼女を裸にしてから手と足を縛った。そして、刀で彼女の乳房を切り裂いてから塩を入れ、箸でかき混ぜた。鮮血は箸に沿って流れ、床一面が真っ赤に染まった。……それでも宣伝隊の隊員たちは「お前は早く死にたかろうが、だめだ。誰が内モンゴル人民革命党員かをちゃんと白状してもらわないと、死なせないぞ」、と話した。彼女はこのように十数日間にわたって凌辱されてドゥルベト王旗の病院で亡くなった。……

ドルジサンが亡くなる前に、「私はチャハル右翼後旗の者です。弟がアブダル営に住んでいます。私の五人の子どもたちを彼にお願いします」と話していたそうだ。……一九六九年五月に私はドゥルベト王旗に行き、兄ナラブジャムソと妻ドルジサンの遺骨と血に染まった衣類を持ちかえるとき、私はその五人の子どもたちを連れて帰った。途中、写真を一枚撮った。……

このチャハル右翼後旗のあるウラーンチャブ盟では、計一六八六人が殺害された（阿拉騰徳力海　一九九九：八五）。

その後、筆者もチャハル右翼後旗での被害状況について、追跡調査を実施した。以下は内モンゴル自治区の首府フフホト市に住むモンゴル人の証言である。話者の女性は当時、ウラーンハダ人民公社で暮らしていた。

一九六八年二月のある日、夫と義父が相次いで逮捕された。我が家では私と義母、そして子どもたちだけが残っていた。私だけでなく、高齢に達していた義母も毎日のように批判闘争会に呼ばれては吊るし上げられていた。我が家は比較的広かったために、私たち家族は追い出されてしまい、私たちの家は革命委員会専用の会場とされた。私たち家族は小さな倉庫のなかに住むしかなかった。私が住んでいた集落は五戸のモンゴル人からなる。二十代の女性は私を入れて三人で、三十代の女性は二人、そして年配の女性が四人いた。私たちはみんな中国語がまったく分からなかったし、革命委員会の幹部たちは全員中国人で、モンゴル語が話せなかった。私たちにどんな「罪」があるのかも、全然、分からなかった。私たちはモンゴル語で会話するのを禁止された。

幹部たちは通訳の人を通して、私に「ほかの男たちとどのように姦通したかを白状しろ」と迫ってきた。そして、「お前たちモンゴル人の性生活は家畜のように乱れているだろう」といわれた。中国人の幹部たちは片手に毛沢東語録を持ち、もう片手で鞭を持って私たち九人の女性を叩いた。妊婦だろうと、年寄りだろうと、一切かまわずに叩かれた。鞭が切れ、棍棒が折れるまで殴られた。親戚のNという二十代の女性が殴られて流産したら、中国人たちは大声で笑い、喜んでいた。隣の集落から連れてこられたJという女性も性的暴行が原因で流産してしまった。

内モンゴル人民革命党員の妻や娘たちはほとんど例外なく、革命委員会の中国人幹部に繰り返しレイプされた。あの時代、半径数十キロ以内のモンゴル人女性たちにはまったく逃げ場がなかった。どこにいても、革命委員会に捕まった。一九六八年の夏のある晩、彼らは私たち五人の女性を丸裸にして草原に立たせた。私たちは両足を大きく広げさせられ、股の下に燈油のランプが置かれた。すると、無数の蚊や蛾などの虫が下半身に群がってきた。このような虐待方法はその後、何日もつづいた。一九六八年の冬、中国人たちはまたSという女性に彼女の義父と「交配」するよう命じた。このように性的暴力がおこなわれていたとき、いつも大勢の中国人の幹部たちや農民たちがまわりで見て、笑っていたのである。

ある日、中国人たちは私にMという年配の女性を殴れ、と命令してきた。私が断ると、逆に叩かれた。Mは「彼らの命令にしたがって私を殴ってください。あなたはまだ若いし、子どももたちもいるから、生きなければならない」、と私を励ましてくれた。一週間後、Mは自殺した。私も絶望していたが、子どもたちのことを考えて耐えるしかなかった。結局、私たちの集落の女性たちは、みんな身体に重度の障害が残った。私の場合は片方の耳の聴力を失い、腰も怪我した。両腕も不自由だ。あのとき、先頭に立って女性たちに性的暴力をしていたのは、チャハル右翼後旗政府武装部の幹事、人民解放軍の幹部史玉庭だった。彼の上司はチャハル右翼後旗訓示管理委員会の李庭樹だった。

シリーンゴル盟スニト右旗では、人民公社の李洪霞という女性が服を脱がされて、裸でディスコを踊らされ、「北京には金色の太陽毛沢東がいる」という歌を歌わされた。そして、彼女の下着のなかに爆竹を入れて爆発させた。段というドゥシム（都手木）人民公社(4)に暮らす年配の女性は暴力をうけて肋骨が折れた。そのうえ、ラマ僧の上に乗せられて、「交配」を命じられた。ホダグラという女性は妊娠五カ月だったが、宋洪恩という中国人が彼女の下着に手を入れて陰毛をむしり取った（楊　二〇一三a：二一〇）。

筆者が調査したトゥメト地域の四家堯人民公社でも数多くの性的暴力がおこなわれていた。たとえば、公社の書記兼主任の白高才は、任徳亮等とともに女性を逆さまにしてその陰部を縄で引き、怪我をさせた（楊　二〇一三a：四六一）。また、男性をその陰茎から吊るしあげ、妊娠中の女性の胎内に手を入れて、妊娠四カ月の胎児を引き出した例もある。中国人たちはこれを「芯を抉り出す」（挖芯）と呼んだ。モンゴル人の女性の張旺圪拉《ワンハラ》を白高才と張旺清は「重要な犯人」だと決めつけた。さまざまな暴力で虐待しただけでなく、彼女に対しても「芯を抉《えぐ》り出す」（挖芯）という刑罰を実施した。手を陰部に入れて子宮にまで達し、すでに四カ月になっていた胎児を引き出した。彼女もこの暴力が原因で障害者となり、一九七六年に亡くなった。また、趙二好秀という女性を縛り上げて殴り、そして、彼女を刀の刃の上に跪かせた。つづいて「青龍に乗る（騎青龍）という刑罰」が施された。それは、女性の下着を脱がせて、水に漬かった麻縄で会陰部を前後に鋸のように引くというやり方だ。彼女は下半身が破壊されて、大量出血して倒れた。何回も治療したが、歩けない状態になり障害者となった（楊　二〇一三a：四八〇―四八四）。

モンゴル人女性の黄秀英（一九七九年当時八十歳）も内モンゴル人民革命党の幹部とみなされた。すでに高齢になっていた彼女はさまざまな刑罰をうけて気を失った。そのとき、中国人の閻俊は自分の生殖器を出して彼女の口に入れて放尿した（楊　二〇一三a：四八四）。

このように、中国文化大革命中にモンゴル人女性に対して、中国人民解放軍と中国人幹部たち、それに中国人農民らが犯した性的暴力は枚挙にいとまがない。モンゴル人女性は泣き寝入りを強制され、訴えられないという困難な状況におかれて、今日に至る。女性たちが自らの被害について語れないことは、二次的な加害行為がまだつづいていることを意味している。

三　大量虐殺後の謀略

中国政府と中国人が組織的に推進した大量虐殺は、一九六九年四月から開催された共産党第九回全国大会中に少しずつ停止の方向へと変わる。最高指導者の毛沢東は、五月二十二日に「階級の隊列を整理する運動の中で、内モンゴル自治区は拡大化してしまった」との見解を示した。「拡大化」とは、モンゴル人を大量に虐殺した政府の目的と方法は正しかったものの、ただ、その規模を大きくしただけだ、との意味である。要するに、目的が正しくても、やりすぎたとの弁明である。それ以降、一九八一年に党中央が文革を正式に部分的に否定するまで、周恩来をはじめとする党政府の指導者たちはずっと「モンゴル人粛清運動は正しかった」と主張してきた（楊 二〇〇八b：二―七五）。

大量虐殺の凄惨な実態は一九六九年春から既に明るみに出始めていたが、中国政府は対応せずに動乱が起こった自治区の統治と維持にだけ関心が向けられた。そこで、共産党大会が終了した直後から、人民解放軍の北京軍区、瀋陽軍区、蘭州軍区を中心に軍事管制の導入と自治区の分割統治の導入という政策が決定された。七月三十日、党中央と中央軍事委員会は自治区党委員会を通して決定を出した。自治区東部のフルンボイル盟を黒龍江省に、ジェリム盟を吉林省に、ジョー

写真３　ソ連の進攻を想定して訓練をおこなう内モンゴルの女性民兵たち（筆者蔵）

ウダ盟を遼寧省に、西部のエジナ旗とアラシャン右旗を甘粛省に、アラシャン左旗を寧夏回族自治区にそれぞれ割譲する政策であった。分割統治を導入されることでモンゴル人の自治は完全に消滅した（楊　二〇一〇：三四八―三五〇）。

分割統治が実施された結果、社会主義中国の建国後に形成されたモンゴル人の自治区が元の三分の一に縮小された。しかし、それだけにとどまらず、モンゴル人が同胞のモンゴル人民共和国とソ連に強い憧れを抱いていることを察知した中国政府は、新たなプロパガンダ政策を導入した。それは、ソ連とモンゴル人民共和国を「修正主義」と定義し、中国を侵略する危険性が高まっている、との煽動である。外患を強調することで、内憂から人民の関心をそらす政策をとった。政府は繰り返し公文書を配布して、自治区に住むモンゴル人も「外敵を憎むよう」呼びかけた。たとえば、一九六九年十月五日に公布された公文書の中で、党中央の最高指導者たちは次のような指示を出していた（楊　二〇一〇：四〇四—四一八）。

外敵が迫ってきそうな現在、戦争に備えよう。階級の隊列を整理する運動の中で、私たちは拡大化のミスを犯してしまった。しかし、モンゴル人は素晴らしい。一人もモンゴル人民共和国へ逃亡しなかった。……自治区の一部を他の省に割譲した。それは、内モンゴルの国境線が長く、管理しにくいからだ。東部の三つの盟と西部の三つの旗を割譲したのは、戦争に備える為だ。割譲した地域のモンゴル人はどうするのかというが、それは問題ではない。大事なのは、共産党による指導体制だ。共産党の指導体制が確立していれば、モンゴル人はどこにいてもいい。……内モンゴルは反修正主義の前哨基地だ。敵はわれわれに脅威を与えているので、モンゴル人だろうと、漢人だろうと、一致団結して銃口を外に向けよう。

こうして、大量虐殺後に蓄積されていたモンゴル人の不平不満を「外敵」に向かわせた。モンゴル人は中国政府と中国人に虐殺されたにもかかわらず、逆に同胞へと銃口を向けなければならなくなった。実際には、何千人ものモンゴル人が文革中にモンゴル人民共和国へ逃亡して（楊　二〇〇九d：一三―一五）いるにもかかわらず、政府は「モンゴル人は素晴らしい。一人も逃げなかった」としている。

四　十年後の不名誉な「名誉回復」

筆者は二冊の被害者報告書を刊行した。

一つは自治区西部トゥメト右旗に属する四家堯人民公社の例で（楊　二〇一三a）、もう一つは内モンゴルに駐屯する人民解放軍、即ち「内モンゴル軍区」後勤部の例である（楊　二〇一四）。トゥメト旗のモンゴル人は清朝末期から定住生活を送るようになり、モンゴル語を忘却した者も多く、いわば「漢化したモンゴル人」と見なされてきた。これに対し、内モンゴル軍区の将校はほとんどが東部出身で、満洲国時代を経験した「日本刀をぶら下げた奴ら」である。今でこそ東部もほとんどが農耕化してしまったが、日本統治時代はまだ遊牧生活が残っていた。また、東部のモンゴル人は等しく日本統治時代を経験しているのに対し、西部においては共産党の影響が強かった。部分的に「共産党の抗日根拠地」に組み込まれた地域さえある。筆者が西部と東部からそれぞれ一つずつ選んだのは、自治区全体における被害の実態を代表しているからである。華国鋒体制が全国規模で文革被害者に対して名誉回復をするとの決定を受けて、内モンゴル自治区党委員会も一九七八年四月三十日に党の拡大常務委員会を開き、「党中央の決定に従う」との態度を表明した。五月五日、自治区党委員会は以下の主旨からなる第三〇号公文書を配布した。一、内モンゴルは反修正主義の前線であり、モンゴル人と中国人は団結して情勢の安定に努めなければならない。二、モンゴル人と中国人の両民族は団結して林彪と四人組を批判しよう。彼らがモンゴル人粛清運動を主導したので、その弊害を除去しなければならない。三、モンゴル人粛清運動中に集められた資料を廃棄しなければならない（楊　二〇一三a：二四九―二五九）。

文革は決して林彪と四人組が「主導」した運動ではなく、「偉大な領袖毛主席自らが発動した、史上に前例のない共産主義革命」と中国政府は位置づけていたが、ここに至って、最高指導者の責任を曖昧にしようとした。当然、林彪と四人組だけにモンゴル人大量虐殺の責任があるわけではなく、中国政府が大量虐殺を決定し、積極的に推進した結果である。そして、モンゴル人大量虐殺中に収集された「罪証」たる資料も廃棄されることになると、後日に責任を追及されても、すべては「証拠不十分」となる。このように、党中央主導の名誉回復は最初から中国政府を守る目的を帯びたものだった。以後、自治区では末端の組織に至るまですべてこの不名誉のラインに沿って進められた。

トゥメト右旗政府は一九七八年九月から名誉回復に着手した。「団結に団結を重ねる」という政策に沿って、被害者のモンゴル人と加害者の中国人が新たに対立しないよう慎重に進めた。旗政府はまず旗内の各人民公社において、どれぐらいのモンゴル人が「間違って殺害され（被誤殺）、あるいは身体障碍者となったのか（誤傷）」について統計をとるよう指示した。その際に、没収された財産の損害も調査の対象となった。各人民公社は速やかに被害者の数を示し、当事者自身が書いた詳細な報告書を呈示した。当事者たちは全員、「控訴資料」（被害陳情資料）を人民公社に提出したが、それは「被害者の報告書」と「加害者の罪状認否書」、それに「第三者の証明」というセットからなる。被害者だけの資料ではなく、加害者と第三者の証言が加わったことから、この種の名誉回復の資料は信憑性が高いと判断できよう。実際、当時は人民公社と旗政府もそれを事実だとして認定していた。

政府は殺害された被害者の子女たちをその被害状況に応じて国営企業や民営企業に就職させ、金銭的な補償も行った。金銭的な補償の中には、被害者を再度埋葬するのに使う費用も含まれている（楊 二〇一三a：四五九―七三四）。加害者への処罰に関しては、殺人とレイプを働いた主要な幹部たちの多くは既に他の地域へ転出していたので、刑事責任を追及することはできなくなった、とした。たとえば、中国人幹部である白高才と陳迷鎖の中国共産党員たちは、「党の政策を正しく実行しなかった」とだけ批判され無罪放免となった。刑事責任を問うモンゴル人の声は完全に無視された（楊 二〇一三a：四七八―四八六、七四三―七四六）。

一九七九年四月四日、トゥメト右旗四家堯人民公社は粛清されたモンゴル人たちの名誉を回復する「平反大会」を開いた。以下はその「決議」の一部である（楊 二〇一三a：七五二―七五五）。

華国鋒主席を指導者とする党中央は林彪と四人組の罪を暴露し批判する運動の中で、四月二十日に（名誉回復に関する）指示を出した。わが自治区もこれに随う。

……林彪と四人組の極左路線の干渉と破壊工作の影響で、わが人民公社の元責任者の白高才たちは一九六八年の「階級の隊列を整理する運動」と「新内モンゴル人民革命党の党員を抉りだして粛清する運動」の中で、法律と紀律に違反し、多くの冤罪事件を起こし、大勢の人々に被害を与えた。白高才たちは党と国家の法律を無視して強制的な自白を取ろうと人々を監禁し、暴力を働き、他人の財産を勝手に没収した。……わが人民公社では合計七五六名の幹部と一般の人民公社社員が「新内モンゴル人民革命党員」ないしはその変種組織のメンバーとされたし、一二九人が「階級の隊列を成立する運動中」に迫害された。死者数は三二人に達する。……

上で例示した決議文はまず毛沢東と共産党には過ちがない点を強調している。共産党には紀律があり、国家には法律があるにもかかわらず、白高才をはじめとする加害者らはそれを守らなかったが故にモンゴル人を虐殺したとしている。中国共産党は厳しい党内紀律で党員たちを管理しており、党中央からの指示がなければ党員たちはまったく動けないので、「党の紀律と国家の法律に違反して」暴力を行使したとの説明は成立しない。党と政府の大量虐殺の決定に一般の党員たちが忠実に従ったにもかかわらず、いざ人道に対する罪が発覚すると、その責任を一般の党員に押しつけたのである。

決議はまたモンゴル人大量虐殺を「新内モンゴル人民革命党員を抉りだして粛清する運動」と表現している。内モンゴル人民革命党は、一九二五年秋にコミンテルンとモンゴル人民共和国の援助によって誕生したモンゴル人の民族主義の政党で、植民地宗主国の中国からの独立を目標としていた。満洲国が成立した後は、強大な日本に抵抗できないと判断したコミンテルンの指示で「日本と協力する路」を模索した。一九四五年に日本が撤退した後は、モンゴル人民共和国との統一合併を目指したものの、「ヤルタ協定」によって内モンゴルが中国の領土になると、高度の自治を獲得しようとした。そして、一九四七年に共産党が主導する内モンゴル自治政府が成立すると、内モンゴル人民革命党も解散を命じられた（楊 二〇一〇）。

このように中国共産党によって強制的に解散させられた内モンゴル人民革命党であるが、文革期になると、中国政府は「同党はまだ解散しておらず、ずっと地下に潜伏して活動し、民族分裂的な活動をしてきた」との因縁をつけて粛清を決定した。そして、一九四五年以前の同党を「内モンゴル人民革命党」と呼び、日本の敗戦後の同党を「新内モンゴル人民革命党」と区分して、中華人民共和国の建国後も「地下に潜伏して民族分裂的な活動を行ってきた罪」を強調した。そして、実際はこうした新旧の区分を問わずに同党の党員を粛清したが、名誉回復の場で「新内モンゴル人民革命党員」のみを対象としたのは、虐殺の規模を小さくする為である。

四家堯人民公社の名誉回復の大会で、あるモンゴル人は被害者たちを代表して次のようにスピーチした（楊　二〇一三a：七五六―七五八）。

同志の皆様、私たちは華国鋒主席をはじめとする党中央が四人組の陰謀を粉砕したことに感謝しなければならない。……今回、私たちに冠した罪を晴らしてくださった共産党に感謝しなければならない。共産党が私に生きる権利を与えてくださった。……

モンゴル人大量虐殺は、あくまでも「一部の党員が党の紀律と国家の法律を守らなかったことで起こったこと」として片づけ、共産党と中国政府の責任を不問にしている。モンゴル人からすれば、まさに「不名誉な名誉回復」であったのである。

被害者たちは最後に会場に立ち並んで「対ベトナム反撃戦の英雄たちに敬意を示そう」、「対ベトナム反撃戦の勝利を祝おう」と叫んだ。当時の中国は、ソ連との対立からベトナム戦争に関わり、ベトナムに対して「懲罰戦争」を発動していた。国内の人民の不満を転換させようとして、「一

写真４　毛沢東の肖像画の前で政治学習をする内モンゴル自治区のモンゴル人たち（筆者蔵）

致して恨みを敵のベトナムへ」と政府は呼びかけていた（楊　二〇一三ａ：七七八）。

呉迪は、「（モンゴル人の大量虐殺の）責任は、毛沢東を長とする中共中央にある。毛沢東は首謀者であり、主たる責任を負わねばならない」と指摘している（呉迪　二〇〇六：一七四）。しかし、四家堯人民公社での名誉回復のプロセスが示すように、中国政府はモンゴル人大量虐殺の責任を「林彪と四人組」に帰して、真相究明をしようとはしなかった。末端においても、一般の幹部と中国人は「党の紀律と国家の法律を守らなかった」為にモンゴル人に迫害を加えたとしただけで、そうした幹部たちを逮捕し、その刑事責任を追及しようともしなかった。また、モンゴル人に謝罪して道義的な責任を負わせることもしなかった。従って、内モンゴル自治区ではモンゴル人と加害者の中国政府、中国人との和解はいまだに実現していない。

おわりに

華国鋒体制が進めた名誉回復作業の翌年、一九八〇年夏に内モンゴル自治区は共産党委員会拡大会議を開いて、モンゴル人大量虐殺の後遺症と善後政策について議論した。自治区党委員会第二書記で、モンゴル人の廷懋は七月十九日に以下のように発言して、中国政府のやり方を批判した（廷懋　一九八〇：二、八）。

（モンゴル人粛清運動を決定した会議は）北京で開催され、方向もトップが決めたもので、一般の幹部と群衆のせいにしていいのか。……一部の人は未だに（故毛沢東主席が一九六九年）五月二十二日に出した指示にしがみついている。つまり、「新モンゴル人民革命党員を抉りだして粛清する運動」は拡大化しただけだという。もともと「新内モンゴル人民革命党」なんかないので、何が「拡大化」だろう？（大量虐殺は）路線問題だろう。路線問題でなければ、彼（滕海清将軍——引用者）の首はとっくに切られているだろう。死罪から免れることはなかっただろう。

モンゴル人政治家の廷懋が問題にしていることは、三つある。

第一に、中国政府はモンゴル人大量虐殺運動を「拡大化」しただけだと主張していた。「拡大化」とは、敵対勢力に対する鎮圧・殺害は正しいが、ただ人数を増やしてしまったという軽薄な認識である。毛沢東だけでなく、周恩来総理も繰り返しそのように演説した（楊　二〇〇八b：二一―七五）。モンゴル人からすれば、もともと虐殺されるような「民族分裂集団」は存在しない。

第二に、モンゴル人大量虐殺は「トップ」即ち北京にある共産党中央が決定して、人民解放軍を派遣して、そして一般の幹部や中国人を動員し実行したものである。それが、名誉回復となると、末端の「幹部が党の紀律と国家の法律を守らなかった」と説明するのは、党中央と政府の責任を回避することを意味する。

第三に、滕海清将軍は、毛沢東と党中央が任命した内モンゴル自治区革命委員会主任で、国防部の正式の手続きを経て人民解放軍を北京から率いて自治区を占領し、軍事管制を敷いた。滕海清は各地で大量虐殺を実施したが、彼の責任を問うことはなかった。何故かというと、モンゴル人大量虐殺は「反革命分子を鎮圧」し、「民族分裂主義者を摘発」し、「対日協力者を追放」した「正義の運動」であった、と党中央が決定したためである。多数の死者が出たのも「拡大化」の結果であって、粛清そのものは正しかった。それゆえ、滕海清を逮捕し、裁判にかけることはできない、と中国政府と中国人は主張した。結局、滕海清将軍指揮下の人民解放軍は何万人ものモンゴル人を殺害しても、誰も責任を問われることはなかったし、本人も内モンゴル自治区から山東省の済南軍区副司令官に栄転していった（楊 二〇〇九a：六二）。このように、モンゴル人からすれば、中国政府は名誉回復の作業は進めたが、それは決して「正義」に基づく真相和解を確立するものではなかった。

モンゴル人大量虐殺は「中国人がモンゴル人を一方的にやっつける運動ではない」、と同じ自治区党委員会拡大会議の席上で、中国人の周恵書記も強調した（周恵 一九八〇：五）。毛沢東の命令により大量虐殺を推進した滕海清将軍を裁くことはできない以上、別にスケープゴートを探さなければならない。しかも、モンゴル人でなければならない。というのも、中国政府はモンゴル人が何万人も殺害されたのは中国人の行為によるのではなく、「モンゴル人同士で対立していたからだ」としたかったからである。そこで、作家のウラーンバガナという男が選ばれ、一九八七年八月三十一日に人民裁判にかけられた（楊 二〇〇九c：一九八）。彼の「罪」は粛清すべき「内モンゴル人民革命党の党員リスト」を作成したこととされ、懲役一五年の刑が命じられた。

文革中には大量虐殺が断行されただけでなく、モンゴル語が禁止され、国境地帯に住むモンゴル人は内地へ強制移住させられ、一時は「内モンゴル自治区」という名称も変えられて「反修正主義省」と呼ばれた。大量虐殺の結果、モンゴル人と中国人との和解が不可能となったとモンゴル人政治家は嘆く（特古斯　一九九三：五二―五七）。文革が終息した後も、中国人移民を増やす政策と、草原を開墾し破壊する行為は止まらない。意図的な同化政策も強化されている（白音太　二〇一一：三）。以上を根拠に、一九四五年以降モンゴル人は中国共産党の支配下で暮らすしかなかった。今日の中国政府の少数民族政策は、一種の「文化的ジェノサイド」である、と少数民族側から理解されている（Bulag 2010: 426-444、楊　二〇一一：一一七―一三四）。

文革は二度にわたる世界大戦と共に、二十世紀十大歴史的事件の一つにカウントされている。日本では戦前の侵略への贖罪観と、アメリカの庇護から独立したいという願望が相まって、「新中国」に対する親近感が膨らんだ（馬場　二〇一〇：四二六）。サルトルら西欧の左翼的な知識人たちもソヴィエト式の独裁的な共産主義に幻滅し、中国を政治的真正性のモデルとして称賛した。実際、フランスや日本の知識人たちも、混沌とした中国の状況には気づきながら、そうした実像はどうでもよく、自らの精神世界の中に構築した「オリエンタリズム的心性」の方が大事だった（ウォーリン　二〇一四：xiii―xv、一一九―一二〇）。いわば、西欧風普遍的価値へのアンチテーゼとしてのチャイナと、想像の文革があっただけである。ソ連の「収容所群島」の存在はまだヨーロッパに地理的に近かったこともあって、人道上の見地から関心を示さざるを得なかっただろうが、「新しい実験」をしている中国の凄惨な実態が知れ渡るようになっても、誰も非難しようとしなかった。そこに、西欧と日本の進歩的知識人の偽善が蔓延していると批判しなければならない。

管見の限り、中国に抑圧され続けているモンゴル人とチベット人、それにウイグル人が中華人民共和国期に一貫して受けて来た現状に対し、西欧と日本の進歩的な知識人からの良心的な見解はまだ出されていない。ことに日本に関していうならば、戦後は中国に対しては「良心に基づいて謝罪を繰り返した」だろう。しかし、「モンゴルの独立を支持する」と甘い約束をしながらも裏切ったこと、日本の満蒙占領があったからこそ、モンゴル人の民族統一が分断されたこと、などへの道義的な責任を取って、誰かが切腹したという情報を私たちモンゴル人は知らない。無論、日本と西欧の進歩的な知識人の社会的役割を過大評価する必要はまったくないが、人道に反する罪を一九四九年からずっと犯し続けて来た中国を国際社会が裁けない、あるいは裁こうとしないヘゲモニックな事実が生んだ結果の一つであると言わねばならないのである。

注

（1）「盟」と、後出する「旗」は、モンゴルで清朝時代から続いてきた行政組織である。

（2）筆者やチベットなど内陸アジアの遊牧民を研究する者は以前から、「民族」という言葉を用いるのに慎重で、「何なに人」との概念を用いてきた。「モンゴル族」や「チベット族」というと、それは中国政府が民族識別工作という政治的な作業を経て、作り上げた政治的な概念であり、今日においてはさらにそれを「中華民族」という政治用語と結びつけて解釈するようになっている。政治的な概念よりも、複数の国家に跨って分布する集団の実態に相応しく、「モンゴル人」と表現する。実際、欧米の研究者もChineseと指す場合は漢民族のみを指しているので、MongolsはChineseの範疇に入らない。

詳しくは楊海英著『「中国」という神話』（二〇一八）参照。
（3）工人とは労働者で、「毛沢東思想宣伝隊」とは、毛沢東の思想を広げるとの名目で組織された、反革命分子とされたものに対して暴力を振るう団体である。
（4）人民公社と生産大隊は社会主義中国の行政組織。

参考文献

日本語

アルタンデレヘイ「中国共産党によるモンゴル人ジェノサイド実録」（『アジア研究・別冊2』）静岡大学人文学部アジア研究プロジェクト、二〇〇八年。

加々美光行「序文」陳東林・苗棣・李丹慧編『中国文化大革命事典』中国書店、一九九七年。

呉迪「〈内人党〉大虐殺の顛末」宋永毅編『毛沢東の文革大虐殺』松田州二訳、原書房、二〇〇六年、一〇九―一七六頁。

佐藤公彦『中国の反外国主義とナショナリズム』集広舎、二〇一五年。

ステファヌ・クルトワ、ジャン＝ルイ・パネ、ジャン＝ルイ・マルゴラン『共産主義黒書』高橋武智訳、恵雅堂出版、二〇〇六年。

谷川真一「文化大革命の暴力」楊海英・谷川真一・金野純編『中国文化大革命研究の新資料・新方法・新知見』（アジア研究別冊5）静岡大学人文社会科学部・アジア研究センター、二〇一七年。

馬場公彦『戦後日本人の中国像』新曜社、二〇一〇年。

楊海英「ジェノサイドへの序曲――内モンゴルと中国文化大革命」『文化人類学研究』七三（三）、二〇〇八年a、四一九―四五三頁。

――「〈少数民族虐殺は正しかった〉――中国共産党唐山学習班班員の日記」静岡大学人文学部アジア

研究プロジェクト『アジア研究』三、二〇〇八年b、二一一—七五頁。

——『モンゴル人ジェノサイドに関する基礎資料（1）——滕海清将軍の講話を中心に』（内モンゴル自治区の文化大革命1）風響社、二〇〇九年a。

——『墓標なき草原（上）』岩波書店、二〇〇九年b。

——『墓標なき草原（下）』岩波書店、二〇〇九年c。

——「〈モンゴル人の心は北京と毛沢東に向いてきた〉のか——中国北部とモンゴル国との人的移動の現代史から」『民博通信』一二六号、二〇〇九年d、一二—一五頁。

——『モンゴル人ジェノサイドに関する基礎資料（2）——内モンゴル人民革命党粛清事件』（内モンゴル自治区の文化大革命2）風響社、二〇一〇年。

——『続　墓標なき草原』岩波書店、二〇一一年a。

——『モンゴル人ジェノサイドに関する基礎資料（3）——打倒ウラーンフー（烏蘭夫）』（内モンゴル自治区の文化大革命3）風響社、二〇一一年b。

——「西部大開発と文化的ジェノサイド」『中国21』Vol. 34、二〇一一年c、一一七—一三四頁。

——『モンゴル人ジェノサイドに関する基礎資料（5）——被害者報告書（1）』（内モンゴル自治区の文化大革命5）風響社、二〇一三年a。

——『植民地としてのモンゴル——中国の官制ナショナリズムと革命思想』勉誠出版、二〇一三年b。

——『中国とモンゴルのはざまで——ウラーンフーの実らなかった民族自決の夢』岩波書店、二〇一三年c。

——『モンゴル人ジェノサイドに関する基礎資料（6）——被害者報告書（2）』（内モンゴル自治区の文化大革命6）風響社、二〇一四年。

——『モンゴル人ジェノサイドに関する基礎資料（7）——民族自決と民族問題』（内モンゴル自治区の文化大革命7）風響社、二〇一五年。

――『モンゴル人ジェノサイドに関する基礎資料（8）――反右派闘争から文化大革命へ』（内モンゴル自治区の文化大革命8）風響社、二〇一六年 a。

――『モンゴル人の民族自決と「対日協力」』集広舎、二〇一六年 b。

――『フロンティアと国際社会の中国文化大革命』集広舎、二〇一六年 c。

――『モンゴル人ジェノサイドに関する基礎資料（9）――紅衛兵新聞（1）』（内モンゴル自治区の文化大革命9）風響社、二〇一七年。

――『「中国」という神話――習近平「偉大なる中華民族のウソ」』文春新書、二〇一八年。

劉燕子「文化大革命とキリスト者――〈我ら信仰の為に〉」楊海英編『フロンティアと国際社会の中国文化大革命』集広舎、二〇一六年、一六一―一九一頁。

リチャード・ウォーリン『1968パリに吹いた「東風」』福岡愛子訳、岩波書店、二〇一四年。

中国語
阿拉騰徳力海『内蒙古挖粛灾难实录』私家版、一九九九年。

白音太『内蒙存在民族分裂勢力嗎？――給全国人民代表大会常務委員会的報告』私家版、二〇一一年。

達林太「那日布札木蘇和道爾吉桑的短暫人生」『察右旗後旗文史資料』（第七輯）二〇〇九年、二二一―二二六頁。

譚合成『血的神話――公元一九六七年湖南道県文革大屠殺紀実』香港天行健出版社、二〇一〇年。

「関於建国以来党的若干歴史問題的決議」『紅旗雑誌』第一三期、一九八一年。

樊永貞「阿布達爾當挖〝内人党〟的経過」『察右旗後旗文史資料』（第七輯）二〇〇九年、一九四―二〇八年。

廷懋「略論三大冤案」（内蒙古党委常務委員会拡大会議文件三・機密）一九八〇年、一―一一頁。

特古斯「浩劫過後的沈思」『内蒙古檔案』（第四期）一九九三年、五二―五七頁。

特木其各其『関於中国的民族区域自治白皮書的意見和要求』私家版、二〇〇五年。

周恵「給胡耀邦同志・中央書記処的報告」（内蒙古党委常務委員会拡大会議文件二・機密）一九八〇年、一一七頁。
趙桑島　趙傑「我所経歴的〝挖粛〟運動」『察右旗後旗文史資料』（第七輯）二〇〇九年、二一五―二二六頁。
汪欽「周恩来派到内蒙的調査組」『炎黄春秋』（第五期）二〇一五年、二五―二八頁。

英語

Bulag, E Urady, Twentieth – Century China: Ethnic Assimilation and Intergroup Violence. Donald Bloxham and A. Dirk Moses（eds）*The Oxford Handbook of Genocide Studies*, Oxford University Press, 2010.
Rupen, A. Robert, Mongolian Nationalism（Part I）. *Journal of Royal Central Asian Studies*, Vol. 45, No. 2, 1958, pp. 157-178.
Su Yang, *Collective Killings in Rural China during the Cultural Revolution*, Cambridge University Press, 2011.
Yang Haiying, *Ulanhu, A Nationalist Persecuted by the Chinese Communists: Mongolian Genocide during the Chinese Cultural Revolution. Nagoya University*, 2013.
——, *The Truth about the Mongolian Genocide during the Chinese Cultural Revolution*, Center for Research on Asia Faculty of Humanities & Social Sciences Shizuoka University, Japan, 2017.

第5章

西ドイツの毛沢東主義新左翼——Kグループを例に

西田　慎

「パリ・コミューンの精神は永遠に不滅だ」
1971年に作成された中国のポスター

はじめに――二人の元毛沢東主義者

ドイツ南西部バーデン＝ヴュルテンベルク州の州議会には、二人のよく知られた元毛沢東主義者がいる。州首相ヴィンフリート・クレッチュマンと一般議員のヴォルフガング・ゲデオンである。一九七〇年代、前者は西ドイツ共産主義者同盟（ＫＢＷ）、後者はドイツ共産党・マルクス＝レーニン主義者（ＫＰＤ／ＭＬ）という毛沢東主義新左翼の活動家だった。しかし何より目を引くのは二人の現在の所属政党である。クレッチュマンは九〇年連合／緑の党（以下、緑の党）であるのに対し、ゲデオンは右翼政党「ドイツのための選択肢」（ＡｆＤ）。言わば、毛沢東主義新左翼を出発点に政治活動を始めた両者が、中道左派の緑の党と右翼のＡｆＤという両極端の立場に着地してしまった訳である。

両者の経歴を、もう少し詳しく見てみよう。ゲデオンは四七年生まれ。国家試験合格後、七〇年代にルール地方の工業都市ゲルゼンキルヘンで医師を開業すると同時に、ＫＰＤ／ＭＬの活動家となる。しかし毛沢東の死後、幻滅を感じ、七七年にＫＰＤ／ＭＬを離党したという。その後、再び政治の表舞台に登場した時は、右翼の政治家になっていた。二〇一三年にＡｆＤに入党後、一六年三月の州議会選挙で同党から立候補し、当選したのである。彼の名を全国に知らしめたのは、自著『緑の共産主義と少数派の独裁』がきっかけだった。その中で彼はネオナチ活動家を擁護すると共に、ユダヤ人に対するホロコーストを否定することを罰する法的判断を「シオニズムが表現の自由を制約している」、ベルリンのユダヤ人犠牲者記念館を「ある種の恥辱行為」と主張したのである。これに対してAfD内からですら、批判が生じ、彼に対する除名騒動（除名に必要な三分の二が得られず失敗）や会派分裂騒ぎが起きる事態となった。

一方、クレッチュマンは四八年生まれ。兵役を済ませた後、大学で生物学と化学を学んでいる。大学在学中に68年運動（後述）の活動家と付き合うようになり、西ドイツ共産主義者同盟に入った。二年間所属し、憲法擁護庁の監視対象になったこともあったという。七七年に国家試験に合格して、ギムナジウム（中学と高校に相当）の教師になり、七九年頃には、バーデン＝ヴュルテンベルク州の緑の党の結党に参加した。八〇年四月の州議会選挙で、緑の党から立候補して当選して以来、断続的に今日まで州議会議員を務めている。他の緑の党議員と違い、スーツにネクタイ姿という恰好からも分かるように、政治的立場は保守的で、党内では最右派の「エコ・リバタリアン」というグループに所属した。彼の名が一躍全国に轟いたのは、一一年三月の州議会選挙である。議員団長として緑の党を率いて選挙戦に臨み、党を大勝させて、第二党に躍進させたのである。そして第三党・社会民主党（SPD）と連立を組み、ドイツ史上初めて緑の党出身の州首相となった。一六年三月の州議会選挙では、得票率をさらに上乗せして緑の党を第一党に押し上げ、連立相手を保守のキリスト教民主同盟（CDU）に代えて、州首相再選を果たしている。

この二人に限ったことではなく、ドイツでは左右を問わず、元毛沢東主義者が少なくない。例えば、経済紙『ハンデルスブラット』の元編集長ベルント・ツィーゼメア、極右政党・国民民主党（NPD）の政治家だったホルスト・マーラー、保守系紙『ヴェルト日曜版』の元コメンテーター、アラン・ポーゼナーは毛沢東主義新左翼の北京派ドイツ共産党（KPD）に属していた。クレッチュマンと同じく西ドイツ共産主義者同盟出身としては、シュレーダー政権（社会民主党と緑の党からなる連立政権、一九九八―二〇〇五年）で厚生相を務めた社会民主党の政治家ウラ・シュミットが知られている。

とりわけ元毛沢東主義者が目立つのが、緑の党である。日本ではエコロジー政党と見なされ、環境運動・市民運動から誕生した政党というイメージが強いが、実は68年運動の流れを継ぐ新左翼、特に毛沢東主義新左翼の活動家だった人物が多い（表1参照）。クレッチュマンもその一人だが、彼らの多くは、その後、反原発運動のような「新しい社会運動」を経由して、八〇年に全国政党として結党された緑の党に加わった（西田 二〇〇九）。むろんそこには、緑の党という政党に浸透を図ることで、自らの勢力拡大を図るという、新左翼としての戦術もあっただろうが、やがて彼らもエコロジー的関心に目覚め、「赤から緑へ」転向していったのである。

これと対照的なのが、日本であろう。当時の西ドイツ（ドイツ連邦共和国）と異なり、毛沢東主

表1　緑の党と新左翼

	現実派	左派
教条主義的新左翼（Kグループ）→毛沢東主義	アンドレア・フィッシャー元厚生相（KB）、ヴィンフリート・クレッチュマン・バーデン＝ヴュルテンベルク州首相（KBW）、ラインハルト・ビュティコファー元党首（KBW）、クリスタ・ザガー元連邦議会緑の党議員団長（KBW）、アンチェ・フォルマー元連邦議会副議長（KPD）	ユルゲン・トリッティン元環境相（KB）、アンゲリカ・ベーア元党首（KB）
非教条主義的新左翼	ヨシュカ・フィッシャー元外相（シュポンティス）、ダニエル・コーン＝ベンディト欧州議会議員（シュポンティス）	
それ以外の左翼		クリスティン・ミュラー元連邦議会緑の党議員団長（GIM）

出典：筆者作成

義は「スターリン主義の亜流」として、ML派を除く新左翼の大半に退けられたという。彼らは中国の文化大革命（以下、文革）にも無関心で、社青同に至っては「大根革命」と蔑視したとされる（絓　二〇〇六：一七二／福岡　二〇一四：三四〇）。当然、毛沢東主義新左翼から「新しい社会運動」を経て、緑の党のようなエコロジー政党へという、西ドイツで見られた流れもほぼ皆無だった。

それではなぜ西ドイツでは、新左翼が毛沢東主義や文革支持へと走ったのか、彼らの一部はどのようにして「新しい社会運動」や緑の党への浸透を図ったのか、結局彼らはどのような影響を残したのか、こうした点を、本章では68年運動から、ポスト「1968年」の新左翼、とりわけ毛沢東主義新左翼（Kグループ）を経て、緑の党へという流れを分析することで、明らかにしたい。

一　西ドイツにおける68年運動（APO）の展開

一九六〇年代、若者や学生による反乱、異議申し立ての社会運動が、世界同時多発的に起きたことはよく知られている。それは西側資本主義国だけでなく、チェコスロヴァキア、ポーランドや中国といった東側社会主義国、さらにはメキシコのような発展途上国にまで及ぶものであった。これらの運動は六八年に頂点を迎えたように見えることから、「68年革命」「68年運動」と呼ばれ、政治や社会を大きく変えた転換点として、「1968年」「1960年代」がしばしば象徴的に語られる（西田・梅崎編　二〇一五）。

西ドイツの場合、68年運動は「議会外反対派」（APO）と呼ばれ、六六年前後に始まったとされる。その契機は主に次の五つにまとめられよう。第一に、六六年に成立したキージンガー大連立政権への反対である。首相となったキージンガーが戦前ナチ党員であったこと、二大政党のキリスト教民主同盟・社会同盟（CDU／CSU）と社会民主党が組むことで、議席の九割が与党となり、議会制民主主義が機能しなくなることへの懸念などがあった。

第二に、大学の民主化要求が挙げられる。APOに組織された学生運動は、全国各地の大学で、大学内部の封建的構造を告発し、その民主化を求めた。六七年十一月のハンブルク大学の学長就任式では、「タラールの下には千年来のカビの匂い」と学生が横断幕を掲げて抗議する有名な事件が起きている。タラールとは、教授が着る儀式用ガウンのことである。

第三に、ナチスの過去追及である。六四年に結党された極右の国民民主党が、各地の州議会選挙で躍進し、ナチ党員だった過去を持つ男が、連邦首相の座に就いたという事実は、APOの若者にファシズムは決して過去のものではないという気を起こさせた。彼らは政治や大学の世界だけでなく、自分たちの家庭においても、両親のナチス時代の責任を問うていく。

第四に、ベトナム戦争への反対も挙げられよう。彼らは、ベトナム戦争を推進するアメリカに怒りを向けるだけでなく、左翼の社会民主党も加わった自国のキージンガー政権がその戦争を事実上支持していることを激しく批判した。

第五に、非常事態法制定への反対である。西ドイツは五四年に主権を回復する際、非常事態におけるいくつかの緊急措置に関しての権利は占領国に留保されていた。非常事態法は、いわゆる有事立法により、非常事態におけるこうした占領国の留保を解消し、名実共に完全な主権回復を目指したものであるが、非常時の際の国民の基本的人権の一部制限や連邦軍（国防軍）投入等が含まれていたことが問題となった。その中にかつてのヴァイマル憲法の悪名高い第四八条（大統領による緊急命令権の規定）の再来を見る知識人を中心に、反対運動が盛り上がったのである。

こうしたＡＰＯを主導したのが社会主義ドイツ学生同盟（ＳＤＳ）だった。元々は社会民主党系の学生組織として出発したが、同党がゴーデスベルク綱領を制定して現実路線に転じたことに反発して、母党との対決姿勢を取るようになり、六一年に関係を断絶された経歴を持つ。一方、ＡＰＯを理論面で支えたのが、マルクーゼやハーバーマスらフランクフルト学派の哲学者・社会学者であり、特にマルクーゼはＡＰＯの学生に圧倒的に支持された。

さてＡＰＯの転機となる事件が、六七年六月に起きる。イランの独裁者・皇帝シャーが西ベルリンを訪問したところ、大規模な反対デモが発生した。警察とデモ隊の乱闘が繰り広げられる中、デモを見物していた学生ベンノ・オーネゾルクが、警察官に射殺されたのである。この事件は学生の憤激を招き、オーネゾルクの死に抗議して、翌週には全国で十万人以上の学生がデモを行う事態となった。

さらに翌年四月には社会主義ドイツ学生同盟の指導者ルディ・ドゥチュケに対する暗殺未遂事件まで発生した。西ベルリン市内を自転車で走行中に、銃撃されたのである。ドゥチュケは重傷を負い、以後ＡＰＯの一線から姿を消すことになった。学生は激しく抗議し、イースター恒例の反戦デモと相まって、大都市の街頭は市街戦のようになったという。ミュンヘンでは二人の死者まで出ている。

同年五月には、非常事態法への反対運動が最高潮に達した。大都市だけでなく、多くの中小都

写真1　毛沢東の肖像写真を掲げてデモをする若者たち（1969年2月、西ベルリン）（出典：Siegfried 2018：229）

市にまで抗議運動が拡大している。しかし五月末、非常事態法が与党の賛成多数により連邦議会で可決されると、APOは目標を失って解体への道を歩み、社会主義ドイツ学生同盟も七〇年三月に解散した。

以上が西ドイツにおける68年運動の展開だが、既にこの頃に彼らへの毛沢東主義の影響が見て取れる。例えば六六年の社会主義ドイツ学生同盟の第二一回代議員大会では、当時始まりつつあった中国の文革を歓迎する決議が採択されている。また翌年七月の世論調査では、学生の二二%が毛沢東と文革の成果に感嘆すると回答していた（Siegfried 2018: 227）。さらにコミューン活動家ライナー・ランゲハンスも当時を振り返ったインタビューで、中国の文革を正しいと感じていたと述べ、文革に引かれたのは継続革命論だから、すなわち革命家を革命化する、永続的に革命がなされるという点に引かれたのだと答えている（Klimke/Scharloth 2007: 312）。

さてその後ＡＰＯは、四つの流れに分かれていく。一つ目は、私生活に退却していく流れである。あきらめの気分から政治や社会から足を洗い、私生活に引きこもってしまうのだが、一部は、大都市や大学都市で左翼オルタナティヴ・ミリューを形成し、後に緑の党のような政治的オルタナティヴ運動の牙城になっていった。

二つ目は、社会民主党に入党して、体制の内側から改革の実現を目指す流れである。六九年の総選挙の結果、新たに社会民主党と中道の自由民主党（ＦＤＰ）からなる連立政権が成立し、元ナチスのキージンガーの代わりに、かつて反ナチス抵抗運動に従事した社会民主党のブラントが首相になったことは、多くの若者に社会変革の希望を抱かせた。その結果、かつてＡＰＯに参加した多くの若者は、ブラントの社会民主党に希望を見出し、入党していくのである。当時「制度の中への長征」と呼ばれ、党の若返りに寄与する一方、流入してきた彼らによって体制変革的な思考が持ち込まれたことで、穏健なベテラン党員との間で摩擦も発生したと言われる。

三つ目に、テロ組織を結成して、暴力で革命を目指す流れもあった。代表例は赤軍派であり、七〇年頃結成され、米軍施設や警察などを襲撃していった。こうした赤軍派のテロは七七年に最高潮に達し、連邦検事総長や経済界トップにまで襲撃が及んで「ドイツの秋」と呼ばれた。

最後に、新左翼の各グループを結成して、革命を目指す流れである。彼らは労働者を組織化して革命の実現を狙うが、多くは毛沢東主義であった。この最後の流れについて、次節で詳述したい。

二　ポスト「1968年」の新左翼たち

ＡＰＯの衰退を受けて、一九七〇年前後から新左翼のグループが雨後の筍のように発生した。その背景として二点を指摘しておこう。一つは六九年九月に起きた山猫ストをきっかけに、ＡＰＯの学生たちの間から、革命の主体として労働者を再評価する動きが出てきたことである。自分たち学生こそが前衛として労働者を引っ張る存在と考えていたが、労働者が自発的に起こした九月のストライキを機に、学生たちは革命の潜在的可能性を労働者に見出し、彼らの組織化に着手していった。もう一つは、組織の再評価である。反権威主義を掲げる社会主義ドイツ学生同盟は、直接行動を重視し、組織化には否定的だったが、彼らの解散後、革命の前衛としての組織の必要性が叫ばれるようになった。こうして新左翼のグループが次々と結成され、革命の主体として労働者を組織化していく動きが進んでいくことになるのである（西田・梅﨑　二〇一五：九九／Langguth 1983: 55-56）。

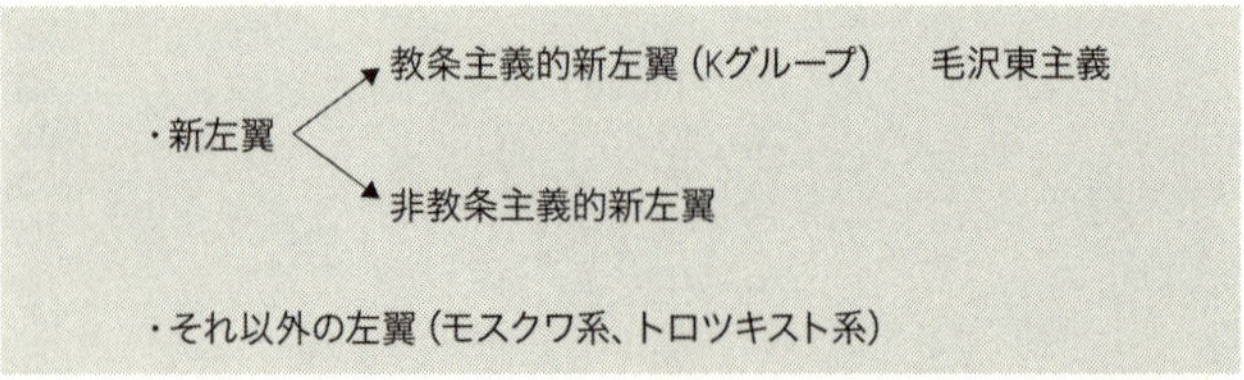

出典：筆者作成

表2　西ドイツにおける（新）左翼

こうした新左翼グループは主に、マルクス＝レーニン主義に忠実で、グループの頭文字からKグループと呼ばれる教条主義的新左翼と、APOの反権威主義・無政府主義の流れを受け継ぐ非教条主義的新左翼に大別される。前者のKグループは毛沢東主義の影響が濃く、しばしば北京系とされた。後者では、六九年四月に設立され、社会民主党左派とも接触を持った社会主義ビューロー（SB）や、七三年頃に出現し、七六―七七年にかけて勢力を伸ばしたシュポンティス（自発性主義者Spontaneisten の略）が代表格である。こうした新左翼以外にも、六九年に設立されたトロツキスト系の「国際マルクス主義者グループ」（GIM）や六八年九月に結党されたモスクワ派ドイツ共産党（DKP）といった左翼グループも存在した（**表2**参照）。

以下では、こうしたポスト「1968年」の（新）左翼の内、Kグループの主な集団を取り上げるが、とりわけ当時の中国や毛沢東主義との関係を中心に見ていきたい。その際、軸となるのが、中国共産党が七四年頃から唱えだした「三つの世界論」への対応である。この理論によれば、世界はアメリカとソ連の両超大国からなる「第一世界」、欧州の古い帝国主義諸国と日本、オーストラリア、カナダといった先進国から構成される「第二世界」、中国と共に、アジア、アフリカ、ラテンアメリカの開発途上国からなる「第三世界」の三つに分かれている。そしてアメリカとソ連が覇権争いを繰り広げる中、中国は「第二世界」や「第三世界」の国々と連携して、両超大国の覇権に反対していく必要があるとされた。実質的には、七一年以降始まった中国のアメリカや西側諸国への接近とソ連への敵対的姿勢強化を理論的に正当化する役目を担ったとされる。

1　主な教条主義的新左翼（Kグループ）

共産主義者同盟（KB）

新左翼では最も成功したグループの一つとされるのが、共産主義者同盟（KB）である。七一年末にマルクス＝レーニン主義を掲げる各地の様々なグループを統合して、ハンブルクで結成された。その後ハンブルクを中心として北ドイツに勢力を広げ、憲法擁護庁の報告によると、七七年の時点で全国の共産主義者同盟のアクティヴなメンバー約一七〇〇人の内、約九〇〇人がハンブルクの共産主義者同盟に属していたという（Langguth 1983: 118）。

組織は他のKグループと同様、民主集中制の下、ヒエラルキー的に組織されており、長年匿名のメンバーからなる幹部会（Leitendes Gremium）が権力を握っていた。八〇年になって、やっと初の会員総会が開催されたぐらいである。一方、他のKグループとは異なり、内部での派閥活動も認められるなど、民主的側面も存在したとされる。しかし後述するように、それが組織分裂の引き金ともなった。

共産主義者同盟で特筆すべきは、機関紙『労働者の闘争』であろう。当初は毎月発行だったが、七六年から隔週発行となった同紙は毎号五〇頁にも及び、反原発運動や女性解放運動から、分離独立運動のETAやIRAに到るまで多様なテーマを取り上げて、当時左翼ミリューでは最もよく読まれていた新聞と言われる。共産主義者同盟のアクティヴなメンバーが一七〇〇人ほどであった七七年に、二万四〇〇〇部も売り上げていたほどである。

イデオロギーとしては、マルクス゠レーニン主義と共に、毛沢東主義を信奉していた。しかし時には中国の外交政策を批判したり、国内の環境運動に早くから理解を示したりするなど、他のマルクス゠レーニン主義を奉じるKグループよりは、実践的で柔軟な理解をしていた。そうした姿勢は中国の提起した「三つの世界論」への対応にも表れている。共産主義者同盟は、「三つの世界論」を中国の「反動的、親帝国主義的な外交政策」への「不細工に組み立てられた似非学問的アリバイ」に過ぎないと拒否し、米ソ両大国への反対を謳いながら、実際はソ連を「主要な敵」と見なして闘っていると喝破した。そのことで他のKグループからは、「反中」との批判を浴びることにもなったという (Steffen 2002: 64)。そして七六年に毛沢東が死去して、中国共産党が改革開放路線に踏み出すと、共産主義者同盟はこうした動きを「修正主義」と批判するなど、さらに中国に距離を置くようになっていく。

最終的に組織の分裂を招いたのは、七〇年代後半に結党過程にあった緑の党との関係を巡ってである。七九年に「中央派」(Zentrumsfraktion)を名乗る少数派がグループ内に誕生し、緑の党との共闘を求めた。一方、多数派は同党に距離を置くことを主張し、結局激しい論争の後、「中央派」は七九年十二月に組織から除名された。彼らはその後、緑の党に参加し、「Zグループ」と名乗って、党内最左派を形成していく。後に緑の党共同代表(党首)を務めたライナー・トランペルトやアンゲリカ・ベーア、連邦議会で緑の党議員団共同代表だったトーマス・エバーマン、シュレーダー政権で環境相を務めたユルゲン・トリッティンらも、当時Zグループに属していた一人である。一方多数派は、緑の党よりも左派色の強い各地の「オルタナティヴ・リスト」(AL)に参加していった。共産主義者同盟の残党はさらに活動を続けていったが、ベルリンの壁崩壊やドイツ統一といった状況の大きな変化の後、九一年四月に解散している。

北京派ドイツ共産党(KPD)

一方、西ベルリンを拠点に活動したのが、北京派ドイツ共産党(KPD)である。七〇年二月に、主に西ベルリンの社会主義ドイツ学生同盟を母体に設立された。当初の名称は「ドイツ共産党／

上部組織」（KPD／AO）だったが、七一年七月から上部組織Aufbauorganisationを意味するAOが取れ、単にKPDと名乗るようになった。

組織としては、他のKグループと同様、民主集中制に基づいた厳格なヒエラルキー的構造が特徴である。党員数は憲法擁護庁の報告によると、最も多かった七五年の時点で、約九〇〇人だった（Bacia 1986b: 1821）。よく知られた党員としては、社会主義ドイツ学生同盟の幹部だったユルゲン・ホーレマンやクリスティアン・ゼムラー、赤軍派から後に極右の国民民主党に転じたマーラーらが挙げられよう。マーラーは七五年の西ベルリン市議会選挙にKPDから立候補もしている。党の機関紙は『赤旗』である。

KPDのイデオロギーの特徴としては、次の二点が挙げられよう。第一に、親中・反ソの強さである。毛沢東主義であることから当然としても、特に当時の文革を強く支持し、中国を無条件に賛美するなど、Kグループの中ではその親中姿勢が際立っていた。そしてその裏返しとしての反ソである。中国の唱える「三つの世界論」を受け入れて、ソ連や東ドイツ（ドイツ民主共和国）を反動的・修正主義と強く批判し、第一の敵はアメリカよりも「社会帝国主義」のソ連という考えだった。第二に、そこから導き出されるナショナルな姿勢である。KPDは当時の西ドイツによるソ連への緊張緩和政策（東方政策）に反対して、ドイツ連邦軍や北大西洋条約機構（NATO）の強化を要求した。七五年には機関紙『赤旗』において、「ソ連の社会帝国主義の軍事攻撃に対して、欧州の人民や国家の主要敵に対して、成功裡に立ち向かう」ことが出来るように、NATOは欧州人の断固とした防衛の努力によって強化されなければならないと述べられている。さらには学校における国防教育の授業導入を要求したり、米ソ両大国へ独立性を保つための国防訓練を求めたりもした。(1) 七三年五月には東方政策に反対する「反ブレジネフデモ」を呼びかけて、三〇〇〇人が参加し、警察との激しい衝突に発展している (Koenen 2001: 292)。

こうした姿勢を中国政府や中国共産党も評価し、七六年十一月と翌年九―十月の二回のKPD訪中団は特権的な扱いを受けた。七八年五月の第三回訪中団は当時の最高指導者・華国鋒との面会も果たしている。このことによって中国共産党はKPDを公式に兄弟党として認知したと見なされた。そして七〇年代半ば以降、中国が毛沢東の死、「四人組」の逮捕といった激動の時期を経て、改革開放路線に大きく舵を切っても、KPDはそれに無批判で追従していくのである。

後述するように、八〇年にKPDは党解散を決議するが、その際ゼムラー委員長が出した声明を以下に引用しておこう。

「第三回党大会をもって、KPDは解散した。

(中略) 多くの同志諸君と共に――かつてのKPDの同志諸君だけでなく――、私はさらに帝国主義と覇権主義に対する世界規模での闘い、特に攻撃的で膨張主義のソ連に対する闘いのために尽くすつもりである、労働者、就労者の利益のために弁護するつもりである、独立し、統一された社会主義ドイツのために闘うつもりである。[2]（後略）」

すなわち党解散という最後の段階に至ってもソ連批判を繰り広げ、攻撃的、膨張主義的ソ連に対する世界的な闘いを続行すると述べているのである。反ソ姿勢の根深さを感じさせよう。

一方「新しい社会運動」や緑の党に対しては、KPDは比較的オープンだった。七〇年代半ば以降のKグループの危機（後述）では、KPDも組織の衰退にさらされる中、反原発運動のような「新しい社会運動」へ接近することで、大衆からの孤立の脱却を試みようとしたのである。例えば七八年には、ハンブルク市議会選挙で緑の党の前身の一つ、「多色のリスト」（BLW）への、ヘッセン州議会選挙でも同じく緑の党の前身の一つ、「緑のリスト・ヘッセン」（GLH）への投票を呼びかけている。翌年の西ベルリン市議会選挙では、オルタナティヴ・リスト支持に回った。

しかし七九年頃より、党の路線を巡り、党内議論が激しくなっていく。そうした中から、党の解党を求める声も出てくるのである。最終的に八〇年三月の第三回党大会で、緑の党やオルタナティヴ・リストへの参加を前提に、KPDは事実上の党解散を決議した。

西ドイツ共産主義者同盟(KBW)

西ドイツ共産主義者同盟は、ブレーメン、ハイデルベルク、マンハイムなどの都市で活動する多くの独立系共産主義小グループを結集して、七三年六月にブレーメンで結成された。党ではなく、将来的に党を目指すグループという前提での設立である。結成と同時に中央委員会書記(事実上の委員長)に就任して、八五年二月の組織解散まで長く務めたのが、ヨシャ・シュミーラーだった。七〇年六月にバーデン＝ヴュルテンベルク州内務省に禁止されて解散に追い込まれたハイデルベルクの社会主義ドイツ学生同盟を率いていた人物である。

西ドイツ共産主義者同盟の特徴は、その組織の強さであろう。Kグループの中でもとりわけ教条主義が強く、民主集中制に基づいたヒエラルキー的組織を持っていたとされる。メンバーの私生活は徹底的に管理され、給与の一部は組織に天引きされて、恋愛ですら組織の活動に「有利か不利か」で判断されたという(Dormann 1992: 65)。憲法擁護庁によるとメンバーは、最も多かった七六―七七年当時で約二五〇〇人であり、当時西ドイツの毛沢東主義新左翼では最強だった(Bacia 1986a: 1658)。フランクフルトにある本部ビルは自前の建物で、八〇年の時点で六七人の専従スタッフを抱えていた(Koenen 2001: 459)。七五年のハイデルベルク市議会選挙では、七〇年代のKグループでは珍しく、当選者一名を出している。冒頭で言及した緑の党のクレッチュマンや社会民主党のウラ・シュミットは、この西ドイツ共産主義者同盟出身である。ちなみに機関紙は『共産主義人民新聞』だった。

彼らのイデオロギーで際立つのは、次の二点である。一点目は、KPDと同様、強い親中・反ソである。毛沢東主義新左翼として、他のKグループと同様、中国の共産主義をモデルとし、さらにはアルバニア、北ベトナムや北朝鮮にもシンパシーを抱いていた。そして七六年の毛沢東の死後、中国が「四人組」の逮捕を経て、改革開放路線に転換しても、無批判でそれに追従していった。中国の唱える「三つの世界論」も支持し、ソ連は社会主義を裏切った闘うべき相手、ソ連の影響下にある東ドイツは、「ソヴィエトの社会帝国主義の半植民地」と強く批判している(Langguth 1983: 93)。二点目は、アジア・アフリカの民族解放運動への肩入れである。第三世界主義を唱え、第三世界との連帯を説く一方、ウガンダのアミンやカンボジアのポル・ポトなど、残虐な独裁政権への支持もためらわなかった。例えば七八年十二月にはカンプチア共産党の招待で西ドイツ共産主義者同盟の代表団がカンボジアを訪問している。翌年にポル・ポト政権が打倒されると、西ドイツ共産主義者同盟は同年八月にすべての支部(Bezirk)で、「カンプチア人民の唯一正当な代表は、今もこれからも民主カンプチア政府だ! ソヴィエト・ベトナムの侵略軍の即時撤兵を」と題した集会を開催した。ポスターで民主カンプチア政府への支持を訴え、全体で三一三二名の参加者と三万八三四三マルクを集めたという[3]。ポル・ポト政権による大量虐殺が明らかになった後でさえも、クメール・ルージュのために数十万マルクを集めたとされる[4]。

一方西ドイツ共産主義者同盟は七〇年代半ば以降、「新しい社会運動」、とりわけ反原発運動に関わるようになり、結党過程にあった緑の党も積極的に支援した。他方八〇年頃より、内部の意見対立が激しくなり、幹部の一部は組織を割って、「西ドイツ共産主義者同盟」(BWK)を旗揚げした。以降も組織内の対立は続き、最終的に八五年二月の会員総会で、西ドイツ共産主義者同盟は解散を決議するに至っている。

ドイツ共産党・マルクス=レーニン主義者(KPD/ML)

「ドイツ共産党・マルクス=レーニン主義者」(KPD/ML)は、五〇年代以降の中ソ対立の産物である。当時非合法化されていたドイツ共産党(KPD)の親中国派は、やがて党を割って新しい政党を作ることを決めた。それが六八年十二月にハンブルクで設立されたKPD/MLである。MLはマルクス=レーニン主義者 Marxisten-Lenisten の略であり、Kグループの中では最も設立が早かった。主導権を取ったのは、元KPD党員エアンスト・アウストであり、七一年の特別党大会で党首に選出された後、亡くなる二年前の八三年までその職にあった。当初は党内の主導権争いや分裂騒ぎに悩まされたが、アルバニア労働党に正式に兄弟党として認知された七三年頃になって、やっと落ち着きを取り戻したという。

組織構造としては、民主集中制を採り、厳格な上意下達のスタイルを持っていた。憲法擁護庁の報告では、党員数は最盛期の七〇年代半ばで七〇〇から八〇〇と見積もられている（Bacia 1986c: 1848）。冒頭で紹介した右翼政党ＡｆＤの政治家ゲデオンは、このＫＰＤ／ＭＬの活動家だった。機関紙は『赤い朝』であり、発行部数は公称一万部だったが、実態は一〇〇〇部ほどだったようだ（Stengl 2011: 41）。ちなみにＫＰＤ／ＭＬでは、男性の長髪は禁止されていた。労働者に嫌われないようにというのが理由である。

イデオロギーの面で特筆すべきは、第一に、中国だけでなく、アルバニアの社会主義にも傾倒したことである。実際、七四年にはアウスト党首がアルバニアの国家元首で労働党党首ホジャに単独会見している。翌年以降は毎年メーデーに代表団をアルバニアの首都ティラナに送りこんだ。一方、中国とも深い関係を築き、七五年にはアウスト党首が「四人組」の一人、姚文元との会見を果たしている。そうした親中・親アルバニアの裏返しとして、反ソ姿勢も強かった。ＫＰＤや西ドイツ共産主義者同盟と同様、帝国主義のアメリカは悪いが、社会主義の理念を裏切ったソ連はもっと悪いという論法で、ソ連を第一の敵と見なしていた。ソ連主導のチェコスロヴァキア侵攻は「社会帝国主義」の証として非難され、西ドイツのブラント政府が進めた、東欧の共産圏諸国との和解を目指す東方外交にも批判的だった。第二に、ＫＰＤと同様、そこからナショナルなトーンが導き出されることである。ソ連やそれに追従する東欧諸国への批判的立場から、ベルリンの壁建設を非難し、東ドイツだけでなく、オーストリアまで含めたドイツ統一を求めていた

(Langguth 1983: 72／Koenen 2001: 300／Kühn 2005: 127)。七五年末には、ホーネッカー体制打倒を目指して、東ドイツにも非合法の支部を設けているほどである。八〇年代初めの時点で、ベルリン、ロストック、マグデブルク、コットブス、カール＝マルクス＝シュタットに一二ほどの細胞が存在したという(Stengl 2011: 34)。しかし東ドイツの支配政党・社会主義統一党と秘密警察シュタージによって、支部の幹部は逮捕され、組織は八四年までに「破壊」された(Koenen 2001: 302-303)。

この点で興味深いのは中国の提起した「三つの世界論」への対応である。アウスト党首は七五年三月のキールにおける演説で、ソ連を「民衆の主要な敵」と呼ぶなど、Kグループの中でも真っ先に「三つの世界論」支持を表明した(Stengl 2011: 34)。ところが毛沢東の死後、反ソ・親中の路線は揺らぎ始める。KPD／MLは「四人組」の逮捕を批判したり、指導者として復権した鄧小平をブルジョア的・反革命的と非難したりするなど、中国離れを強めていった。最終的に七七年、中国共産党との関係を断絶し、翌年の党大会では党綱領を改正して、「三つの世界論」から公式に距離を置くことにした。党の機関紙のタイトル面からも毛沢東の肖像が消え、以後はアルバニアの社会主義を唯一のモデルとするようになっていく。

「新しい社会運動」や緑の党との関係も、他のKグループと異なった。八〇年に緑の党が結党された後、他の新左翼グループが緑の党に浸透を強める中、KPD／MLはひたすら同党に批判的姿勢を保った。当時の機関紙では、エコロジーの観点から経済成長を批判し、生活水準の切り下げを求める緑の党を、「労働運動の敵」とまで罵倒している。一方KPDが八〇年に解散した後は、自らKPDと名乗るようになり、トロツキスト系の「国際マルクス主義者グループ」(GIM)との関係を深めていく。八六年十月には党員投票での承認を経て、合同し、統一社会党(VSP)を結成した。しかし最終的に九六年、東ドイツの社会主義統一党の後継政党・民主社会党(PDS)に吸収合併されている。

2 Kグループの特徴

(1) 毛沢東主義を信奉

ほとんどのKグループに共通するのは、毛沢東主義の信奉とそこから来る当時の中国への無条件な賛美である。とりわけ中国共産党が七四年頃から「三つの世界論」を唱えだすと、共産主義者同盟を除くKグループは、真っ先に支持を表明し、追随した。チリで社会主義のアジェンダ政権を倒した軍人のピノチェトが権力を握って軍政を開始しても、中国が支持する以上、彼らも支持するという、奇妙な状況も生まれた。

こうした背景には、「隣国」東ドイツの人権侵害や、その後ろ盾・ソ連のチェコスロヴァキア侵攻を目の当たりにしていた彼らにとって、東ドイツやソ連の社会主義は、モデルになり得なかった事情が挙げられよう。代わりに彼らが熱いまなざしを向けたのは、はるか東アジアの文革最中の中国である。むろんそこには、ある種のオリエンタリズムがあったことは否めないし、文革の負の側面に彼らが気付くこともなかった。そして七六年の毛沢東の死、その後の「四人組」の逮捕を経て、中国が改革開放路線に転換すると、彼らはイデオロギー的にも混乱に陥り、一部は「新しい社会運動」や結党過程にあった緑の党に参加することで、それを乗り切ろうとするのである。

(2) ソ連や東ドイツに対する批判的姿勢

Kグループの多くは、スターリン時代までのソ連は評価するが、スターリン批判以後のソ連共産党は、社会主義の理念を裏切り、修正主義に走ったと批判した。とりわけ「三つの世界論」を受容した七五年以降は、こうした傾向は一層強まっていく。ソ連は社会帝国主義と位置付けられ、ソ連とそれに追従する東ドイツなど衛星国に対して、彼らはアメリカに対する以上に鋭い批判を向けたのである。第一の敵はアメリカではなく、ソ連という立場である。中でもKPDやKPD/MLは強硬な反ソ姿勢を取り、KPDに至っては八〇年の解散時の声明ですら、攻撃的、帝国主義的ソ連に対する世界的な闘いを続行しなければならないと、ソ連批判を展開するほどだった。彼らの一部は後に緑の党に合流するが、緑の党がソ連や東側陣営に対してある程度相対化して見られる視点を終始持ちえたのは、こうした彼らの立場も大きかったとされる(Van Hüllen 1990: 218)。

表3　主なKグループの立ち位置

	組織度	イデオロギー	「三つの世界論」への対応	ナショナル度	「新しい社会運動」との関係
KB	中	親中 →中国に距離	拒否	低	開放的
KPD	高	親中・反ソ	支持	高	開放的
KBW	高	親中・反ソ	支持	中	部分的に開放的
KPD/ML	高	親中・親アルバニア・反ソ →親アルバニア	支持→距離	高	批判的

出典：筆者作成

（3）ナショナルな側面

こうした反ソ姿勢の裏返しとして、Kグループにはナショナルな側面も見られた。とりわけ「三つの世界論」を受容した七五年前後から、そうした立場が強まっていく。前述のようにソ連は「社会帝国主義」「攻撃的な超大国」とされ、彼らの攻撃に備えて「祖国防衛」（Vaterlandsverteidigung）の必要性が語られるようになる。それまで、帝国主義の道具と見なされていたドイツ連邦軍に対して突如、肯定的な立場が与えられ、ＮＡＴＯや連邦軍の強化が唱えられるようになるのもこの頃である。こうした傾向はとりわけＫＰＤやＫＰＤ／ＭＬに強く、学校における国防教育の授業導入や、東ドイツだけでなく、オーストリアも含めたドイツ統一を要求するなど、一見右翼と見まがうほどだった。またKグループは中国の影響もあって、同性愛に否定的で、さらに女性は家事、男性は外で働くという古くからの性別役割分担のモデルも受け入れていた（Kühn 2005: 86）。

こうして見ると冒頭で触れたように、ナショナルな側面の強かったＫＰＤやＫＰＤ／ＭＬから、極右の国民民主党に転向したマーラーや、右翼のＡｆＤに転向したゲデオンのような人物が出てきたのは偶然ではないのかもしれない（表3参照）。

三 「新しい社会運動」を経て緑の党へ

1 「Ｋグループの危機」

さて一九七〇年代後半は、「左翼の危機」とりわけ「Ｋグループの危機」が叫ばれるようになった時でもあった。その要因は主に次の五つに整理できよう。

一点目は、メンバーや機関紙販売部数が大幅に減少したことである。西ドイツ共産主義者同盟のメンバー数を例に取ると、七七年には二五〇〇人だったのが、翌年には二三〇〇人、ＫＰＤでは七七年には七〇〇人だったが、翌年には五〇〇人と減少傾向が止まっていない（Van Hüllen 1990: 80）。とりわけ落ち込みが激しいのが、ドイツ共産主義者同盟であり、メンバーが七七年に約二五〇〇人だったのが、七九年には約一〇〇〇人、機関紙『労働者の闘争』の発行部数は、七七年四月で二万七五〇〇部だったのが、翌年八月には一万二〇〇〇部と、ほぼ半減している（Mende 2011: 232）。

二点目に挙げられるのは、大学自治会での得票・勢力減である。七〇年代半ば頃から大学自治

表4　大学自治会での得票率の変遷

（単位：%）

年	1975	1976	1977	1978
Kグループ	11.4	7.2	2.8	3.3
「無秩序派」(シュポンティスなど)	5.2	7.8	13.2	16.9

出典：Verfassungsshutzbericht (1976), 105-107, (1977), 105-107, (1978), 105-107.

会の選挙でも非教条主義的新左翼のシュポンティスが人気を博すようになり、七六年にはKグループの勢力を追い抜いてしまった（表4参照）。それまでKグループにとって自治会は資金源となっていただけに、自治会に足場を失いつつあることは、財政的にも彼らを直撃する結果となった。

三点目として、労働組合からの排除である。七三年十月に労組のドイツ労働総同盟（DGB）連邦幹部会が、KグループのメンバーがDGB員であることを禁止する決議をし、Kグループの追い出しを図ったことも打撃となった。

四点目は、七二年一月に制定された「過激派条例」である。これは「左翼過激思想」の持ち主とされた者を公務員志望者から排除するというもので、少なくとも一五〇万名の公務員志望者がこの条例で審査の対象になり、一〇〇〇名以上が実際に排除されたと言われる。これがKグループを始めとする新左翼には「職業禁止」と受け取られ脅威となった。

最後に、国際情勢の変化である。キューバはソ連の衛星国としての立場を強め、統一後のベトナムも七五年以後は連帯の対象として色あせてしまった。何よりも中国の七六年の毛沢東の死は、毛沢東主義だったKグループの方向感覚喪失を招いた。KPDや西ドイツ共産主義者同盟はそれでも中国に忠誠を尽くす一方、ドイツ共産主義者同盟は中国離れを強め、KPD／MLはアルバニアへ接近していくのである。

それではこうした危機に彼らはどう反応したのだろうか。主に二つの方向性が見られた。第一に、自分たちの殻（ミリュー）に閉じこもってひたすら危機をやりすごそうとする対応である。Kグループの多くは、この方向性を採ったが、結果的に社会の変化に対応できないまま、八〇年代を迎えることになる。第二に、誕生しつつあった「新しい社会運動」（特に反原発運動）に門戸を開くことで、危機を乗り越えようとする対応である。Kグループの中ではとりわけドイツ共産主義者同盟とKPDが、こうした方向性を採った。特にドイツ共産主義者同盟は比較的成功したと言われるが、前述のように彼らは比較的ゆるい組織だったこと、また他のKグループと異なり、共産圏の原発にも反対していたことが要因として挙げられよう。もっともドイツ共産主義者同盟であれKPDであれ、「新しい社会運動」に共感していたというよりは、連携相手と見ていただけというのも事実である（Van Hüllen 1990: 110）。

以下では、「新しい社会運動」から緑の党へという流れの中で、Kグループがどのように浸透を図っていったのか、そのことによってどのような影響をもたらしたのかということを、見ていきたい。

2 緑の党結党に参加

(1)「新しい社会運動」から緑の党へ

まず反原発運動のような「新しい社会運動」から緑の党が結党されていく過程を概観しておこう。西ドイツで反原発運動が始まったのは、七〇年代に入って西ドイツが本格的な原発建設時代を迎えてからとされる。七〇年から翌年にかけて、原発が計画されていたブライザッハ、エーゼンスハム、ネッカーヴェストハイムとボンで最初の組織的な反対運動が起きた。とりわけバーデン＝ヴュルテンベルク州のヴィールに建設が予定されていた原発への反対運動は、その激しさで全国に知られた。予定地を占拠した反対派の行動に対し、警察が強制排除という強硬手段を採ったことは、世論の批判を招き、最終的に原発建設計画は頓挫してしまう。

このヴィール反原発闘争が、左翼とエコロジーを結び付ける転換点になった。そもそも68年運動の流れを汲む新左翼は、エコロジー運動を「中産階級の運動でプチブル的」と見なし、それまで距離を置いていた。またドイツの伝統的なエコロジー運動は保守や右翼によって担われており、反原発運動にもそうした潮流が参加していたことから、左翼からは警戒の目でも見られていた。しかし闘争の中に「革命的潜在力」を見出した新左翼は、ドイツ共産主義者同盟やKPDを中心に、以後反原発運動に大挙して参加してくるようになる。また反原発運動の高まりは、当時の与党・社会民主党も分裂させた。原発を推進する党の右派や労働組合に対し、左派は原発の新設中止を求め、中には党を離れて、反原発運動に加わる者も出てきたからである。

やがて七〇年代後半になると、こうした反原発運動が「緑のリスト」などと名乗って政治組織を結成し、地方自治体選挙に挑戦し始めた。リストとは、選挙の際に提出する候補者名簿のことである。まず七七年十月に北ドイツのニーダーザクセン州の地方自治体選挙で「緑のリスト・環境保護」（GLU）と「選挙民共同体・原発はゴメン」（WGA）という二つの環境政治団体が立候補して、それぞれ一議席を獲得した。ドイツの議会に初めて「緑の議員」が誕生した瞬間である。翌年三月には、隣のシュレスヴィヒ＝ホルシュタイン州の地方自治体選挙でも、「緑のリスト」が議席獲得に成功した。次いで七九年十月のブレーメン市議会選挙（州議会選挙と同格）では、「ブレーメンの緑のリスト」（BGL）が、得票率五・一％で四議席を獲得し、「緑のリスト」がついに州議会進出にも成功している。こうした地方選挙での成果を土台に、次は国政へと彼らが向かったのも当然だった。

こうして七九年三月にフランクフルトで、各地の環境保護政治団体を糾合して「それ以外の政治的結社・緑の党」（SPV）という名前の政党が結成される。参加したのは、「緑の行動・未来」（GAZ）、「緑のリスト・シュレスヴィヒ＝ホルシュタイン」のような右派と、「独立ドイツ人行動共同体」（AUD）、「緑のリスト・環境保護」、人智学系の「アッハベルク・サークル」のような中間派が中心であった。一方、新左翼など左派の多くはこの組織結成に懐疑的で、後述する「多

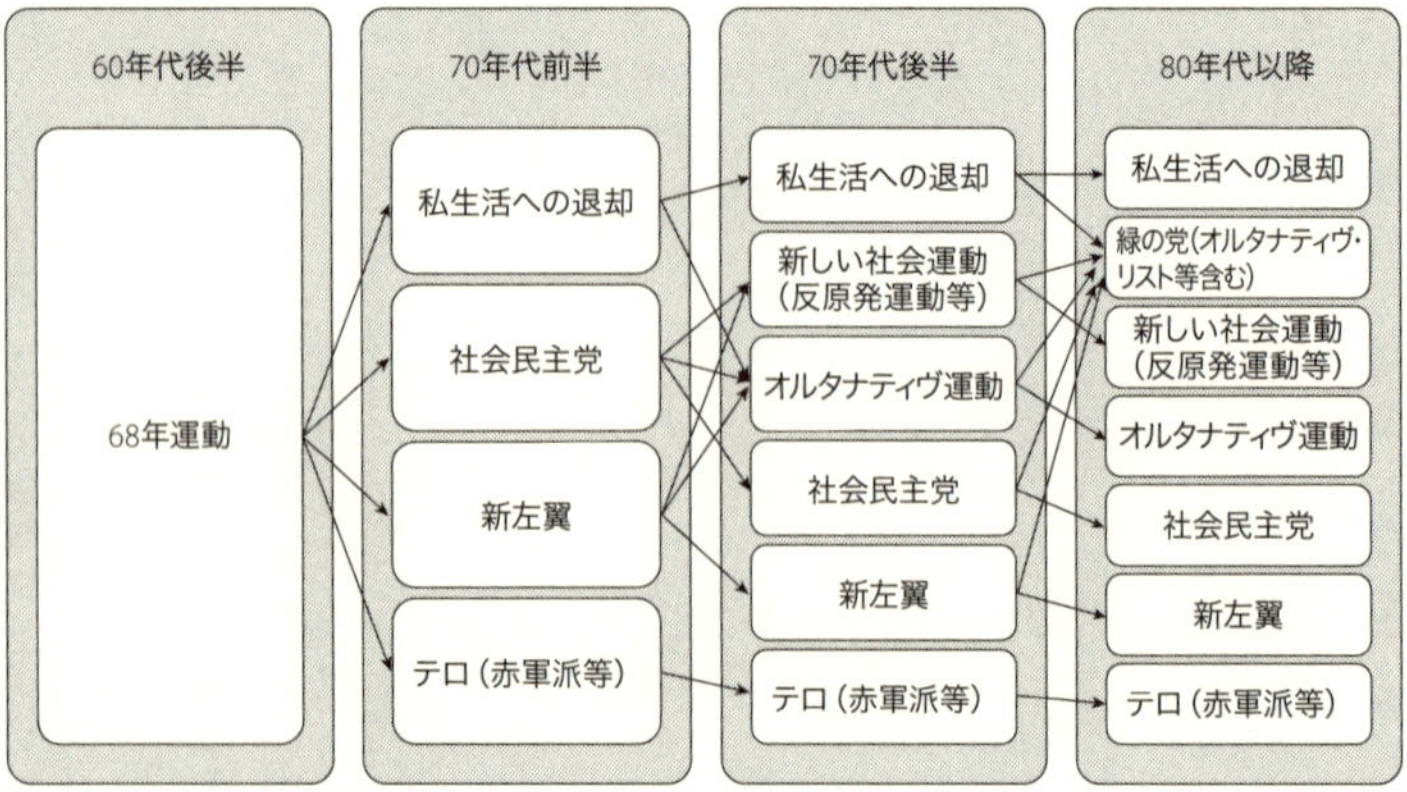

図１　68 年運動から緑の党への流れ（出典：西田　2015: 187）

色のリスト」やオルタナティヴ・リストも加わっていない。

ところがこの「それ以外の政治的結社・緑の党」が同年六月に欧州議会選挙に参加し、得票率三・二%という予想外の善戦をしたことは左派を驚かせた。さらには彼らが得票率に応じて巨額の選挙補助金（三〇万マルクの支出に対し、四八〇万マルクの補助金）を得たことも、左派には魅力に映った。以後、左派は緑の党への参加に転じ、八〇年一月に南西ドイツのカールスルーエで「それ以外の政治的結社・緑の党」を母体に、全国政党「緑の党」(Die Grünen) が結成されるのである。この時点では右はエコロジー保守派の「緑の行動・未来」から、左は社会民主党の離党組や毛沢東主義のKグループまで、イデオロギー的にはかなりの混成部隊であった（図１参照）。当時定められた党の基本綱領では、「エコロジー的」「社会的」「底辺民主主義的」「非暴力的」を党の四大基本理念としている。なおこの Die Grünen は正確に訳すと「緑の人々」といった意味だが、日本での通例に従い「緑の党」と訳しておく。

八〇年十月の連邦議会選挙では、得票率一・五％に終わり、議席獲得はならなかった。原則として得票率が五％に達しないと議席を得られない「五％条項」に阻まれたためである。しかし八三年三月に行われた次の連邦議会選挙では、得票率五・六％で二七議席を獲得し、国政進出を果たしている。

（2）毛沢東主義者の緑の党への浸透――西ベルリンにおけるＫＰＤの事例

こうして七〇年代後半から、各地で「緑のリスト」や、それよりも左派色の濃い「多色のリスト」「オルタナティヴ・リスト」といった政治組織が作られ、八〇年の緑の党結党へとつながっていくのだが、その過程で毛沢東主義のＫグループによる浸透作戦があったことも事実である。

筆者は以前、ハンブルクを例にドイツ共産主義者同盟によるそうした浸透作戦を分析したことがあるので（西田 二〇一二）、ここでは西ベルリンを舞台にしたＫＰＤによる浸透作戦を取り上げたい。前述のようにドイツ共産主義者同盟はハンブルクを中心とした北ドイツを拠点としていた。

一方、ＫＰＤは西ベルリンで強く、七九年当時西ベルリンだけで約四〇〇〇人の党員がいたとされる。

さて七八年七月、西ベルリンの地域新聞五紙のイニシアティヴで、様々なオルタナティヴ運動の組織や議会内外の左翼が一堂に集まった。中には赤軍派の弁護士として知られたクリスティアン・シュトレーベレやオットー・シリーの顔もあった。そして新たな政治集団を組織して、次期市議会選挙に参加することを決議するのである。関係者の念頭には、同年三月にハンブルクで結成された「多色のリスト」の「成功」があったようだ。「多色のリスト」は六月のハンブルク市議会選挙（州議会選挙と同格）に参加して、得票率三・五％で議席獲得はならなかったものの、同時に行われた区議会選挙では、アイムスビュッテル区で五・〇％の得票率を得て、当選者二人を出し、センセーションを巻き起こしていた。

そして同年十月、「民主主義と環境を守るオルタナティヴ・リスト」が西ベルリンで正式に政党として結成される。結成大会には三五〇〇人が集まったものの、入党したのは約三〇〇人だった。

結成時に問題になったのは、ＫＰＤとの共闘問題である。ハンブルクの「多色のリスト」に対してドイツ共産主義者同盟が浸透作戦を実施していたように（西田 二〇一二）、西ベルリンのオルタナティヴ・リストでは、当地で強いＫＰＤが影響力を及ぼそうとしていた。結成大会に参加したシリーは、オルタナティヴ・リスト設立宣言にＫＰＤとの共闘は認められないとした提案を付けようとしたが拒否される。結局ＫＰＤ側の妥協案が結成大会で採択された。「民主主義と環境保護に尽力するあらゆる者はその世界観とは関係なく、組織的であろうとなかろうと、オルタナティヴ・リストに参加することが出来る」「政党もしくは政党のようなグループ（例えばＫＢ、ＳＢ、ＫＢＷ、ＫＰＤ、ＫＰＤ／ＭＬ）は、オルタナティヴ・リストの担い手または党員になることは出来ない」というものである。これに反発したシリーらは結成大会の晩、オルタナティヴ・リストを離れた。

また同年十二月に採択された組織の綱領にも、ＫＰＤの影響は見て取れる。例えば「ベルリン政策」の箇所では、ＫＰＤの尽力で、東ドイツの反体制派支援が盛り込まれた（Bühnemann/Wendt/Wituschek 1984: 59）。さらにＫＰＤは、ベルリンの壁批判や、ＮＡＴＯに代表される西側統合路線の強化、「社会帝国主義」に対する攻撃的政策も、綱領に盛り込ませようとしたが、他の左派に阻止されたという（Van Hüllen 1990: 138）。

七九年三月に行われた西ベルリン市議会選挙（州議会選挙と同格）では、オルタナティヴ・リストは得票率三・七％に終わり、議席獲得はならなかったものの、区議会選挙では一二区の内、得票率五％を超えた四区議会に議員十人を送り込むことに成功した。オルタナティヴ・リストへの投票者の約七〇％が三十歳よりも若く、主に若年層に選ばれる政党だったという。

翌年二月には、オルタナティヴ・リストとは別に、緑の党の西ベルリン支部が結成された。参加したのは、オルタナティヴ・リストを離れたシリーら、保守派や中間派が主である。当初はオルタナティヴ・リストとの掛け持ち組もいたが、彼らは緑の党西ベルリン支部での活動から徐々に身を引いていった。

オルタナティヴ・リストがついに市議会入りに成功するのは、八一年五月の市議会選挙である。得票率七・二％を得て九人の当選者を出し、一躍第三党になったのである。同時に行われた区議会選挙でも一二区の内、一〇区で議席を獲得し、四四人の当選者を出した。ちなみにこの選挙では緑の党は候補を立てず、オルタナティヴ・リストを側面支援している。

当時オルタナティヴ・リストで活動していたエアンスト・ホプリチェクによれば、オルタナティヴ・リストにはイデオロギー面で三つのグループが並立していたという。第一に、元ＫＰＤ系である。それに対立するのが、第二の「保守的左派」であり、ドイツ共産主義者同盟の残党、西ベルリン社会主義統一党（ＳＥＷ）や社会民主党の元党員などからなっていた。第三に、「独立系」であり、緑の党員、シュポンティスなどの非教条主義的新左翼が属していた。そして第一の元ＫＰＤ系が、第三の「独立系」と組んで多数派を形成し、第二の「保守的左派」を少数派に追いやっていたという。とりわけソ連や東欧諸国のような「現実に存在する社会主義」をどう見るかという問題で、両派の間で対立が生じた。多数派は、もはやこうした国々に「手本」を見ないのに対し、少数派はそれでもこれらの国々における改革の動きに望みをつなぎ、さらにはソ連よりもアメリカの方に帝国主義的性格を見る傾向があったとされる（Hoplitschek 1983: 95-96）。

もっとも当初はオルタナティヴ・リストに組織的浸透を図って、オルタナティヴ・リストを裏から操るのではと危惧されていたＫＰＤであったが、時期が経つにつれ、組織に溶け込んでいった。八〇年三月にＫＰＤが正式に解散して以後は、元党員も党中央からの指令に従う必要もなくなり、柔軟な活動に転じていったという。ＫＰＤとの共闘に反対して一旦はオルタナティヴ・リストを離れたシリーも、こうした展開を評価し、再びオルタナティヴ・リストで活動するようになっていく。当時の関係者は、「我々は当時、『ＫＰＤ』がＡＬを呑み込むのではと恐れたが、実際はＡＬが『ＫＰＤ』を呑み込んでしまった」と語っている（Bühnemann/Wendt/Wituschek 1984: 85）。

さてオルタナティヴ・リストと共に、併存してきた緑の党西ベルリン支部だが、八四年末に、問題が発生した。ネオナチの浸透作戦を受け、右翼的傾向を強めたのである。新聞沙汰にもなったため、党本部としても放置できず、八五年一月に、西ベルリン支部に間近に迫った三月の市議会選挙と区議会選挙に参加しないよう勧告を出した。これを受け入れなかったため緑の党本部は八五年一月末に西ベルリン支部の解散を決議し、以後はオルタナティヴ・リストが実質的に緑の党西ベルリン支部となる。最終的に九〇年の東西ドイツ統一を経て、九三年五月にオルタナティヴ・リストと九〇年連合（旧東ドイツの市民運動系組織）が合同し、九〇年連合／緑の党ベルリン支部になって、今日に至っている。

3　毛沢東主義者による緑の党への影響

このようにベルリンやハンブルクを中心に各地の緑の党やオルタナティヴ・リスト系組織への浸透作戦を図った毛沢東主義新左翼だが、彼らはどのような影響を緑の党に残したのだろうか。

（1）外交政策——米ソ両大国への等距離政策

緑の党は、結党時の綱領の基本原則に「非暴力的」を掲げ、「西ドイツ連邦軍の解体」「NATOとワルシャワ条約機構の即時解消」を訴えていた。また党の外交政策も、基本は米ソ両大国に対し、「等距離」に批判的姿勢を保つというものであった。当時の綱領では、アメリカの中距離核ミサイル「パーシング2」の配備中止だけでなく、ソ連の中距離核ミサイル「SS20」の撤去も要求されている。そして東西欧州間に、非武装地帯を設置することが求められていた。

こうした両大国への「等距離」外交政策には、緑の党結党に参加したKPDの影響が見られるとしばしば指摘される（Van Hüllen 1990: 218／西田 二〇〇九：一五九—一六〇）。KPDは、「反覇権主義」を唱え、アメリカは悪いが、社会主義の理念を裏切ったソ連も悪いとし、両大国に批判的立場を採っていたからである。「第二世界」や「第三世界」の国々と連携して、両大国の覇権に反対していく必要があるとする、中国の提起した「三つの世界論」の影響をそこに見ることも容易であろう。

（2）ドイツ政策――東ドイツ反体制派の支援

ＫＰＤや西ドイツ共産主義者同盟は、毛沢東主義を信奉する中で、ソ連を社会帝国主義と見なし、ソ連や東ドイツをアメリカや西側諸国以上に敵視した。ＫＰＤに至っては、冷戦期に既にドイツ統一を要求していたほどである。こうした反ソ・反東ドイツ感情もあって、彼らは壁崩壊以前より長らく、東ドイツの反体制運動を支援していた。

例えば前述のように、七八年十二月に採択されたベルリンのオルタナティヴ・リストの綱領における「ベルリン政策」の箇所では、ＫＰＤの尽力で、東ドイツの反体制派支援が盛り込まれている。また元ＫＰＤのＡ・フォルマーは、反体制運動の発生場所となった東ドイツの教会と長年接触を持っていた（西田 二〇〇九：一七〇）。そして八九年のベルリンの壁崩壊後、東西ドイツ統一が日程に上ると、緑の党内では激しい議論が起きたが、東西ドイツ統一に緑の党内で真っ先に賛成に転じたのがＡ・フォルマーら元毛沢東主義者だったのは偶然ではないだろう（西田 二〇〇九：一六六―一七〇）。

(3) 組織活動

毛沢東主義新左翼は緑の党内に浸透する過程で、率先して党の組織活動を担った。緑の党が日々の活動においても、彼らの献身的活動に頼らざるを得なかったことは事実である。KPD幹部がオルタナティヴ・リストの中にいなかったら、組織は生き残れなかったとオルタナティヴ・リストの政治家だったホプリチェクが語っていることは既に述べたとおりである。

さらに結果として、こうした毛沢東主義新左翼は、緑の党にとって人材の供給源にもなった。冒頭で挙げたクレッチュマンのように、現在多くの緑の党の有名政治家や幹部が元毛沢東主義者であることは知られている。毛沢東主義新左翼で経験を積んだことが、後に緑の党内でのキャリア形成に役立ったとも言えよう。

おわりに——毛沢東主義新左翼の残したもの

冒頭で述べたように、かつての毛沢東主義者は後に教師、弁護士、ジャーナリスト、研究者、作家、経営者、政治家としてドイツで成功した者が少なくない。これに関して、APOや非教条主義的新左翼シュポンティスの元活動家で、後に作家となったペーター・シュナイダーの考察が興味深い。彼は、なぜ当時左派インテリの一部が中国の毛沢東主義、独裁に引かれていったのかは理解しがたいとした上で、毛沢東主義者がその後、市民社会で成功していった理由について二つを挙げている（Schneider 2008: 336-337）。

第一に、政治的な一面的思考を免れたことである。彼らは確かに中国には無条件に追従したが、一方で反覇権の立場から米ソ両大国に批判的姿勢を採った。とりわけ一九七〇年代半ばには、アメリカよりもソ連を主要な敵と見なすまでになっている。こうした姿勢が、冷戦の最前線に位置する当時の西ドイツの市民社会において、好感を持たれたことは、想像に難くないだろう。

第二に、毛沢東主義組織で培った規律正しさと自己犠牲の用意である。組織に従順で上からの指令には完全に従うだけでなく、服装もヒッピーと異なって、ひげを剃り、短髪で、清潔なシャツとジャケットを着用し、こざっぱりとした格好をしている。労働者に嫌われないように、KPD／MLでは長髪禁止だったことは既に述べた。このように労働の規律や美徳を「修道士のように」守っていることが、ドイツの市民社会に受け入れられ、さらにはキャリアを積むことが出来る素地になったという。

これらはある程度、緑の党にも当てはまるのではないだろうか。毛沢東主義者がもたらした緑の党への影響を考えることは、なぜ彼らが党内でキャリアを積むことに成功したのかということへの答えともなる。繰り返しになるが、彼らがもたらした緑の党への影響の一つは、米ソ両大国への等距離政策であろう。結党時の党内には、「エコ社会主義者」と言われるグループを中心に、親ソ派や親東ドイツ派が少なくなかったが、[5] 彼らが八九年のベルリンの壁崩壊、東西ドイツ統一を経て、影響力を失っていった一方で、クレッチュマンやA・フォルマーら元毛沢東主義者たちがしぶとく生き残ることが出来たのは、こうした両大国への等距離あるいは批判的姿勢を保ったからだと思われる。

緑の党への影響の二つ目として、党に規律や勤勉さを持ち込んだ点が挙げられよう。右はエコロジー保守派から左は毛沢東主義新左翼まで、かなり幅広いスペクトルムを結集して発足した緑の党は、当初混乱が絶えなかった。結党の翌年頃には、エコロジー保守派が党を割って、新党を立ち上げる騒ぎも発生した。八三年に党が初めて連邦議会で議席を獲得すると、議員が長髪にノーネクタイ、ジーパン姿で登院して物議をかもすこともあった。そうした中で、彼らが党に規律や勤勉さを持ち込んだことは、党の安定化や定着に一定程度寄与したように思われる。実際、KPD幹部がベルリンのオルタナティヴ・リストの中にいなかったら、オルタナティヴ・リストは生き残れなかったとホプリチェクが語っているほどである。また元毛沢東主義者で知られるクレッチュマンは短髪で常にネクタイとスーツを身に着けているが、こうした姿勢は、ドイツの市民社会や保守層にも安心感を持って迎えられているようだ。事実、二〇一六年の州議会選挙を経て、彼が率いる緑の党は保守のキリスト教民主同盟との連立政権に踏み切っている。

もっとも毛沢東主義者が緑の党へ一方的に影響をもたらしただけではない。Kグループは「新しい社会運動」や緑の党に浸透する一方、底辺民主主義思想等に接する中で、彼ら自身もその中で変わっていったのである。例えばエコロジーの重視、経済成長や技術の進歩への信仰からの訣別等である。当時Ｋグループの中には、西ドイツの原発には反対だが、中国への原発輸出には賛成という者もいたが、現在の緑の党において、そうした立場はあり得ない。結局、毛沢東主義者と緑の党との間の影響は一方通行ではなく、双方向であったと言えるのではないだろうか。

注

（1）*Rote Fahne*, Nr. 28, 16. 7. 1975.

（2）ＫＰＤ解党時における委員長ゼムラーの声明 „Persönliche Erklärung von Christian Semler – Mitgründer und von 1977 bis 1980 Vorsitzender der KPD –"（出典：Freie Universität Berlin, Universitätsarchiv（APO-Archiv）, Bestand KPD（Verlag Rote Fahne）, Sig. 466）。

（3）七九年九月二日付の中央委員会書記シュミーラーによる「報告と提案」Hans-Gerhart [Joscha] Schmierer, „Kommunistischer Bund Westdeutschland – Bericht und Vorschläge –", 2. 9. 1979（出典：Freie Universität Berlin, Universitätsarchiv（APO-Archiv）, Bestand KBW, Sig. 39）。

（4）*FAZ*, 31. 1. 2001.

（5）中でも親ソ・親東ドイツの姿勢が目立っていたのが、ディルク・シュナイダーである。八三年から八五年まで連邦議会議員であり、その後は西ベルリンのオルタナティヴ・リスト代表も務めた彼は、東ドイツ・シンパとして知られていた。例えば西ドイツが東ドイツを形式上は独立国家と認めていなかった当時、彼は東ドイツ市民の「国籍」も含めた、その完全な国家承認を要求していた。しかしベルリンの壁崩壊後、東ドイツの秘密警察シュタージの非公式協力者だったことが発覚し、失脚に追い込まれている。

参考文献

1　一次史料

文書館史料

Freie Universität Berlin, Universitätsarchiv（APO-Archiv）

Bestand KBW

Bestand KPD

2　刊行文献

Jürgen Bacia（a）, „Der Kommunistische Bund Westdeutschland“, Stöss 1986, 1648-1662.

Jürgen Bacia（b）, „Die Kommunistische Partei Deutschlands [Maoisten]“, Stöss 1986, 1810-1830.

Jürgen Bacia（c）, „Die Kommunistische Partei Deutschlands/Marxisten-Lenisten“, Stöss 1986, 1831-1851.

Peter Brandt/Rudolf Steinke, „Die Gruppe Internationale Marxisten“, Stöss 1986, 1599-1647.

Michael Bühnemann/Michael Wendt/Jürgen Wituschek（Hrsg.）, *AL. Die Alternative Liste Berlin. Entstehung, Entwicklung, Positionen*, Berlin, 1984.

Franz Dormann, *Die Grünen. Repräsentationspartei der Neuen Linken*, Bonn, 1992.

Siegfried Heimann, „Die Deutsche Kommunistische Partei“, Stöss 1986, 901-981.

Peter Henkel/Johanna Henkel-Waidhofer, *Winfried Kretschmann. Das Porträt*, Freiburg, 2011.

Ingrid Gilcher-Holtey, *Die 68er Bewegung. Deutschland, Westeuropa, USA*, München, 2001.

Ernst Hoplitschek, „Partei, Avantgarde, Heimat – oder was? Die, Alternative Liste für Demokratie und Umweltschutz‘ in Westberlin“, Mettke 1983, 82-100.

Joseph Huber, *Wer soll das alles ändern. Die Alternativen der Alternativbewegung*, Berlin, 1980.

Rudolf van Hüllen, *Ideologie und Machtkampf bei den Grünen. Untersuchung zur programmatischen und innerorganisatorischen Entwicklung einer deutschen „Bewegungspartei“*, Bonn, 1990.

Martin Klimke/Joachim Scharloth (Hrsg.), *1968. Handbuch zur Kultur- und Mediengeschichte der Studentenbewegung*, Stuttgart, 2007.

Lilian Klotzsch/Richard Stöss, „Die Grünen“, Stöss 1986, 1509-1598.

Gerd Koenen, *Das rote Jahrzehnt. Unsere kleine deutsche Kulturrevolution 1967-1977*, Köln, 2001.

Gerd Langguth, *Protestbewegung. Entwicklung – Niedergang – Renaissance. Die Neue Linke seit 1968*, Köln, 1983.

Willi Jasper, *Der gläserne Sarg: Erinnerungen an 1968 und die deutsche „Kulturrevolution“*, Berlin, 2018.

Silke Mende, *„Nicht rechts, nicht links, sondern vorn“. Eine Geschichte der Gründungsgrünen*, München, 2011.

Jörg R. Mettke (Hrsg.), *Die Grünen. Regierungspartner von morgen?*, Reinbek bei Hamburg, 1983.

Makoto Nishida, *Strömungen in den Grünen (1980-2003): Eine Analyse über informell-organisierte Gruppen innerhalb der Grünen*, Münster, 2005.

Jan Peters (Hrsg.), *ALTERNATIVEN ZUM ATOMSTAAT. Das bunte Bild der Grünen*, Berlin, 1979.

Joachim Raschke, *Die Grünen. Wie sie wurden, was sie sind*, Köln, 1993.

Detlef Siegfried, *1968: Protest, Revolte, Gegenkultur*, Ditzingen, 2018.

Michael Steffen, *Geschichte vom Trüffelschwein. Politik und Organisation des Kommunistischen Bundes 1971 bis 1991*, Berlin, 2002.

Peter Schneider, *Rebellion und Wahn. Mein ’68*, Köln, 2008.

Anton Stengl, *Zur Geschichte der K-Gruppen: Marxisten-Leninisten in der BRD der Siebziger Jahre*, Frankfurt a.M., 2011.

Richard Stöss (Hrsg.), *Parteien-Handbuch. Die Parteien der Bundesrepublik Deutschland 1945-1980*, Opladen, 1986.

„AfD-Politiker Gedeon Fanatisch wie immer“, *Frankfurter Rundschau* 紙電子版、二〇一六年七月十九日付〈http://www.fr.de/politik/afd-politiker-gedeon-fanatisch-wie-immer-a-325026〉二〇一九年四月八日閲覧。

井関正久『ドイツを変えた68年運動』白水社、二〇〇五年。

絓秀実『１９６８年』ちくま新書、二〇〇六年。

西田慎『ドイツ・エコロジー政党の誕生――「六八年運動」から緑の党へ』昭和堂、二〇〇九年。

西田慎「反原発運動から緑の党へ――ハンブルクを例に」若尾祐司・本田宏編『反核から脱原発へ――ドイツとヨーロッパ諸国の選択』昭和堂、二〇一二年。

西田慎「七〇年代西ドイツにおけるオルタナティヴ勢力の形成――緑の党を例に」『歴史学研究』二〇一三年十月号、歴史学研究会。

西田慎「第三章　緑の党」西田・近藤編、二〇一四年。

西田慎「第六章　西ドイツ――ＡＰＯ」西田・梅﨑編、二〇一五年。

西田慎・梅﨑透編『グローバル・ヒストリーとしての「１９６８年」――世界が揺れた転換点』ミネルヴァ書房、二〇一五年。

西田慎・梅﨑透「第三章　新左翼の台頭」西田・梅﨑編、二〇一五年。

西田慎・近藤正基編『現代ドイツ政治――統一後の二〇年』ミネルヴァ書房、二〇一四年。

福岡愛子『日本人の文革認識――歴史的転換をめぐる「翻身」』新曜社、二〇一四年。

三島憲一『戦後ドイツ』岩波新書、一九九一年。

楊海英編『フロンティアと国際社会の中国文化大革命――いまなお中国と世界を呪縛する五〇年前の歴史』集広舎、二〇一六年。

『思想』二〇一六年一月号（特集：過ぎ去らぬ文化大革命――五〇年後の省察）、岩波書店。

第6章

マオとアメリカの「第三世界」――"To Rebel Is Justified"

梅﨑 透

インドシナ三カ国の人民を支援する中国のポスター

はじめに

一九六八年のアメリカに「東風」は吹いたのか。この年の春、ニューヨーク市にあるコロンビア大学では、隣接する市の公園に建設予定だった「人種隔離的」な大学体育館の問題、キャンパスでの軍のリクルートと枯れ葉剤の開発をめぐる研究協力を通じた大学のベトナム戦争への加担の問題をめぐって、大規模なストライキが起こっていた。卒業式の日、学生は独自に対抗卒業式《カウンター・コメンスメント》を行い、その後、一一六丁目とモーニングサイド・ドライブの交差点から公園に入って、ハーレムの住人と交流することになっていた。このときの様子を記録した写真には、デモ隊が掲げる横断幕に、戦争とファシズムに反対する青年（YAWF）というニューレフトの組織名と、“To Rebel Is Justified”という文字が見てとれる。毛沢東の言葉、「造反有理」の英語訳である。また、翌年二月、ブラック・パンサー党（BBP）が、リーダーのヒューイ・ニュートンの釈放を訴えてサンフランシスコで開催した「フリー・ヒューイ」の集会では、参加者の多くが、『マオズ・リトル・レッド・ブック』（『毛沢東語録』）を手に高く掲げる写真が残されている。(1)

「東風」は、アメリカのポップカルチャーにもみえる。一九六五年、ウッディ・アレンの最初のプロデュース映画のために、バート・バカラックが作曲し、ハル・デイヴィッドが詩を書いた

「マイ・リトル・レッド・ブック」のタイトルは、『マオズ・リトル・レッド・ブック』に似せた言葉遊びだと言われる。一九六八年夏にリリースされたビートルズのシングル「ヘイ・ジュード」のB面には、ジョン・レノンがエレキギターをかき鳴らして歌う「レヴォリューション（革命）」が収録された。レノンは歌う、「革命が必要だって？　わかるよ、誰だって世界を変えたいさ」。しかし、最後の一節でつぎのように突き放す。「（でも、）チェアマン・マオ（毛主席）の肖像画を掲げたって、誰とも、どうやっても、うまくはいかないさ」。この曲は、「1968年革命」への賛

写真1　「To Rebel Is Justified（造反有理）」を掲げる学生たち（1968年）
Columbia College Today, Spring 1968, Columbia University, Columbia 1968 Image Gallery, Photo #46, http://www.columbia.edu/cu/computinghistory/1968/68-11.html

歌ではない。「革命」を叫ぶ若者たちと距離を置こうとするものだ。曲中で何度となく「わかった、わかった（All right, all right）」と叫ぶ声が入っているところからも、加熱する運動はもううんざりだという態度が伝わってくる。ビートルズは一九六七年のサマー・オヴ・ラブを牽引した。カウンターカルチャー（対抗文化）と六〇年代の若者の神託者《オラクル》として、運動にも共感していると誰もが信じていた。にもかかわらず、毛沢東の名をあげて一歩引いたメッセージを送ったことは、ラディカルな若者に混乱と論争を巻き起こした。(2)

アメリカの「1968年」への、毛沢東や文化大革命の影響を振り返る視線は、当時の熱狂にくらべて冷ややかだ。とくに、「1968年」後の運動の分裂と終焉を体験した参加者にとっては、運動の失敗をもたらした要因の一つとして記憶される。ニューレフトの全国的組織、民主社会を求める学生（SDS）の委員長を務めた社会学者トッド・ギトリンの著書『一九六〇年代アメリカ』は、運動の終焉から二〇年後の一九八〇年代末に出版されたが、その後の「六〇年代論」の指標の一つとしてたびたび参照されてきた。ベトナム戦争に対する反対運動が高まりをみせると、ニューレフトは、「第三世界のゲリラ運動に、マオ、フランツ・ファノン、チェ・ゲバラ、そしてレジス・ドブレに、自分たちのモデルを見た」と、ギトリンは書く。しかし、その「あまりに単純化された第三世界への賛美」が、反戦運動に亀裂を生んだ。つまりそれは、「対岸へのロマンス」に過ぎなかったのだ。(3) とくに中国革命については、農民を主体とした革命モデルを十分に理解せぬまま、アメリカの大都市に持ち込もうとしたことへの懐疑と気まずさがそこにある。そのとき『マオズ・リトル・レッド・ブック』は、文化大革命への盲目的信奉のしるしとなる。一九六〇年代にアジアへ旅した多様な活動家を調査し分析したジュディ・ウーは、こうした「ロマンティシズム」を、「ラディカル・オリエンタリズム」と表現する。アメリカの帝国主義的な対外政策を批判し、物質主義や人種主義とは距離を置こうとした活動家は、植民地主義《コロニアリズム》や新植民地主義《ネオコロニアリズム》と戦うアジアの人びとや社会に、自らを重ねようとした。その結果、彼らは「皮肉にも、世界を二分法で東西に分ける伝統的なオリエンタリズムに従うことになった」。もちろん、「脱植民地化するアジアと帝国アメリカ」という「上下関係の逆転」がそこにはある。[4] こうして、「1968年」アメリカにおけるマオの姿は、ニューレフトにおいても、フェミニズムにおいても、ほとんど見えなくなってしまった。

写真2 『毛沢東語録』(英語版)

このように第三世界の解放運動の影響を負のものととらえる傾向に対して、マオや文革の影響をあらためて評価する動きもある。一つには、アフリカ系アメリカ人やアジア系アメリカ人の解放運動史における再発見である。ギトリンの白人ニューレフト中心史観に対して、六〇年代アメリカにおける黒人解放運動の重要性を前面に主張した、ロビン・ケリーとベッツィー・エッシュの研究がその先駆けである。[5] その後、プエルトリコ系、メキシコ系、中国系、日系などのさまざまなエスニック・グループの運動の研究において、より実体的な「東風」の影響が明るみになっている。それらにおいては、文革は「1968年」アメリカを分裂させたものとしてではなく、アメリカ国内の第三世界的存在としての非白人の解放運動の引き金となり、彼らの連携を生んだものと表現される。[6] もう一つの再評価の動きは、グローバルな「1968年」の記述を試みる近年の歴史学の中に見られる。「1968年」は、世界各地でさまざまな政治運動を生んだ。それぞれは国家や地域の独自の政治的文脈のなかで展開したものの、そこにはいくつかの共通の語彙がみてとれる。マオと文革はその一つであり、二十世紀後半の世界史における、国境を越えた多層的な連関を見いだす鍵となり得るのだ。[7]

本稿では、「1968年」アメリカに見え隠れする毛沢東の姿を一つ一つ拾っていくことで、社会運動だけでなく、それと連動した文化の領域での「東風」を検討する。はじめに、一九六〇年代アメリカにおける対抗運動の「分裂」を象徴的に表す、一九六九年のSDS全国大会をみる。そこでは、人種、階級、ジェンダーをめぐる運動の主体間の複雑な関係がみいだせるが、その重要な結節点にマオや文革、および第三世界への視線があったことが明らかになる。その上で、それぞれの運動がどのように発展し、「六八年」を形成したかを振り返る。ニューレフトの主流と、

写真3　ケリーとエッシュの論文に挿入されたマオと文革のイメージ
“Political Propaganda of the Chinese Revolution. International Visions & Mao,” in Robin G. D. Kelly and Betsy Esch, “Black Like Mao, Red China and Black Revolution,” *Souls* 1, no. 4 (Fall 1999), 7-8.

毛沢東主義《マオイズム》を掲げた新左翼組織の関係からは、白人を中心としたアメリカの左翼運動において、階級と人種という伝統的なジレンマが存在したことがわかる。黒人解放運動においては、黒人のあらたなアイデンティティが「ブラック・ナショナリズム／インターナショナリズム」という言葉で表現された。しかし同時に、その革命言説の暴力性やマスキュリニティの排他性も浮かび上がる。「1968年」の

写真4　SDSなどが企画したペンタゴンでのベトナム反戦マーチで、憲兵に花を手渡す女性（1967年）
“Photograph of a Female Demonstrator Offering a Flower to a Military Police Officer,” October 21, 1967, Department of Defense. Department of the Army, National Archives, https://catalog.archives.gov/id/594360

運動は、アートやアカデミズムの地平を広げることにもつながった。東西陣営に加えて第三世界が存在した「三つの世界」の時代に、「東風」は、アメリカの人種・ジェンダー・階級の裂け目をどのように吹き抜けたのか。政治文化史として考察することで、マオや文革のグローバルなしるしを再発見するだけでなく、それが実際にはアメリカの運動の独自性を際立たせていることが見えてくるだろう。

一 「マオ！ マオ！ マオ・ツェートゥン！」／「ホー、ホー、ホー・チ・ミン！」——一九六九年SDS全国大会——

一九六九年六月、シカゴで開催された民主社会を求める学生（SDS）の全国大会には、当時一〇万人いたといわれるニューレフトの各地の代表が約二〇〇〇人集結した。このとき、二つの中心的な派閥は、それぞれ「ホー、ホー、ホー・チ・ミン！」、「マオ！ マオ！ マオ・ツェートゥン！」と激しく叫び合った。ここにおいて、一九六〇年代初頭に結成され、六〇年代を通じてアメリカのニューレフトを包括する組織として機能したSDSは、その内部分裂が決定的となり、崩壊へと向かう。アメリカのニューレフトは、もともとマルクスよりもカミュに共感した学生を中心に、若者の知識人運動として始まった。しかし、ベトナム戦争などをめぐる国内の混乱をへて、六〇年代末には、より戦闘的な革命運動路線が主流になっていた。

亀裂は、「革命」において連帯すべき対象の、人種、階級、ジェンダーの境界に沿って生じた。SDS事務局メンバーとその支持派は、六八年以降急進化し、第三世界との連帯を掲げる革命青年運動（RYM）を名乗った。後にウェザーマン（ウェザーアンダーグラウンド）を結成する彼らは、チェ・ゲバラの言葉「二つ、三つ、たくさんのベトナムを（Two, three, many Vietnams）」を、アメリカ国内で実践しようとした。第三世界革命としての都市ゲリラ戦を展開することを選んだのである。彼らも毛沢東や文化大革命を参照した。しかし、SDS内部の対抗関係のために叫んだ言葉は、「ホー、ホー、ホー・チ・ミン！」だった。RYMの敵対勢力として「マオ！　マオ！　マオ・ツェートゥン！」と叫んだのは、毛沢東主義を掲げる、反修正主義新左翼組織、革新労働党（PLP）だった。彼らは、連帯すべきは労働者であると主張して、六〇年代後半からSDS内部で勢力を拡大した。そして、労働者との連帯を分断する全てのナショナリズムは反動的であると退けた。彼らの言うナショナリズムには、ベトナムの民族解放運動や、アメリカ国内のブラック・ナショナリズムも含まれた。さらには、フェミニズムについても、ミドルクラスの枠を越えて労働者とつながらないならば意味がないとして切り捨てた。

SDS全国大会では、黒人解放運動組織のブラック・パンサー党が、第三世界革命路線のRYMを応援した。ブラック・パンサーは、アメリカ黒人の置かれた場を、合衆国内の第三世界あるいは、「内なる植民地」と認識し、ブラック・ナショナリズムによる団結によって自らを解

写真５　革新労働党（運動）による『現代アメリカの革命』（1970年）

Progressive Labor Party, *Revolution Today, USA: A Look at the Progressive Labor Movement and the Progressive Labor Party*, New York: Exposition Press, 1970.

放することをめざし、警察暴力からの自衛のために武装した。彼らは、『マオズ・リトル・レッド・ブック』をバイブルのように扱い、そこから多くを学ぼうとした。ＰＬＰは、毛沢東主義への傾倒を共有しつつも、ブラック・ナショナリズムを否定するため、連帯の相手にはなり得なかった。全国大会では、ブラック・パンサーはＰＬＰを攻撃しただけでなく、「プッシー・パワー」を叫んで女性運動も攻撃した。運動において、女性は補佐的立場にあるべきだという男性中心主義を展開したのである。[8]

大会に参加した二〇〇〇人のうち、ＲＹＭ支持者、ＰＬＰ支持者はそれぞれ三分の一で、残りは穏健な改革主義者だった。しかし、ただでさえ緩かったニューレフトの一体性は、そこに亀裂が走ることで、完全に崩壊へと向かった。毛沢東や文革の影響は、ニューレフトにも、ブラック・パンサーにも、ラディカル・フェミニズムにも、濃淡の差はあれ幅広く見受けられる。しかし、それは彼らの運動をまとめ上げる紐帯としては機能せず、むしろ亀裂を深めるものとして作用した。以下、「六〇年代」をつうじて、アメリカで「東風」を受けた人びとがそれにどのように反応して、運動を展開したのか見ていく。

二　リベラル・ニューレフト／反修正主義新左翼

アメリカにおけるニューレフト主流派のもっとも重要な特徴は、イギリスやフランスやドイツなどの西ヨーロッパ諸国、あるいは日本とは大きく異なり、共産党との関係が希薄だった点にある。彼らは、戦後の豊かな大衆消費社会にあって、冷戦リベラリズムを内側から批判する存在として誕生した。そのリベラルなニューレフトを全国的に束ねる中心的組織となったＳＤＳは、一九六〇年に、ミシガン大学の学生によって結成された。ドイツＳＤＳが「社会主義」を掲げるのに対して、アメリカのＳＤＳは、「民主社会を求める学生」組織だった。一九六二年にミシガン州ポートヒューロンの全米自動車労組（ＵＡＷ）の休養地で開催された初めての全国大会では、学生新聞の記者からＳＤＳの活動家に転じたトム・ヘイドンが起草した文書が「ニューレフトの宣言」として採択された。「この世代に属す私たちは、それなりに快適な環境で育ち、今は大学にあって、私たちが受け継いだ世界を不安をもって眺めている」という一文で始まる「ポートヒューロン宣言」は、第二次世界大戦後のベビーブーマーを含む世代としてのまとまりを強調し、大衆社会の疎外から逃れ、社会の意思決定に積極的に参加する「参加民主主義」を実現すべき価値として掲げた。この文書は、六〇年代を通じて何度も印刷され、学生に配られ、アメリカのニューレフトの必読文献となった。

彼らの思想形成の背景には、思春期に経験したアメリカ社会のひずみがあった。たとえばそれは、第三次世界大戦への恐怖であり、激しいマッカーシズムであり、自由な国アメリカにおける人種的不自由であり、豊かな郊外生活における画一的な文化であった。起草者のトム・ヘイドンは、アルベール・カミュの実存主義と、C・W・ミルズの社会学に強く影響を受けていた。南部での公民権運動への支援活動の体験から、北部における大学生の無関心を克服するために社会へのコミットメントを説いたのである。SDSは、反共産主義への批判として、いかなる政治信条を掲げる者でも受け入れる「反・反共産主義」の立場をとり、意思決定への参加を促すため脱中心的な組織構造をとった。「宣言」は、第三世界の革命にも触れるが、それは人々が立ち上がる姿に人間性の回復をみる実存的な視点からであって、特定のイデオロギーを称揚するものではなかった。むしろ、国際支援を通じた近代化論的発展を支持したように、アメリカの自由主義的伝統への強い信頼にあふれていた。初期のメンバーのなかには、ケネディ大統領が創設した第三世界への国際貢献ボランティア活動である平和部隊に参加する者もあり、政権とともに真にリベラルなアメリカを取り戻そうとする素朴で楽観的な若者の理想主義がみてとれる。ポートヒューロンでの会議を経て全国組織となったSDSは、その後一九六〇年代半ばまでは、南部での公民権運動の支援をしつつ、北部では「経済研究行動計画」(ERAP)と名付けた貧困地域のコミュニティ・オーガナイジングに向かった。[9]

こうしたリベラルな主流のニューレフトとは別に、東海岸でわずかながら残っていたアメリカ共産党員のなかからも、新たな左翼勢力の結成をめざす動きがあった。一九六一年十二月、ニューヨークではキューバ革命に触発された共産主義者らの会合が開かれたが、彼らは、ソ連共産党とそれに追随するアメリカ共産党を修正主義として否定し、新たな共産主義運動を模索した。地域のオーガナイザーだったミルト・ローゼンは、ソ連ではなく中華人民共和国をモデルとする「アルバニア路線」を提唱した。翌年六月には、ローゼンを中心とした五〇人ほどがホテル・ディプロマットに集結し、革新労働運動(PLM)を立ち上げた。PLMはローゼンを書記長に、「社会主義、民族・植民地解放、そして平和を模索する新しい世界の新しい力学によって、アメリカ帝国主義の根本的変革を行う」ことを目指した。とくに、バンドン会議以降の中華人民共和国の役割を高く評価し、その毛沢東礼賛はなかば盲目的であったため、左派の間でも「ホワイト・チャイニーズ」と呼ばれた。[10]

彼らは、国内では黒人労働者や炭鉱労働者の組織化を目指した。同時に、『革命への行程』と題したパンフレットでは、「アジア、ラテンアメリカの人民の反帝国主義闘争は、その地域的重要性のみならず、プロレタリア世界革命という大義全体において絶対的な重要性を持っている」

と述べ、対外的には第三世界革命との連帯を模索した[11]。彼らの存在が注目されるきっかけとなったのは、一九六三年と翌六四年の夏に実施した、キューバ渡航学生委員会（SATC）によるアメリカ人学生の短期キューバ派遣事業だった。これは、直接的にはケネディ政権によるキューバへの渡航禁止令に抗議する意味合いを持っていた。彼らは「移動の自由は、憲法に保障されたアメリカ市民の基本的権利である」と主張し、キューバ政府の招待を受けるかたちで、のべ一〇〇名ほどの学生をヨーロッパ経由でキューバに派遣した。国内では、メディアや連邦議会をまきこんで彼らの行動に対する賛否をめぐって論争がおこった。『ニューヨーク・タイムズ』は、この運動の担い手がアメリカの「新しい左翼（ニューレフト）」であると報じた[12]。

しかし、キューバ革命政権が次第にソ連に接近すると、中ソ対立を背景に、PLMはキューバ渡航運動を打ち切り、かわって当時はまだ社会の関心を集めていなかったアメリカの対ベトナム政策を批判する運動を始動した。一九六四年五月二日には、イェール大学、コロンビア大学、ニューヨーク大学、ニューヨーク市立大学などの学生約二〇〇人が、「マクナマラの戦争」を批判してニューヨーク市内をデモ行進した。この運動は、最初の行動の日付から五月二日運動（M2M）と呼ばれた。しかし、反戦運動拡大の可能性に着目したSDSが、停滞する経済研究行動計画からの脱却を図って、一九六五年四月にワシントンDCでベトナム反戦集会を開くと、以後、反戦運動の主導権は全国的に組織を広げたSDSが握ることになった。これに対してPLMは、党に改組して革新労働党（PLP）を名乗って地域の組織化を行うと同時に、一九六五年に若い左翼知識人によって開設されたニューヨーク自由大学の運営に協力するなどした。そして一九六六年二月には、M2Mを解散して党紀の粛正を図り、それまでの独自路線を変更して、会員資格を制限しないSDSの内部に入り込むことで組織拡大を目指した。

SDSは、学生を中心としたニューレフトが、大学を拠点として社会改革を目指した点に特徴があった。副委員長のカール・デイヴィッドソンは、学生が大学をコントロールすることで、社会への影響力を行使できると主張した。さらに、SDSは「新労働者階級論」を唱え、学生が新しい労働者階級であると定義し直すことで、大学を拠点とした運動を肯定した。PLPも当初は「スチューデント・パワー」を掲げていたが、「大学をのっとることは、社会や世界を乗っ取ることとは異なる」という立場から、キャンパスの学生と、キャンパス外の労働者という異なる二つの場での組織化を並行した。一九六八年にかけて、ベトナム反戦運動の激化のなかで、SDSの指導層は「革命的共産主義」を名乗るバーナーディーン・ドーンらを中心に急進化した。彼らは、SDS内部で組織的に躍進するPLPへの攻撃を強めた。そして八月の「流血の」シカゴ民主党全国大会では、いまや戦闘的な姿勢をとるにいたったトム・ヘイドンが、『毛沢東語録』から引用して次のように訴えた。

アメリカの政党大会や選挙は、「民主的プロセス」によって、われわれ市民の参加を再生するためにある。しかし、一九六八年にいたって、すべてがでまかせであることがわかった。……民主主義はストリートにある、敢然と戦い、敢然と勝利せよ！(13)

一方、PLPは、学生が警察と対峙しても革命は達成できないとの立場を取り、あくまで労働者階級を組織化することでのみ革命は成就すると主張した。労働者階級の中に入っていくために、メンバーは当時の学生に主流の長髪にジーンズという対抗文化的ファッションを頑なに拒否した。頭は短髪にし、ドラッグも禁止した。こうした規律の高さが他の活動家には「オールド・レフト」的に映った。十二月のSDS評議会では、ドーンらが結成したRYMとの対立が決定的となり、PLPは、労働者階級を分断する「すべてのナショナリズムは反動的である」として、分離主義的傾向をもったブラック・ナショナリズムや、他のエスニックグループの解放運動を否定するにいたった。フェミニズムに対しても、労働者の組織化を優先し、同様の立場を取った。そして、翌六九年には、キューバ革命政権を「ブルジョア」と呼び、「ベトナムの指導者層はもはやプロレタリアート専政のために戦ってはいない」として、ベトナムの民族解放も反動的ナショナリズムとみなしたのである。(14)

南ベトナム解放民族戦線（ＮＬＦ）における共産主義者の役割とはなにか。ソ連が賞賛する十箇条計画はたしかにある。しかしこれは社会主義に言及していない。ＮＦＬの「中立性」を宣言するものである。この計画は典型的なナショナリスト・プロパガンダであり、反帝国主義的立場が曖昧で、アメリカがベトナムから退却した後のゆるい連合政権を目指すものである。(15)

アメリカのニューレフトの主流は、冷戦下のマッカーシズムによって生み出された政治的な空白の中で誕生するという、他国には例のない特異な展開を経験した。そして、わずかに残る共産党勢力のなかからも、新しい左翼は生まれた。民主社会を求める学生（ＳＤＳ）のリベラルなニューレフトと、反修正主義を掲げた革新労働党（ＰＬＰ）の教条主義的姿勢は、六〇年代終わりの運動全体の急進化の中で衝突した。その結果、ニューレフト運動全体に亀裂が生じ、運動は袋小路に陥った。その裂け目に見え隠れする毛沢東のイメージは、アメリカの新左翼運動における文化大革命受容のネガティブな印象を強化することにつながったのである。

三　ブラック・ナショナリズム／インターナショナリズム

白人学生を中心としたニューレフトとは対照的に、ブラック・パンサー党に代表される黒人解放運動において、マオと文革は連帯の対象というよりも主体的な問題として運動形成に影響を与えた。一般に、六〇年代のアフリカ系アメリカ人の運動が語られるとき、その中心的ナラティブにはキリスト教牧師のマーティン・ルーサー・キング・Jr.を指導者とした五〇年代半ばからの公民権運動が据えられる。そして、六四年公民権法、六五年投票権法の制定によって公民権運動が一定の成果を得たものの、改善されない社会的差別に対して都市部での暴動が頻発すると、苛立つ黒人たちはブラック・パワーを叫んだ、と物語はつながる。こうした「公民権運動からブラック・パワーへ」の物語には、マオや文革のイメージはほぼ見えない。一方、歴史家ロビン・D・G・ケリーとベッツィー・エッシュは、そこからこぼれ落ちるブラック・ラディカリズムに光を当てた(16)。ケリーらが描く、ブラック・パワーへと繋がるラディカリズムの系譜には、アフリカ系アメリカ人が第三世界の革命や、とくに中国の文革に、自らのアイデンティティを重ねる姿がある。ケリーらの視点は、近年のグローバルな六〇年代論の動きにおいて、多くの研究に受け継がれている。

アフリカ系アメリカ人は、脱植民地化のために闘う非同盟諸国の人びとの一員であるという意識が、ブラック・ナショナリズム／インターナショナリズムへと発展する運動思想の核にあった。この意識は、公民権運動の開始に先立つ一九五五年のバンドン会議を見つめる、W・E・B・デュボイスや、ジェイムズ・ボールドウィンら知識人の共感と興奮を起点とするため、「バンドン的ヒューマニズム」とも呼ばれる。インドのネルーや中国の周恩来の呼びかけにバンドンに集まったのは、非白人（有色）の国々の代表であり、彼らは、東西陣営のどちらにも属さずに、独自に平和を模索した。その後の一九五九年のキューバ革命の達成、一九六〇年の「アフリカの年」、一九六二年のアルジェリア独立などの脱植民地化の過程と、マルコムXらアメリカ国内のアフリカ系アメリカ人の運動は連なるものとして想像されたのである。

第三世界とアメリカの黒人解放運動を人的、思想的につなげたロバート・F・ウィリアムズの影響は大きい。ウィリアムズは、第二次世界大戦に従軍した後、生まれ育ったノースカロライナ州モンローで、全米黒人地位向上協会（NAACP）の支部に加入し、五〇年代には副支部長として、公共の図書館やプールでの人種統合に尽力した。しかし、この過程でクー・クラックス・クランの激しい暴力にさらされ、NAACP脱退後には自衛のための武装を宣言して自衛団を組織した。ところが一九六一年、誘拐罪を理由にFBIに追われ、キューバに亡命した。キューバではカストロ政権の支援を得て、ラジオ・フリー・ディクシーというプログラムをつくり、ハバ

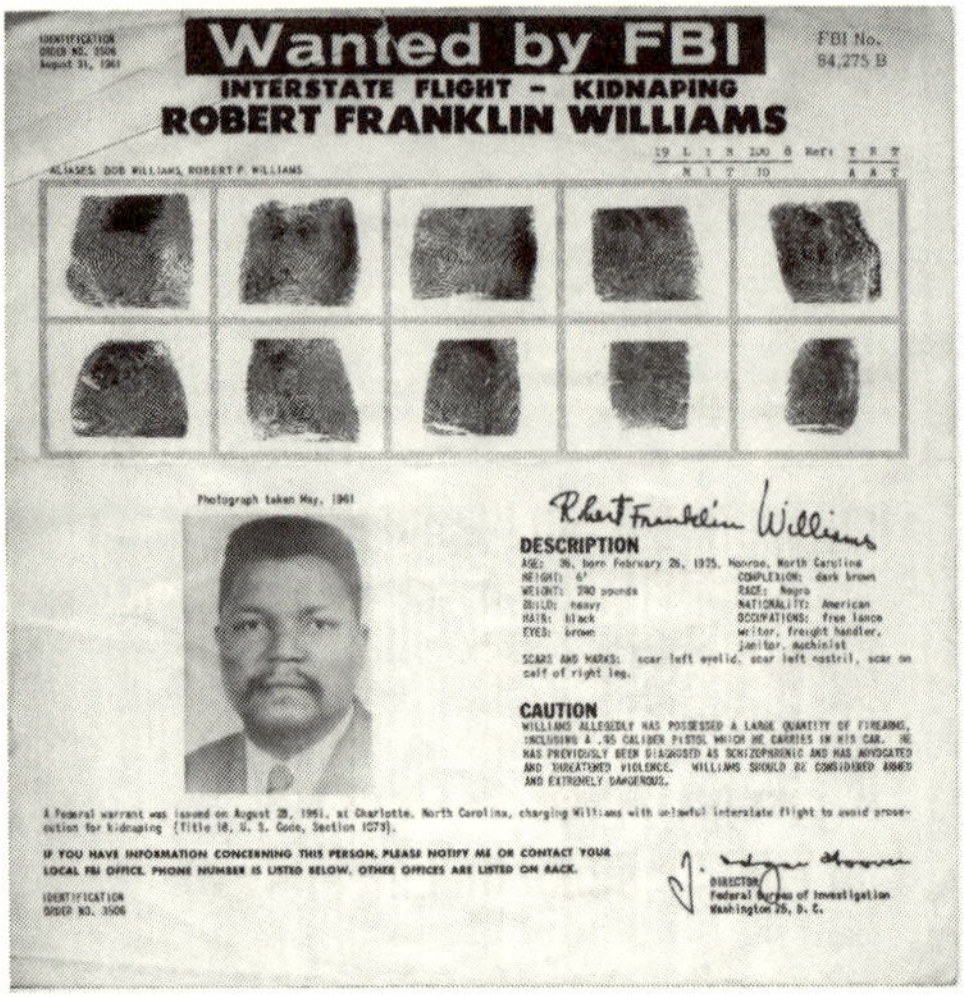

写真6　ロバート・F・ウィリアムズに対するFBIによる指名手配ポスター（1961年）
https://commons.wikimedia.org/wiki/File:Hooverwarrantforwilliams.jpg

ナからアメリカ南部の黒人に闘争を呼びかけた。さらに、雑誌『十字軍《クルセーダー》』を創刊し、合衆国に多くの読者を獲得した。一九六五年からは中国に移り、六九年に帰国するまで海外から発信を続けた。彼は、マルクス主義者でもナショナリストでもなく、アジア、アフリカ、ラテンアメリカの第三世界の「解放のための闘争」を戦う「インターナショナリスト」を自称した。アメリカ国内では、分離主義的なナショナリストとみなされるブラック・ナショナリズムは、その根本において世界中の解放運動と連動するインターナショナリズムであったことが理解できる。

ウィリアムズのインターナショナリズムは、アメリカ国内で、若者たちによって結成された革命行動運動（RAM）に引き継がれることになる。これは、SDSや、ランチカウンターでの「すわり込み」からうまれた学生非暴力調整委員会（SNCC）、さらには人種平等会議（CORE）の少数の学生が一九六二年に組織したグループだった。彼らは、ウィリアムズの思想と、ハロルド・クルーズによる国内植民地論を受けつつ、六四年には「マルクス＝レーニン＝毛沢東主義」を信奉した。「合衆国における黒人解放運動は、世界の社会主義運動の前衛の一部である」として、頻発する都市暴動を、都市ゲリラによる「蜂起」と位置づけた。その党規には、『毛沢東語録』の「三大規律」からのスタイルと語彙の引用がみてとれる。「革命的ナショナリストは、最高の士気をたもち、大衆からは針一本、糸一筋も決してとらない」。RAMは、六六年の文革開始後は、地下に潜伏した(17)。

六〇年代後半の黒人解放運動のなかには、マオのイメージが散見されるが、これは、毛沢東が自らアメリカの黒人に向けて発信していたからでもあった。一九六三年八月八日、「仕事と自由のためのワシントン大行進」が開催される二〇日前には、「アメリカ帝国主義による人種差別との公正な闘いにおけるアフロ・アメリカンを支持する声明」を発表し、キングが暗殺された一二日後の一九六八年四月十六日には、「暴力的抑圧に抗うアフロ・アメリカンの闘争を支持する声明」を発表している。こうした絶妙のタイミングで発せられる毛沢東からのメッセージは、米国内の解放運動に脱植民地化闘争の「お墨付き」を与えた。もちろん、「ブラック・パワー」の叫びにおいて、必ずしもマオが中心に存在したわけではない。一九六六年七月、SNCCのストークリー・カーマイケルが「ブラック・パワー」をはじめて口にしたとき、それは、政治プログラムやイデオロギーというよりも、スローガンだった。「自由を問い続けてもう六年目だ。だが、なにも変わっちゃいない。今俺たちが言い始めなくてはならないことは、ブラック・パワーだ！」[18]カーマイケルのブラック・パワーは、白人の活動家や国内のメディアには、分離主義的なブラック・ナショナリズムとみなされる傾向があったが、実際にはパン・アフリカニズムへとつながる契機を持っていた。この思想的発展のなかで、カーマイケルは、チェ・ゲバラ、ホー・チ・ミン、クワメ・エンクルマ、フランツ・ファノン、レジス・ドブレなどの第三世界闘争の英雄的指導者や著述家に並ぶ一人として、マオを賞賛していた。しかし、一九六八年二月には、ロサンゼルスで開かれたブラック・パンサー党の集会で、カーマイケルは次のように述べて、彼自身と毛沢東の思想の力点の違いを表現した。

われわれの社会にはそれほどの階級構造はない。共産主義や社会主義は階級を語る。私たちは人種について語っている。これが違いだ。つまり、われわれは毛沢東を読むが、それは彼の言葉にさまざまな真実があるからだ。毛沢東は偉大な中国人の指導者だ。中国でもっとも偉大な指導者だ。だが、私たちはアフリカ人のリーダーが必要だ。私たちがついて行くべきは、アフリカ人のリーダーなのだ。われわれはアフリカンだ。チャイニーズではない。[19]

一九六六年にオークランドで結成された「自衛のためのブラック・パンサー党」（のちにブラック・パンサー党）は、『毛沢東語録』をバイブルとして掲げた。ヒューイ・ニュートンやボビー・シールら結成メンバーは、RAMの影響を強く受け、毛沢東の思想を宣伝した。エルドリッジ・クリーバーらは、中国の毛沢東、朝鮮民主主義人民共和国の金日成、ベトナムのグエン・ザップ、そしてアルジェリアの独立闘争を精神科医として描いたファノンをとおして、マルクス主義が「狭義のヨーロッパ的な現象」ではないことを強調した。しかし、歴史家ケリーによると、メンバーは「マルクス主義、レーニン主義、毛沢東主義の著作を読むことや、革命イデオロギーを発展させていくことにはまったく不真面目だった」。さらに、『毛沢東語録』の女性について書かれた部分については、ほとんど読まれることがなかったという。つまり、男性化された革命の組織化や戦術において彼らにとって重要と思われる部分を選択的に取り込み、そのほかの部分を体系的に理解し、理論として発展させようとはしなかった。[20]

とはいえ、ブラック・パンサー党の貢献の一つは、他の米国内のエスニック・グループに運動のモデルを提示したことだった。彼らが作り出した自衛のためのコミュニティと解放運動の戦術は、ポスト六八年のアメリカ国内の「第三世界運動《サードワールディズム》」として拡大した。「パンサーのなかのサムライ」とも形容された日系人のリチャード・アオキの存在にもみられるように、非白人のエスニックグループの間には、運動における人的・思想的な連携もみられた。とくにサンフランシスコなど西海岸の大学では、この連携を通して人文系アカデミズムの再編が進められることになる。また、シカゴやニューヨークでは、プエルトリコ系のヤング・ローズや、中国系の義和拳（IWK）が、ブラック・パンサーと共通の語彙を用いて運動を展開した。ヤング・ローズのニューヨーク支部をイーストハーレムで組織したミゲル・メレンデスは、次のように回想する。

まずはじめに、私たちは、自ら学習することにした。いかにして毛沢東が中国で革命勢力

写真７　メキシコ・オリンピック 200 m走表彰式で、黒い手袋をはめた拳を突き上げてブラックパワーを訴えるアメリカ人選手。金メダルのトミー・スミスと銅メダルのジョン・カーロス、銀はオーストラリアのピーター・ノーマン（1968年）

https://commons.wikimedia.org/wiki/File:John_Carlos,_Tommie_Smith,_Peter_Norman_1968cr.jpg

を解き放ったのかについての本、ベトナムを解放するホー・チ・ミンの戦略についての本、他に何でも助けになると思われた本を読みあさった。……フランツ・ファノンの『地に呪われたる者』は、植民地主義と人種主義が心理的に与える影響を解説するものだった。チェ・ゲバラの『人間と社会主義――個人の変容』には、社会に革命をもたらすために自分自身の内側に変化を生み出す個人の内的闘争を学んだ。(21)

マルクス主義の階級論において人種をいかに位置づけるかは、一九二〇年代以来、アメリカ合衆国の共産主義運動史において党を分断するほどの重要な争点であった。そして、一九六〇年代終わりにいたってもやはり解放運動の争点であり続けた。一九二八年にモスクワで開催されたコミンテルン第六回大会で、南部のブラックベルトの黒人は個別のネーションを形成するとする理論が採択された。その後、階級を優先するべきか、人種を優先するべきかが、ほぼ半世紀にわたって問われ続けていたことになる。ただし、一九六〇年代の階級と人種の問題は、第二次世界大戦後と冷戦の経験、一九五五年のバンドン会議、一九五六年のスターリン批判を経て、戦前とは異なる文脈の上にあった。革新労働党が執拗に階級闘争にこだわったのは、スターリンとアメリカ共産党の修正主義を否定し、マルクス主義における正統性を毛沢東に求めたからだった。一方で、ブラック・パワーや、ブラック・パンサー、そしてヤングローズなど、アメリカ国内の第三世界的主体は、共産主義者としての毛沢東よりも、西洋の植民地主義に抗う非同盟諸国を牽引するイメージを読み込んだのである。この意味で、毛沢東は他の第三世界の解放運動指導者や理論家のなかの一人ではあったが、『語録』によってそのメッセージが理解しやすかったこと、その視覚的イメージの訴求力が高かったことが理由となって、六〇年代アメリカの運動に「東風」を吹かせることになった。ただし、マスキュリニティに訴える彼らの革命言説は、そこからジェンダーを排除するという重大な問題をはらんでもいた。

四　ラディカル・フェミニズム／文化の革命／アカデミズムの再編

アメリカの「1968年」における毛沢東の影響は、左翼運動や人種解放運動においてとくに可視的だが、じつは、それらに攻撃されたフェミニズムにも「東風」を見ることができる。男性活動家は、毛沢東やマルクス、レーニンの言葉を使って、女性が独自に運動をおこし、展開することを階級闘争を邪魔するものとして否定した。そうでない場合は、解放運動において、女性を従属的な位置にとどめ置こうとした。しかし、ラディカル・フェミニストは、自らこれらの理論家に触れることで、男性活動家の恣意的な誤読を発見することになる。一九六七年に結成されたニューヨーク・ラディカル・ウィメンの創設メンバーで、一九七〇年代にはレッドストッキングの運動を牽引したキャロル・ハッシュは、次のように振り返る。

ほどなくして、私たちラディカル・フェミニストの多くが、マオは、マルクス、エンゲルス、そしてレーニンよりも読みやすく、彼が言うことは私たちの闘争に具体的で重要であることを発見した。男性左翼は、マルクス、エンゲルス、レーニンを使って、ラディカル・ウィメンに対して、直接かつ排他的に女性の抑圧をあつかう独自の女性解放運動をおこそうとすることがいかに誤っているか訴え、理論的に打ちのめそうとした。しかし、後に、これらの原典（それはマオにとっての原典でもあった）にあたり、自分たちで読んでみると、私たちに向けて引用されたものの多くは不正確で、文脈を無視し、実際には当てはまらないことがわかったのだ。(22)

ラディカル・フェミニストはマオから多くを学び、中国文化大革命の理論を自分たちの運動に適用したと、ハッシュは言う。「文化大革命は実際に起こっていて、それは自分たちの運動にも上手く使えた」。それは、公民権運動やその後の黒人解放運動での経験から得た、大衆的、草の根的な女性の解放運動の展開のためには、ラディカルな武器としての意識高揚《コンシャスネス・レイジング》が必要だという理解を深め、さらなる意識高揚に向かわせた。一九六八年のミス・アメリカコンテストでのプロテストでは、デモ隊の中に、ラディカル・フェミニストにむかって、「マオの母親」と罵った男性がいた。しかし、ハニッシュは、実際は「マオの娘」と呼ばれるのが正しかったと振り返る。そして、一九七五年、レッド・ストッキングは、『Ms.』マガジンのグロリア・スタイナムがCIAと繋がっていることを「暴露」し、彼女らが振りまくリベラル・イデオロギーとその裕福な支持者を「走資派」、「男性優越主義派」として非難した。このとき、彼女たちの「リベラリズムに屈服しないという決意」に拍車をかけたのが文革だったという。ハニッシュは、理論的なものの他に文革から吸収したものとして、言葉にしにくい何かを、「インスピレーション」「希望」「絶望感」「勇気」「主体的状況」「革命の精神」と表現し、これを経験した人はみな、「いかにしてそれを取り戻せるのかを知りたいと思っている」と回顧する。(23)

意識高揚を通じて文化的な集合意識を高め、大衆的な運動につなげていくという発想は、リロイ・ジョーンズ（のちのアミリ・バラカ）がハーレムで展開したブラック・アーツ・ムーヴメント（BAM）にも見られる。詩人であり作家であったジョーンズは、人種差別的な従軍経験を経て、一九五〇年代終わりにはグリニッジ・ヴィレッジに住み、ビート詩人と交わるようになった。一九六〇年七月には、キューバに対するフェアプレイを求める委員会（FPCC）の代表団の一員として、革命後間もないキューバを訪問し、『キューバ・リブレ！』を書いた。一九六三年の『ブルース・ピープル』では、アメリカの歴史で語られない黒人の姿を、ジャズやブルースを通して描き出し、一九六五年二月のマルコムX暗殺に際しては、「黒い心のための詩」を書いて深い哀悼の意を表している。ジョーンズは、同年、ヴィレッジを離れ、黒人が多く住むハーレムに移り、そこにブラック・アーツ・レパートリー・シアター／スクール（BARTS）を開設した。そしてBARTSを拠点に、一九七〇年代にかけてブラック・アーツ・ムーヴメントを展開するのである。ブラック・パワーに共鳴したジョーンズは、マルクス主義に傾倒しつつも、アメリカの黒人が一つのネーションを形成できるかどうかは、政治よりむしろ文化の領域での闘争であると認識

写真8　キャロル・ハニッシュの論文「私的なことは政治的なこと（The Personal Is Political）」が掲載されたニューヨーク・ラディカル・ウィメンのパンフレット

"Notes from the Second Year: Women's Liberation" (1970), Duke University Libraries, Digital Repository, https://repository.duke.edu/dc/wlmpc/wlmms01039

して、詩作、創作、音楽、演劇などのアートを通じた黒人の文化革命を実践した。このとき、毛沢東の『文芸講話』（一九四二年）は彼の発想の原点にあったと、後に語っている。

今まで読んだ中でもっとも良い文芸批評の本は、毛沢東の『文芸講話』で、その中でマオは、アートは政治的に正しいだけでなく、芸術的にパワフルでなければならないと語っていた。……彼はまた、単にマルクス主義者だからといって、演劇を書いたとしてそれが必ずしも優れたアートになるとはかぎらないと言う。……マオは、もし芸術的な力が備わってなければ、いかにその政治的宣言が正しくても、失敗するだろうと言うのだ。[24]

ブラック・アーツ・ムーヴメントは、ブラック・パワー・ムーブメントと連動してアフリカ系アメリカ人の自決とネーションとしての意識を高めたばかりでない。それまで白人が独占していたアートの場に黒人の表現空間を作り出し、そして他のエスニック・グループにもその空間を開いた。ハーヴァード大学のヘンリー・ルイス・ゲイツ・Jr.は、ブラック・アーツ・ムーヴメントは、運動としては短命で、あまり成功したとはいえないが、「アフリカ系アメリカ人文学の歴史の中で、もっとも論争的な時期」におこり、「文学の機能と意味ばかりでなく、大学の文学部《イングリッシュ・デパートメント》におけるエスニック文学の位置を根本から変えた」と評している。[25]

アメリカの「1968年」の成果は、文化面に顕著で、とくにアカデミズムの再編において際立っている。この時期には、大学のカリキュラムをめぐる直接的な闘争が展開された。その端緒となったのが、サンフランシスコ州立大学で起こった第三世界解放戦線（TWLF）によるストライキだった。TWLFは、アフリカ系、メキシコ系、フィリピン系など、自らを合衆国内の第三世界的存在と認識する学生の連合組織で、ベトナム反戦運動や、学生新聞による黒人学生への中傷に対する抗議をきっかけに、キャンパスでの運動を活発にした。彼らは、一九六八年十一月、大学院生でブラック・パンサー党の教育相だったジョージ・メイソン・マレイの停学処分をきっかけにストライキを開始し、一九六九年の春まで断続的にこれを展開した。彼らの要求は、マレイの身分回復や、学士カリキュラムとしてのブラック・スタディズ学部とエスニック・スタディズ学部の設立、これらのプログラムを教える教員の雇用、マイノリティ学生の受け入れ増加だった。そして、結果的にすべての要求を大学側にのませることに成功した。TWLFは、カリフォルニア大学バークレー校でも結成され、やはりカリキュラムの改変を実現した[26]。

東海岸のニューヨーク市立大学でも同様の動きが見られた。サンフランシスコやバークレーのTWLFに触発されたアフリカ系とプエルトリコ系の学生が中心となって、少数のアジア系の学生を含み込むかたちで運動が組織され、「第三世界研究」カリキュラムの設置と、市の人種比率に応じたエスニック・マイノリティの入学定員の増加が求められた。とくにプエルトリコ系学生の組織化においては、イーストハーレムで活動していたヤング・ローズの支援があり、映画『アルジェの闘い』をヒントに戦術を練ったり、コミュニティとの連携を図るなどした。一九六九年四月には、サウス・キャンパスの建物占拠に至るが、このとき彼らは、占拠した建物に、ラップ・ブラウン、チェ・ゲバラ、マーカス・ガーヴィ、そしてプエルトリコ系の独立活動家ペドロ・アリブス・カンポスとならんで、毛沢東の名を冠した。運動の結果、「都市エスニックスタディ」学科が創設され、一九七〇年入学からのカラーブラインドな全入制度が実施されることになった。この動きは、必ずしも「東風」の影響そのものとは言いがたいが、第三世界全体で吹き荒れる嵐が、アメリカ国内の第三世界的主体にあらたな自己理解の契機をもたらし、そこから高等教育のカリキュラムの変容をともなう、新たな知のあり方が創造されたと理解できるだろう(27)。

他方で、より直接的に中国に向けた視線から、当時のアメリカの学問状況に対して、そのアジア観の根本的転換を迫った若い研究者のグループが存在した。一九六八年に設立された、憂慮するアジア研究者の会(CCAS)である。第二次世界大戦後のアメリカのアジア研究は、他の地域研究《エリア・スタディズ》と同じように、政府の冷戦政策の一環として、敵を知るため、あるいはアメリカ型の近代化論的発展を促すためという、明確な政治的意図を持って形成された。一九五八年の国防教育法(NDEA)は、政府のプロジェクトや研究グラント、フェローシップ、民間基金が大学に流入し、カリキュラムや学会を政府の意図に添って編成する契機となった。一九四〇年代からアジア研究者の中心的組織として機能したアジア研究学会（AAS）は、一九五八年から一九七〇年の間に、会員数を一〇二二名から、四七〇八名へと四倍に増やしている。しかし、マッカーシズムによって、学会は反共産主義的な雰囲気に支配されたままだった。一九六〇年代の学生運動の反権威主義的態度は、指導教授と院生や学生の関係をとおして、この学会へと波及することになる。きっかけになったのは、アメリカのベトナム政策への反発と、反戦運動だった。アジア研究を志す若者にとって、ベトナムはたんに戦場ではなく、研究のフィールドでもあった。さらに自分たちを教える教授や将来の同僚が、アメリカのアジア観を作っているという緊張感が生まれた。CCASニューズレターの一号では、「アジア研究分野は、スケープゴートでも聖職でもなく、アメリカ社会と政治、そしてわれわれ個人の生活の一部であり、一端である。それは、高い自己意識を持った精査と、自省が必要である」[28]と訴えている。そして、CCASが発行する学会誌《ブレティン》（*BCAS*）の設立趣意では、次のように語られた。

私たちは、アメリカ合衆国のベトナムにおける残虐な侵略行為と、その政策についての、私たちの専門領域における共謀と沈黙に反対の意を表するために結集した。アジア研究のフィールドにある者は、その研究による帰結と、専門領域の政治的姿勢に対して責任を負う。私たちは、アジアの大半の地域をアメリカが支配することを目的にするアジア政策にたいして、専門家が声を上げようとしない現状を憂慮する。私たちはこうした目的の正当性を否定し、政策の転換を試みる。この専門領域における現在の構造は、学問性をゆがめ、この分野の多くの人間を疎外しているのだ。(29)

写真9　憂慮するアジア研究者の会（CCAS）『ニューズレター』1巻2号表紙（1968年）
CCAS, *Newsletter*, Vol. 1, No. 2 (October 1968), https://criticalasianstudies.org/

ＣＣＡＳの形成とその活動を分析したファビオ・ランザによると、アジア研究者のなかでも、とくに毛沢東の中国に関心を寄せる若手研究者が、初期の会員に多かったという。ＣＣＡＳはけっして「毛沢東主義組織」ではなかったが、文化大革命に可能性を見た彼らは、アメリカ型の近代化論でもソ連型の社会主義でもない、中国の経済発展にアジアの現実を見いだした。そして、アジアを研究対象として客体化するのではなく、より主体的に寄り添おうとした。中国やマオイズムは、次の四点において共有されたと言う。第一に、「中国」は単なる場所や空間ではなく、「世界中で重要になる潜在性をもった思想や思索」の体系として受け取られた。第二に、マオイズムは、資本主義モデルとソビエトモデルの双方へのオルタナティブだった。第三に、一九六〇年代の動乱と文化大革命は、それまでのアメリカ政府の国家としての特権的な政治的地位を脅かすにいたった。そして第四に、マオイズムは、知識人に直接働きかけた。「肉体的、知的な分業、科学の役割と客観性、政治と知識の関係、学びの伝達におけるイデオロギー構造」などへの問いを喚起したのだ(30)。

CCASは、アメリカのアジア研究を変容させただけでなく、アメリカ以外の同世代のアジア研究者とも交流することで、アジアへの視角をグローバルに転換することに寄与した。日本の研究者との間での学問的交流によって、日本における日本史や中国研究に与えた影響も大きい。しかし、CCASの毛沢東と文化大革命への熱意は長くは続かなかった。一九七六年に毛沢東が死去し、文革が終了すると、中国は鄧小平を指導者に改革開放路線へと舵を切った。七二年のニクソン訪中によって、すでにCCASのメンバーの多くにとっては、ベトナムを切り捨てた中国への信頼が揺らいでいた。結果的に一九七〇年代おわりまでには、毛沢東に理想を感じていた中国研究者の多くが、安定した職に就けずに、あるいは自ら幻滅し、アカデミズムからドロップ・アウトしたと言う。*BCAS*に掲載される中国研究論文も大幅に減った。しかし、毛沢東への楽観主義が失われたとはいえ、ＣＣＡＳの設立趣旨は、現在も『批判的アジア研究』（ＣＡＳ）に引き継がれている。

アメリカの「１９６８年」の運動は、文化や学問領域に広がることで、それ以前に戻すことの出来ない視角の転換をもたらした。このとき、毛沢東や文化大革命は、第三世界のなかでももっとも特徴的なオルタナティブの一つであり、それは目指すべき目標と言うよりも、転換をもたらす発想の源泉であったことがわかる。つまり、アメリカの文化的状況や、学問的状況をめぐって、アメリカの土壌でたたかう主体に、独自の文化戦略を生み出す示唆を与えたのだ。

おわりに

一九七二年、アンディ・ウォーホルは、毛沢東の巨大な肖像画をシルクスクリーンで制作した。その意図について本人が語ることはなかったが、共産主義プロパガンダとして『毛沢東語録』に掲載された肖像画が、ウォーホルが風刺するアメリカの消費主義のなかに、既製品のポップ・アイコンとして再構成された瞬間であった。

マオと文革は、「1968年」アメリカの運動と文化における、ナショナリズム、階級、ジェンダーのあいだの裂け目に流れ込むことで、さらに亀裂を拡大し、同時にそこから新しい何かを生み出す契機になった。反修正主義新左翼として、階級闘争にこだわった革新労働党（PLP）は、結局は労働者を効率的に組織することはできず、失速した。PLPと対立したSDSの指導部は、ウェザーマン（のちにウェザー・アンダーグラウンド）を組織し、都市ゲリラ戦を展開する暴力革命路線をとり、地下に潜伏した。これらに共感できなかった多くのニューレフトは、運動とは距離を置き、あるいはより生活に密着した環境運動などにむかった。ブラック・パンサー党は、警察やFBIによる執拗な攻撃によって解党を余儀なくされた。こうして、アメリカの「1968年」を振り返る視線は、当時の熱意とは対照的に冷めたものになった。とくに一九八〇年代以降、社会が保守化するなかで、当時の外国からの思想、とりわけ第三世界の思想が、元来アメリカの運動には相容れなかったのだとして、運動の「失敗」の一因として語られるようになった。

しかし、問われるべきは、一九六〇年代というアメリカがもっとも自己満足に浸っていた時代に、アメリカ社会の人びとの目を外に向けた契機であり、それによってもたらされた現代アメリカ社会を理解する視角の転換という意味であろう。この点において、フェミニズム、ブラック・アーツ・ムーヴメント、アフリカン・アメリカン・スタディズ、エスニック・スタディズ、CCASなどの運動と連動した文化の領域で起こされた変化は、現在のアメリカの知と、多文化主義につながる知を醸成した。それは、その後のバックラッシュにあっても、それ以前の姿に戻ることを拒絶する。この転換において、「東風」がアメリカを「圧倒」したとは言いがたい。しかし、二十世紀後半のアメリカで、それぞれの社会的、政治的状況に生きる人びとが起こそうとした変化を後押しする「追い風」として吹いたことは確かである。

注

（1）*Columbia College Today*, Spring 1968, in Columbia University, Columbia 1968 Image Gallery, Photo #46, accessed September 30, 2018, http://www.columbia.edu/cu/computinghistory/1968/68-11.html; Jennie Wiedel Photography, "Holding up Mao's 'Little red book' Black Panther / Power Rally to Free Huey Newton in San Francisco California in May 1969," accessed September 30, 2018, https://wiedel.photoshelter.com/image/I00000yvhnU0Cm2E.

（2）John Mcmillian, *Beatles vs. Stones* (New York: Simon & Schuster, 2013), 186-187.

（3）Todd Gitlin, *The Sixties Years of Hope, Days of Rage* (New York: A Bantam Books, 1993 [1987]), 261-63.

（4）Judy Tzu-Chunn Wu, *Radicals on the Road: Internationalism, Orientalism, and Feminism during the Vietnam Era* (Ithaca: Cornell University Press, 2013), 1-5.

（5）Robin G. D. Kelly and Betsy Esch, "Black Like Mao, Red China and Black Revolution," *Souls* 1, no. 4 (Fall 1999): 6-41.（ロビン・D・G・ケリー『フリーダム・ドリームス――アメリカ黒人文化運動史の歴史的想像力』高廣凡子訳、人文書院、二〇一一年に収録）

（6）Max Elbaum, *Revolution in the Air: Sixties Radicals Turn to Lenin, Mao and Che* (New York: Verso, 2002); Joshua Bloom and Waldo E. Martin, Jr. *Black against Empire: The History and Politics of the Black Panther Party*

(Berkeley: University of California Press, 2013); Taj Frazier, Robeson, *The East Is Black: Cold War China in the Black Imagination* (Durham: Duke University Press, 2014); Fred Ho, and Bill V. Mullen, eds., *Afro Asia: Revolutionary Political and Cultural Connections between African Americans and Asian Americans* (Durham: Duke University Press, 2008); Daryl Mazda and Joni Maeda, *Rethinking the Asian American Movement* (New York: Rutledge, 2012) など。

（7）特に『毛沢東語録』に注目した研究としては、Alexander C. Cook, ed., *Mao's Little Red Book: A Global History* (New York: Cambridge University Press, 2014). グローバルな「1968年」論については、油井大三郎編『越境する一九六〇年代――米国・日本・西欧の国際比較』彩流社、二〇一二年。西田慎・梅﨑透編『グローバルヒストリーとしての「1968年」――世界が揺れた転換点』ミネルヴァ書房、二〇一五年。および『思想』二〇一八年五月号（特集〈1968〉）等を参照。

（8）Mary-Alice Waters, "The Split at the SDS National Convention," The Militant, 33, no. 27 (July 1969), reprinted in Encyclopedia of Anti-Revisionism Online, accessed September 30, 2018, https://www.marxists.org/history/erol/ncm-1/militant-sds.htm.

（9）梅﨑透「『すわり込み』から『ポートヒューロン宣言』へ――ニューレフト運動の形成に関する一考察（一九六〇年―一九六二年）」『アメリカ研究』三三号（一九九九年）、一七一―一九〇頁。

（10）Progressive Labor 1, no. 7 (July – August, 1962), 5; Philip Abbott Luce, *The New Left* (New York: D. McKay, 1966), 85-86.

（11）The PLM, *Road to Revolution* (New York: Progressive Labor Party, 1964) 101.

（12）Toru Umezaki, "Breaking through the Cane-Curtain: The Cuban Revolution and the Emergence of New York's Radical Youth, 1961–1965," *Japanese Journal of American Studies*, no. 18 (2007): 187-207.

（13）Tom Hayden, "Democracy is in the Streets" 1968, quoted in James Miller, *Democracy Is in the Streets: From Port Huron to the Siege of Chicago* (Cambridge: Harvard University Press, 1994), 298.

（14）A. Belden Fields, *Trotskyism and Maoism: Theory and Practice in France and the United States* (Santa Barbara, CA,

Praeger, 1989), 185-195.

(15) Progressive Labor Party, "Revolutionaries Must Fight Nationalism, August 1969," in Progressive Labor Party, *Revolution Today: U.S.A. A look at the Progressive Labor Movement and the Progressive Labor Party* (New York: An Exposition-banner Book, 1970), 288-89.

(16) Robin G. D. Kelly and Betsy Esch, 6-41.

(17) ケリー、一五四頁。

(18) 藤永康政「黒人ラディカリズムの『六八年』とブラックパワー」『思想』一一三九号（二〇一八年五月号）、四八頁。

(19) Stokely Carmichael, Black Congress Sponsored Rally for Defense of Huey P. Newton, Los Angeles Sports Arena, February 18, 1968, quoted in Peniel E. Joseph, *Stokely: A Life* (New York: Basic Civitas, 2014), 244-245.

(20) ケリー、一六〇―一七〇頁。

(21) Miguel Melendez, *We Took the Streets: Fighting for Latino Rights* (New York: St. Martin's Press, 2003), 93.

(22) Carol Hanisch, "Impact of the Chinese Cultural Revolution on the Women's Liberation Movement," Speech delivered at a panel at the 30th Anniversary Symposium on "China's Great Proletarian Cultural Revolution" at the New School for Social Research in New York on December 14, 1996, accessed September 30, 2018, http://carolhanisch.org/Speeches/ChinaWLMSpeech/ChinaWLspeech.html

(23) Ibid.

(24) Amiri Baraka, Interview, 1978, quoted from Jerry Watts, *Amiri Baraka: The Politics and Arts of a Black Intellectual* (New York: New York University Press, 2001), 438.

(25) Henry Louis Gates Jr., "Black Creativity: On the Cutting Edge," *Time*, October 10, 1994.

(26) Angela Rose Ryan, "Education for the People: Third World Student Movement at San Francisco State College and City College of New York," Ph.D. Dissertation, The Ohio State University, 2010.

（27）梅﨑透「歴史を作る若者たち――近代社会における学生というエージェント」小ヶ谷千穂・渡辺信二編『少しだけ「政治」を考えよう！　若者が変える社会！』松柏社、二〇一八年、七九―八二頁参照。

（28）Leigh Kagan, "A Statement of Directions," *CCAS Newsletter*,（May 1968）: 1, quoted from Fabio Lanza, *The End of Concern: Maoist China, Activism, and Asian Studies*（Durham: Duke University Press, 2017）, 24-25.

（29）CCAS, Founding Statement, 1969, accessed September 30, 2018, http://criticalasianstudies.org/about-us/bcas-founding-statement.html.

（30）Lanza, 5.

あとがき

本書は静岡大学人文社会科学部アジア研究センターと学習院女子大学国際学研究所が合同で二〇一八年七月十四日に東京で開催した国際シンポジウムにおける発表をもとにしている。シンポジウムには以下の諸氏が参加した。

1　梅﨑　透「"To Rebel Is Justified"——一九六八年アメリカの第三世界とマオ」
2　西田　慎「ポスト『1968年』の西ドイツにおける毛沢東主義新左翼——Kグループを例に」
3　上利博規「Mai 1968、その前とその後——文化と知の変質をもたらしたもの」
4　楊　海英「文化大革命の『東風』、世界へどう吹いたのか——紅衛兵から知識青年へ、そしてジャングルのゲリラ」
5　金野　純「表象としての革命、実態としての暴力——六八年文革の両義性をめぐって」
6　馬場公彦「マオの世界革命　夢と現実——インドネシア・中国・日本」
コメント　劉　燕子、谷川真一

シンポジウムの成果を公開したいと藤原書店の藤原良雄社長に相談したところ、ご快諾をいただいたので、書籍の形で世に送り出すことができた。また、編集担当の山﨑優子さんとは、モンゴル学者で、故岡田英弘先生のご著作集に「月報」を執筆した際のご縁でお世話になるようになった。この機会を利用して御礼を申し上げたい。

楊海英

二〇一九年三月

執筆者紹介

（執筆順）

馬場公彦（ばば・きみひこ）

1958年生まれ。出版社勤務。専門は、東アジア論・日中関係論。早稲田大学大学院アジア太平洋研究科博士後期課程満期修了、学術博士。著書に『世界史のなかの文化大革命』（平凡社新書）『戦後日本人の中国像——日本敗戦から文化大革命・日中復交まで』（新曜社）等。

金野 純（こんの・じゅん）

1975年生まれ。学習院女子大学准教授。専門は、地域研究（中国）、歴史社会学。一橋大学大学院社会学研究科博士課程修了。著書に『中国社会と大衆動員——毛沢東時代の政治権力と民衆』（御茶の水書房）等。

劉燕子（リュウ・イェンズ）

神戸大学非常勤講師。専門は、現代中国文学。関西大学大学院修士課程修了。著書に『中国低層訪談録——インタビューどん底の世界』（共編著、集広舎）『天安門事件から「〇八憲章」へ』『「私には敵はいない」の思想』（いずれも共編著、藤原書店）等。編訳書に『劉暁波伝』（集広舎）等。

西田 慎（にしだ・まこと）

1970年生まれ。奈良教育大学准教授。専門は、ドイツ現代史。ハンブルク大学社会科学部政治学科博士課程修了（哲学博士 Dr. phil.）。著書に『ドイツ・エコロジー政党の誕生——「六八年運動」から緑の党へ』（昭和堂、2009年）。西田慎・梅﨑透編『グローバル・ヒストリーとしての「1968年」——世界が揺れた転換点』（共編著、ミネルヴァ書房、2015年）等。

梅﨑 透（うめざき・とおる）

フェリス女学院大学文学部教授。コロンビア大学大学院歴史学科博士課程修了（Ph.D. アメリカ史）。著書に『グローバル・ヒストリーとしての「1968年」——世界が揺れた転換点』（共編著、ミネルヴァ書房、2015年）等。

編著者紹介

楊海英（よう・かいえい）

1964年南モンゴルのオルドス生まれ。静岡大学人文社会科学部教授。専門は、歴史人類学。総合研究大学院大学文化科学研究科博士課程修了。博士（文学）。主な著書に『墓標なき草原——内モンゴルにおける文化大革命・虐殺の記録』（上下、岩波現代文庫）、『チベットに舞う日本刀——モンゴル騎兵の現代史』（文藝春秋）等多数。

中国《ちゅうごく》が世界《せかい》を動《うご》かした「1968」

2019年 5月10日　初版第 1 刷発行©

編　者　楊　海　英
発行者　藤　原　良　雄
発行所　株式会社　藤　原　書　店

〒 162-0041　東京都新宿区早稲田鶴巻町 523
電　話　03（5272）0301
FAX　03（5272）0450
振　替　00160‐4‐17013
info@fujiwara-shoten.co.jp

印刷・製本　中央精版印刷

落丁本・乱丁本はお取替えいたします
定価はカバーに表示してあります

Printed in Japan
ISBN978-4-86578-218-9

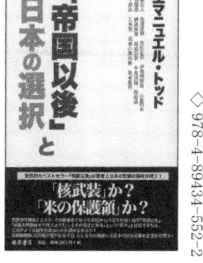

中国民主化の原点

天安門事件から「08憲章」へ

（中国民主化のための闘いと希望）

劉暁波著
劉燕子編
横澤泰夫・及川淳子・劉燕子・蒋海波訳
序＝子安宣邦

「事件の忘却」が「日中友好」ではない。隣国、中国における「08憲章」発表と不屈の詩人の不当逮捕・投獄を我々はどう受けとめるか。

四六上製　三二〇頁　三六〇〇円
（二〇〇九年一二月刊）
◇978-4-89434-721-2

日中関係の未来は「民間」にあり！

「私には敵はいない」の思想

（中国民主化闘争二十余年）

劉　暁波

「劉暁波」は、我々の問題だ。

劉霞／劉燕子／徐友漁／杜光／王力雄／李鋭／丁子霖・蒋培坤／張博樹／余杰／麻生晴一郎／子安宣邦／及川淳子／峯村健司／藤井省三／藤野彰／横澤泰夫／加藤青延／矢吹晋／林望／清水美和／城山英巳

四六上製　四〇〇頁　三六〇〇円
（二〇一一年五月刊）
◇978-4-89434-801-1

中国よ、どこへ行く？

現代中国のリベラリズム思潮

（一九二〇年代から二〇一五年まで）

石井知章編　跋＝子安宣邦

日本では一部しか紹介されてこなかった現代中国のリベラリズムの多面的な全体像を、第一線で活躍する日中の気鋭の研究者一五人により初めて捉えた画期的な論集！

（著者）徐友漁／栄剣／張博樹／劉擎／許紀霖／秦暉／張千帆／周保松／及川淳子／梶谷懐／王前／水羽信男／緒形康／福本勝清（訳者）本田親史／中村達雄／李妍淑／藤井嘉章／劉春暉／徐行

A５上製　五七六頁　五五〇〇円
（二〇一五年一〇月刊）
◇978-4-86578-045-1

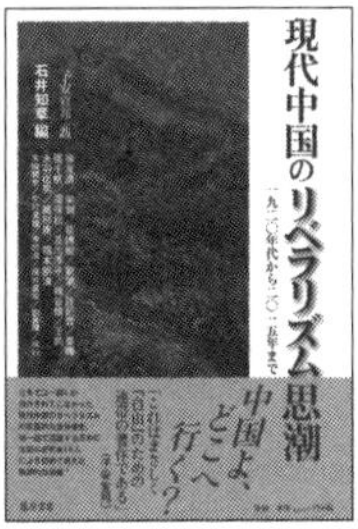